U0504926

《美好安徽》干部培训省情系列教材

人文安徽

RENWEN ANHUI

中共安徽省委组织部 安徽省文化和旅游厅 ○ 编写

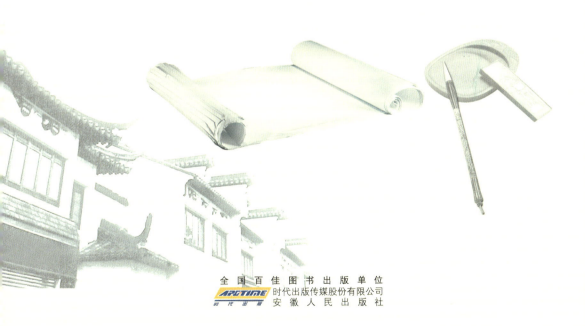

全国百佳图书出版单位

时代出版传媒股份有限公司

安徽人民出版社

图书在版编目(CIP)数据

人文安徽/中共安徽省委组织部,安徽省文化和旅游厅编写.—合肥:安徽人民出版社,2019.7(2023.7重印)

(美好安徽丛书)

ISBN 978 - 7 - 212 - 10490 - 0

Ⅰ.①人… Ⅱ.①中… ②安… Ⅲ.①文化史—安徽 Ⅳ.①K295.4

中国版本图书馆 CIP 数据核字(2019)第 060087 号

# 人文安徽

中共安徽省委组织部　安徽省文化和旅游厅　编写

出 版 人:杨迎会　　　　　　　　　　责任印制:董　亮

责任编辑:孔　健　陈　娟　　　　　　装帧设计:陈　爽

出版发行:安徽人民出版社 http://www.ahpeople.com

地　　址:合肥市蜀山区翡翠路 1118 号出版传媒广场 8 楼　邮编:230071

电　　话:0551 - 63533258　0551 - 63533292(传真)

印　　刷:安徽新华印刷股份有限公司

开本:710mm×1010mm　　1/16　　印张:16. 25　　字数:225 千

版次:2019 年 7 月第 1 版　　2023 年 7 月第 2 次印刷

ISBN 978 - 7 - 212 - 10490 - 0　　　　　定价:59. 00 元

版权所有,侵权必究

# 序 言

1667 年（清康熙六年），清政府将原江南省一分为二，设立江苏、安徽两省，从此，安徽作为独立的行政区划登上了历史舞台。

安徽虽然建省较迟，但在这片古老的土地上所形成的历史文化，却十分悠久厚重，有"人文渊薮"之誉。追根溯源，江淮沃土不仅是中华文明曙光跃上地平线的重要区域之一，而且在黄河流域与长江流域的文化交流中，安徽恰好成为南北方文化融合拓展的通道，让庞大的中华文化在江淮大地上投下了完整的影子。可以毫不夸张地说，从淮河涛声，到皖江波澜，再到新安江的徽韵悠悠，构成了安徽文化的大合唱，而这个大合唱，恰恰是中华文化最强的声部。因此，安徽文化本身就是中华文化的微型景观。

安徽的"徽"字，美好的意思，由"人""文""山""系"四字组合而成，表示自然山川与厚重人文紧密联系，融为一体，意味着安徽不但有山川美景（黄山、九华山、淮河、长江、新安江等），更有睿智且敢为人先的人民和绚丽灿烂的文化。"安徽"两个字组合在一起，既代表安详，又寓意美满，是九百六十万平方公里中国版图上的一方风水宝地。

江淮大地是中华文明的发祥地之一。距今约 250 万年的早期人类活动遗址繁昌"人字洞"、距今约 40 万年的和县龙潭洞及距今约 30 万年的东至华龙洞直立人头盖骨化石、距今约 20—18 万年的巢湖早期智人化石等一系列重要考古发现,说明早在远古时期已有人类生息繁衍在安徽这块土地上。在距今约 5500—4600 年的潜山薛家岗新石器时代遗址发现的文化遗存,距今约 7000 年分布于蚌埠、滁州一带双墩文化遗址发现的刻画符号,不仅是华夏先祖在安徽这片土地上持续活动的证据,更为探索中国文字起源提供了重要证据——远古的贝壳如果会说话,一定会讲述这片土地上沧海桑田的变迁。

中国古代文明在安徽兴盛发达。从大禹治水、会诸侯于涂山,到孙叔敖建安丰塘,水利灌溉从萌芽至兴盛,农业由此成为经济社会发展的主体;从淮夷活跃于淮河流域,到楚国迁都寿春,古代两淮地区经济文化发展趋于成熟;从曹魏屯田到两宋修圩田,"江淮熟,天下足",古代安徽地区农业经济日益繁荣。从商周时期皖南铜矿的开采和冶炼,到汉代华佗对医学发展的重大贡献;从宋代毕昇发明活字印刷术,到"文房四宝"弘扬中华文明;从明末清初方以智研著《物理小识》,到清代数学家梅文鼎编著《历算全书》,中国文化的科学精神和技术能力在江淮大地闪烁耀眼的光芒。

从涡淮岸边老庄创立道家学说,到西汉淮南王刘安编撰《淮南子》;从汉末第一长篇五言诗《孔雀东南飞》,到曹操等开创"慷慨多气"的建安文学;从新安朱熹构建宋代理学,到清代桐城文派兴盛两百余年;从吴敬梓创作讽刺小说《儒林外史》,到陈独秀、胡适发起新文化运动,在中华文化博大精深、雄浑悠扬的多声部演奏中,安徽文化一直是其中震撼人心的长调。

安徽艺术在中国艺术百花园里同样鲜艳夺目。从中国历史上第一位皇帝画家亳州人曹髦，到被誉为宋画第一人的舒城人李公麟；从首创绘画与文学相结合的晋代濉溪人戴逵，到傲视群雄的新安画派；从四大徽班进京孕育京剧形成，到一曲黄梅天下知；从历史悠久的文房四宝，到声名鹊起的芜湖铁画、界首彩陶——如果每一种艺术都是一首诗，安徽人贡献的就是放眼远方的抒情长卷。

"坐而论、起而行"，经世致用的思想在安徽具有深厚传统和坚实根基。姜尚相周、管仲相齐、甘茂与甘罗助秦、张良佐刘邦、范增佐项羽等，为后世政治家投身于安邦定国事业提供了先例，形成文人士大夫在国家危难之秋勇于承担的传统。封地在安徽六安的皋陶，是中国司法的鼻祖，其制定的"五刑"比古巴比伦的《汉谟拉比法典》早三四百年。汉代皖人文翁兴教化于蜀，创立中国最早的官学。宋代名臣包拯为千古清官树立了不朽的榜样。凤阳的朱元璋在群雄逐鹿中原混战中创建了大明王朝。生长于合肥的李鸿章作为晚清重臣，为风雨飘摇的近代中国掀起"借法自强"的洋务运动。孙家鼐、吴汝纶在中国教育近代化进程中做出了重大贡献。"穷则独善其身，达则兼济天下"，安徽先哲用理论和行动诠释了立言、立身、立德的和谐统一。

修身、齐家、治国、平天下，是中国历代仁人志士不懈的追求。脚踏着江淮大地，每一步，都能听到安徽人的心声，领略到安徽历史文化的卓越风采。因此，安徽的山水之美，人文之胜，如同一卷徐徐展开的惊世画卷，吸引了历史上无数文人墨客来此流连忘返，并留下千古吟唱。陶渊明、谢朓、李白、白居易、杜牧、欧阳修、苏轼、辛弃疾、陆游、唐寅、袁枚、石涛……他们所到之处，吟咏声不绝于耳，笔墨所至，繁花盛开，安徽的文化由此增添了更加丰富的色彩。

当清王朝从江南省划出安徽省的时候，同时也就把淮河流域的涡淮文化、长江流域的皖江文化和新安江流域的徽州文化纳入安徽文化的范畴。三种文化在求同存异中发展，相互呼应，相映生辉。

中华 5000 年文明史上，勤劳智慧的江淮儿女谱写了并正在谱写着无数灿烂辉煌的华章。所以，读懂安徽，才能更好地读懂中国。

# 目 录

# 第二章　文化遗存

# 第三章　文苑英华

# 第四章　艺海神韵

# 第一章
# 历史风云

无论历史的风云如何变幻，从来没有缺少过安徽这个庞大的身影，甚至，中国历史每前进一步，都可以清晰地看到安徽人的智慧、气质和作为。作为历来的兵家必争之地、中国文化东西南北碰撞交融的走廊，安徽是中国历史中的重要篇章，当安徽的历史画卷徐徐展开，中国的历史也绽放出更加夺目的光彩！

从黄河故道，到淮河两岸，从长江之滨，到新安江畔，安徽大地上，文脉纵横，勇者智者迭出。循着文明的曙光，我们看到大禹治水三过家门而不入的辛劳，看到司法鼻祖皋陶和兵家鼻祖姜尚沉思的背影，领略到老子、庄子等先哲思想的博大精深，感叹一代枭雄曹操凭借文功武略奠基曹魏政权……大泽乡揭竿而起的那一声呐喊，多少王侯将相为之慨叹；垓下之战的一曲悲歌，多少壮士英雄为之遗憾；当淝水之战的风声鹤唳退去，历史的天际线终于出现一缕统一的曙光……

巢湖烟波浩渺，八百里皖江淘尽风流。东吴三都督次第出现在东吴的旗舰上指点江山；包拯的色正芒寒迎来清风习习；一代布衣朱元璋开创大明江山；李鸿章裱糊着一个王朝的残梦……新文化运动中，安徽的声音叱咤风云，陈独秀、胡适引领思想的启蒙。

从群山中奔涌而出的新安江，让徽商成为明清时期中国经济舞台上的主角。"无徽不成镇，有徽自成商"。而徽商的后代詹天佑，设计修筑了中国的第一条最经济的铁路干线……

历史风云，云卷云舒。安徽，在风云变幻中尽显风流。

## 古往今来话安徽：区域的变迁与沿革

安徽地处中国东南，长江、淮河横贯东西全境。明代以前，今安徽所属地区一直分属于不同的行政区域：周代，境内方国林立，主要有"淮夷"所建群舒方国、吴、越和楚，有吴头楚尾之称；战国时期，境内大多属于楚国；唐代，分属于河南、淮南、江南三道；宋设四路管辖，分别是江南东路、淮南东路、淮南西路及京西北路；元代，安徽地区分属于中书省、河南省和江浙省。

及至明代，因朱元璋建都南京，于是，以京师为中心，设直隶区，管辖范围涵盖现安徽区域，安徽的分治历史结束。

清顺治二年（1645），清设江南省，下辖江宁、凤阳、安庐三巡抚，管辖区域大致包括今江苏、安徽及上海；后设左右布政使司（掌管财赋）各一名，按察使（负责司法）一名，皆驻于江宁（今江苏南京）。

由于江南省地域辽阔，据《大清会典·康熙朝》描述："东抵海，东南抵大海，南抵浙江界，西南抵江西界，西抵湖广界，北抵山东界，东北抵山东界。"江南省经济之富裕、文教之昌盛，当时其他省份难以匹敌。清军自入关以来，民众反抗之激烈、持续时间之长，也在江南省显得尤为突出。同时，江南省东部（今江苏区域）处于长江最下游，与大海接壤；西部（今安徽）江淮大地，处于南北分界线，历来为兵家要地。东西部地理位置及军事作用差异较大，导致治理的重点差异较大。由于政治、军事、经济及文化等原因，江南分治成为清政府必然的选择。

安徽作为一个行政区域的名称，最早出现在公元1646年。清顺治三年（1646）四月，江南省所属的安庐巡抚改称安徽巡抚，始有"安徽"之说。

为安徽设省的需要，清政府在财赋、司法等领域开始逐步调整，至清康熙五年（1666），安徽巡抚、江南左布政司、安徽按察使辖区完全一致，自此，安徽建省的准备工作基本完成。

清康熙六年（1667），清政府撤江南省，正式置安徽、江苏二省。安徽省名取当时安庆、徽州两府首字合成，改左布政使司为安徽布政使司，时称"安（庆）徽（州）宁（国）池（州）太（平）庐（州）凤（阳）滁（州）和（州）广（德州）等处承宣布政使司"（简称布政司），布政司仍驻江宁。1760 年，安徽布政司由江宁迁往安庆，后改布政为省。民国时期，废除州府，英山、婺源分别被划到湖北、江西；新设嘉山、立煌（今金寨）、岳西、临泉、界首等县；改建平为郎溪，改建德为秋浦，后又改秋浦为至德。新中国成立后，原属安徽的盱眙、泗洪县划入江苏，而江苏所属的萧县、砀山划归安徽；新设立阜南、濉溪、肥东、肥西、长丰、枞阳、固镇、利辛等县；将东流、至德两县合并为东至县。至 2016 年年末，安徽全省户籍人口 7027 万人，辖 16 个地级市、62 个县（市）、43 个县级区。

自 1667 年江南省分治，江南左布政司一直驻江宁。1760 年，左布政司迁往安庆，安徽定省会为安庆。清咸丰三年至十一年（1853—1861），受太平天国运动的影响，省会迁往庐州府（今合肥），因合肥无险可守，后仍复归安庆。抗日战争期间，为战争需要，省会先后迁往大别山所在的六安县城（今六安市）、立煌县（今金寨县）、李家圩等地。此后，省会也短暂迁往合肥、安庆、屯溪等地。1949 年 5 月，安徽全境解放，分设皖北行署（驻地合肥）与皖南行署（驻地今黄山市屯溪区）。1952 年，皖北、皖南行署合并，成立安徽省，省会正式确定为合肥。

## 皋陶：司法鼻祖

在今六安市城东郊，赫然耸立着一座高大的墓冢,这就是皋陶之墓。

在不同文献中，皋陶有咎皋、皋繇或咎繇的称呼，是"上古四圣（尧、舜、禹、皋陶）"之一，被尊称为中国司法鼻祖。唐天宝二年，唐玄宗还追封皋陶为"德明皇帝"。

据《史记·五帝本纪·帝王本纪》记载，皋陶出生于曲阜（今山东曲阜），死后葬于六（即今六安市）。六安简称皋城，即源于此。

皋陶在尧时被"举用"，历经尧、舜、禹三代，舜帝时得到重用，辅助舜禹，劳苦功高。《史记·夏本纪》云："皋陶作士以理民"，作为禹时期总览内外事务的"士"，职能类似于后世的"相""宰相"。皋陶智慧超群，《左传》《论语》中的零星记载，可以看出皋陶的"知人""安民""仁爱""以德治民""以人为本"的政治思想与智慧；从《尚书·皋陶谟》中，可以看到皋陶的谦抑、正直无私和民本思想；而从《荀子》《淮南子》《牟子理惑论》等中，又可以见到皋陶铁面无私、不怒自威的理性法官形象。

皋陶所处的时代是中国原始社会向奴隶社会过渡时代，社会大变革导致各种社会矛盾开始出现。史书评价皋陶，"明五刑，弼五教，功不在禹下"。舜帝三年，舜命皋陶作刑，于是，皋陶制定"五刑"。"五刑"说法有二：一是"墨、劓、刖、宫、大辟"；另一种是《国语》记载的"大刑用甲兵，其次用斧钺；中刑用刀锯，其次用钻笮；薄刑用鞭扑"，用于调剂部落之间及部落内部人与人之间的矛盾。《后汉书·张敏传》云："孔子垂经典，皋陶造法律"，史游《急就章》记载："皋陶造狱而法律存。"这些文献记载表明皋陶是我国最早的刑法制定者及司法始祖。

皋陶刑法是我国古代刑法的开端，夏朝的"禹刑"、商代的"汤刑"、西周的"九刑"或"吕刑"，都是从皋陶之刑延续和发展而来。皋陶的"五刑"早于古巴比伦的《汉谟拉比法典》三四百年。皋陶作为中国的"司法始祖"，其法治思想为后世起了典范和引领作用。

相传皋陶断案善用獬豸。传说獬豸为独角兽，能辨忠奸，别曲直。

许慎《说文解字》释为"似牛，一角，古者决讼，令触不直者。"当皋陶判案存在疑问时，会放出獬豸，如果嫌疑犯确实有罪，獬豸会用独角顶触之。

皋陶主张实行德政，强调民心之安取决于君、臣之德。德政的关键在于提高官员的品德修养，君主、群臣的修身应由上而下，由己及人。他甚至提出越是居于高位者，越是要有更高的道德修养。他认为只有"知人善任"，举用德才兼备、勤政廉政的人，才能治理好国家，才能施恩惠于民。

尧舜禹时期的许多重大政治措施都是皋陶参与谋划的。皋陶曾被大禹选为继承人，可惜皋陶在大禹之前先去世，未能继位。诗仙李白曾慨叹："何不令皋陶拥彗清八极，直上清天扫浮云！"

皋陶本姓嬴或偃，涂山氏也为皋陶之族裔。皋陶死后，禹分封其后裔于英、六，位于今安徽六安、金寨、霍山及湖北英山一带。其后裔以淮水为中心，不断迁徙，族群得到了繁衍，在当今的中华民族中，有二三十个姓氏均为皋陶的后裔。

## 管仲：春秋名相

春秋时期，齐桓公成为中国历史上第一位霸主，而辅助其成为霸主的则是号称"春秋第一相"的管仲。

管仲（？—前645），名夷吾，字仲，谥敬，又被称为管子，生于颍水之滨（今安徽颍上县），中国历史上著名的政治家。管仲出身于贵族之家，其父亲管庄曾任齐国大夫，少年时受过良好的教育，通诗书善骑射，后家道中落。《史记·管晏列传》记述了管仲的一段话：

吾始困时，尝与鲍叔贾，分财利多自与，鲍叔不以我为贪，知我贫也。吾尝为鲍叔谋事而更穷困，鲍叔不以我为愚，知时有利不利也。吾尝三仕三见逐于君，鲍叔不以我为不肖，知我不遭时也。吾尝三战三走，鲍叔不以我怯，知我有老母也。公子纠败，召忽死之，吾幽囚受辱，鲍叔不以我为无耻，知我不羞小节而耻功名不显于天下也。生我者父母，知我者鲍子也。

这段话表明，管仲年轻时经历坎坷，同时，也描述了管仲生平最大的知己鲍叔牙的贤良大度，慧眼识人，而管仲与鲍叔牙的莫逆之交也因为成语"管鲍之交"而成为中国历史上的千古佳话。

管鲍祠

齐襄公荒淫无道，为免遭杀身之祸，其兄弟公子纠在管仲、召忽的护卫下逃往鲁国，公子小白在鲍叔牙的护卫下逃往莒国。公元前686年，齐国内乱，齐襄公被杀。流亡在外的公子纠与公子小白纷纷回国争夺王位，公子小白虽然被管仲的冷箭射中，但却幸免于难，赢得了王位，是为齐桓公。此后，齐桓公大败鲁国军队，逼迫鲁国国君杀了公子纠，交出管仲。

在鲍叔牙的极力举荐下，齐桓公不计前嫌，拜管仲为相。从此，管仲在政治、经济、军事、教育、用人等方面实施了一系列的改革。

经济上，管仲针对齐国地小盐丰、濒临东海、交通便利等特点，实行"四民分居"和"相地衰征"的政策，大力发展盐铁业，协调物价，改革税收制度，支持商业活动与对外贸易，拓展流通渠道，使齐国经济在短时间内得到突飞猛进的发展，超越了其他诸侯国；政治上，实施"叁其国而伍其鄙"制度，"定民之居"，让人民各安其居、各守其业，社会组织结构更加合理，社会秩序趋于稳定，社会管理趋于合理化；军事上，实行"作内政以寄军令"，使得行政组织与军事组织统一，以乡里基层组织编制军队，寓兵于农，兵农合一。这种政策一方面保证了充足的兵源，另一方面使士兵战时配合的默契度大大提高，增强了齐国军队的战斗力；教育上，推行"四维"道德教化与四民分业教育。"四维"道德教化指的是通过教育，将礼义廉耻化为民俗，而四民分业教育指的是针对"士农工商"的不同职业特点实施不同的教育方式；用人上，树立"尊贤授德"的用人观，坚持"德不当其位""功不当其禄""能不当其官"的"三本"用人标准。

管仲的改革使得齐国整体国力大增，强盛的齐国迎来了争霸天下的时机。一方面，齐国打着"尊王攘夷""存亡继绝"及"征淫乱"的旗帜，主动抗击山戎等夷、狄势力对中原地区的入侵，向无道的诸侯国发起进攻；另一方面，齐国"挟天子以令诸侯"，策划诸侯会盟，使得四方及中原之国皆来臣服。公元前651年，葵丘会盟，齐桓公代表周天子与诸侯订立盟约，标志着齐国在管仲的辅助下，终于"一匡天下"，齐桓公的霸业达到了巅峰。

公元前645年，一代名臣、杰出的政治家管仲病故。管仲的治国方略及思想主要留存于《管子》一书，该书内容涉及哲学、社会学、经济学、政治学等诸多领域，其中"仓廪实而知礼节，衣食足而知荣辱"等名言更是为后世津津乐道。管仲以其深邃的思想、卓越的才能、独特的人格魅力、系统的治国方略，成为政治家的楷模。孔子在《论语·宪问》中说："管仲相桓公，霸诸侯，一匡天下，民到于今受其赐。微管仲，吾其被发左衽矣。"孔子对管仲的评价之高，也足以证明管仲对中国历史影响之巨大。

## 老庄：道家开创者

孔子是中国古代最伟大的思想家、教育家，历来被称为"圣人"。但当年孔子却向老子问礼，视其"学识渊深而莫测，志趣高邈而难知"。

老子，姓李，名耳，字聃。约生活于公元前571年至前471年之间，春秋时期陈国苦县（今安徽涡阳，一说河南鹿邑）人，哲学家和思想家，道家学派创始人。官居周王室守藏史，管理国家文献档案。老子退官后，西出函谷关，守关官员关尹求文，应约撰《道德》，流传于世，称为《道德经》，亦称《老子》《道德真经》，微言大义，阐述了"道"和"德"的含义，其认识论和辩证方法论，深刻影响中国历史文化。

《道德经》被奉为道教最高经典，是道家哲学思想的重要来源，韵文哲理诗体，共 5000 言，分上、下两篇。上篇《道经》从第 1 章到第 37 章，下篇《德经》从第 38 章至第 81 章。《道德经》的全部内容，主要是阐述"道"和"德"的深刻含义，是中国历史上首部完整的哲学著作。老子所描述的"道"，是从本体论的角度出发，阐明他的宇宙观，也包括人生哲学和修养方法的原理。他认为道是无形无象的，却是宇宙的本源，万物化生都是出于它的运动和变化；"德"的基本内涵，是本体的道具体到天地万物所表现出来的一种特性，即具体体现。老子对道与德的描述，从多层次剖析了宇宙、万物、人类以及人本身的种种内涵。《道德经》提出的"无为而治"主张，成为中国历史上某些朝代（如汉朝）的治国方略，对中国社会的稳定起到过一定作用。

据联合国教科文组织统计，《道德经》是《圣经》以外被译成外国文字最多的文化名著。

老子的名言有：

道可道，非常道。名可名，非常名。无名天地之始，有名万物之母。

上善若水。

合抱之木生于毫末，九层之台起于累土，千里之行始于足下。

祸兮，福之所倚；福兮，祸之所伏。

民不畏死，奈何以死惧之？

庄子（约前369—前286），名庄周，字子休，宋国蒙（今安徽蒙城县）人，思想家、哲学家，传承老子道家思想的代表人物。曾任蒙漆园吏，楚成王闻其名，聘为相，庄子不受。他延续和发扬老子的

"道法自然"思想，著书计10余万言，《逍遥游》《齐物论》《养生主》等是其名篇。庄子富于想象，思想汪洋恣肆，善将抽象哲理寓于寓言、故事之中，形成幽默浪漫的语言特色。唐玄宗曾颁诏，尊《庄子》为《南华真经》，列为科举科目。

《庄子》一书原书52篇，现存33篇，在中国学术思想史上有着深远的影响，在古代文学史上占有重要地位。

《逍遥游》是《庄子》的首篇，在思想和艺术上都可作为《庄子》一书的代表。《逍遥游》的主题是追求一种绝对自由的人生观。作者认为，只有忘却物我的界限，达到无己、无功、无名的境界，无所依凭而游于无穷，才是真正的"逍遥游"。文章先是通过大鹏与蜩、学鸠等小动物的对比，阐述了"小"与"大"的区别。在此基础上作者指出，无论是不善飞翔的蜩与学鸠，还是能借风力飞到九万里高空的大鹏，甚至是可以御风而行的列子，都是"有所待"而不自由的，从而引出并阐述了"至人无己，神人无功，圣人无名"的道理。文章最后通过惠子与庄子的"有用""无用"之辩，说明不为世所用才能"逍遥"。

《逍遥游》全文纵横开阖，构思新颖，想象丰富，变化多端，并多用寓言故事，字里行间里洋溢着浪漫主义精神。

庄子的名言有：

至日出而作，日入而息，逍遥于天地之间，而心意自得。

人生天地之间，若白驹之过隙，忽然而已。

哀莫大于心死，而人死亦次之。

天地与我并生，而万物与我为一。

吾生也有涯，而知也无涯。

世人将老子和庄子合称"老庄"。老庄思想的核心是"人法地，地法天，天法道，道法自然"。"道"是天地万物生成的动力源，不仅是宇宙之道、自然之道，也是个体修行即修道的方法；"德"不是通常所指的道德或德行，而是修道者所应具备的世界观、方法论以及为人处世之方法。"德"是"道"在伦常领域的发展与表现，"法"应效法自然之道。老庄思想体现了古代中国哲学精义。

## 大泽乡起义：中国农民第一次揭竿而起

"六王毕，四海一。"公元前221年，秦以武力统一六国，结束了春秋战国长达五个半世纪的混战割据局面。秦统一初期，尽管六国反秦势力依然暗流涌动，尤其是楚国故地，民谣曰："楚虽三户，亡秦必楚。"但秦始皇嬴政却被胜利冲昏了头脑，不但没有实行怀柔政策，反而实施了一系列苛政暴行，激化了社会矛盾，也将大秦的统治推向快速覆亡的深渊。

公元前210年，秦始皇病死在巡游途中，胡亥与赵高密谋，迫使公子扶苏与征伐匈奴有功的大将蒙恬自杀，达到即位目的，是为"秦二世"。秦二世胡亥昏庸无能，其残暴程度有过于始皇而无不及。社会矛盾进一步加剧，一触即发。

公元前209年秋七月，大雨如注。蕲县大泽乡（今宿州市南约40里西寺坡乡刘村集），淮河流域900名贫苦农民组成的戍卒队伍奉命戍守数千里之外的渔阳（今北京密云县），因大雨滞留。这批戍卒由两名县尉负责押送，陈胜、吴广因人缘好，又善办事，被指定为屯长。

由于连日大雨，北上的道路被阻断，这批戍卒无法按期赶到渔阳。按秦律，只要误期，无论去不去渔阳，都要被斩首。陈胜、吴广私下商议，"与其坐而待亡，孰若起而拯之"，于是，决定假借冤死的公子扶苏及楚国名将项燕的名义，发动起义。起义之前，两人前去占卜，按卜者之意，借用鬼神之力制造舆论：用丹砂书写"陈胜王"三字于方绢之上，塞于戍卒买来的鱼腹中，此为"鱼腹丹书"；吴广在夜间燃起篝火，在营地附近一座破庙里，学着狐狸的叫声，大呼："大楚兴，陈胜王。"吴广又利用自己在戍卒中的威信，故意激怒两名县尉侮辱自己，引起众怒。于是，陈胜、吴广杀死县尉，"斩木为兵、揭竿为旗"，宣布起义，发出了中国历史上农民起义的第一声呐喊。

陈胜、吴广起义军迅速攻占了大泽乡所在的蕲县（今安徽宿州市城南蕲县镇），同时，接收了大量前来投奔的义军，如符离人葛婴等。接着，陈胜将义军分兵东西两路，葛婴率军向蕲县以东推进，而主力部队由陈胜统帅向蕲县西北方进军。

起义军势如破竹，尤其是西路军在短短10天左右，先后攻取铚（今安徽淮北市濉溪县临涣镇）、酂（今河南永城西）、苦（今河南鹿邑东）、柘（今河南柘城北）、谯（今安徽亳州市）等五座城池，拿下陈县（今河南淮阳县）后，陈胜自立为王，国号"张楚"，以"伐无道、诛暴秦"为口号，建立了中国历史上第一个农民政权。此后，陈胜分兵三路，向秦王朝发动了总进攻。尤其是第二路军在周文的统帅下，攻下函谷关，驻军戏亭（今陕西临潼东），剑锋直指秦都城咸阳。

由于起义军内讧迭起，胡亥接受少府章邯的建议，大赦天下，释放骊山30万刑徒，武装起来，在章邯的带领下，迎战义军；同时，调北方王离的边防军，配合章邯。此后，周文被击败，吴广被部将假借陈胜之名杀死，陈胜被自己的车夫庄贾谋杀，起义走向失败。

陈胜、吴广起义虽然失败，但其首义之功不可磨灭。大泽乡起义是中国历史上第一次大规模的农民起义。陈胜、吴广的革命首创精神鼓舞了千百万劳动人民起来反抗残暴的统治。尤其是起义时，陈胜大声疾呼："王侯将相，宁有种乎？"唤起了民众的自我觉醒。

大泽乡起义及张楚政权建立后，全国各地纷纷起兵响应，如刘邦于丰、沛，项梁、项羽叔侄于江东举义。公元前206年，刘邦大军攻入秦都城咸阳，貌似强大的秦国因暴政失去民心，统治中国仅仅15年就宣告结束。这次大规模农民起义对后世的封建统治者也是一个极好的教育，汉初的休养生息政策和开明统治很大程度上是受农民起义的影响。

后人为了纪念这次农民起义，在今安徽省宿州大泽乡镇建立了涉故台，又称"射故台""射鼓台""射鹿台""陈胜吴广起义旧址"。

## 垓下之战：楚汉争雄

"力拔山兮气盖世！时不利兮骓不逝！骓不逝兮可奈何！虞兮虞兮奈若何！"两千多年前，西楚霸王项羽带着一腔遗憾和无奈，在垓下发出这样的浩叹。

垓下之战指的是汉高帝五年（前202）十二月，在楚汉战争中，楚汉两军在垓下（今安徽固镇县濠城镇垓下遗址为中心的区域）进行的一场战略决战。

公元前206年，"鸿门宴"后，项羽率40万大军攻入咸阳，杀秦王子婴，火烧阿房宫，然后，号令天下，分封诸侯。项羽自封为"西楚霸王"，都彭城，总共分封了18路诸侯王，其中，刘邦受封于蜀地，称"汉王"。刘邦采用谋士张良的建议，入蜀之后，将栈道烧毁，以麻痹项羽。项羽以为天下大定，带领部属回到自己的故乡彭城。

项羽分封天下不久，因对分封不满，田荣首先在齐地起兵反抗项羽。公元前206年八月，刘邦采用大将韩信之计，乘项羽大军北上镇压田荣之机，明修栈道，暗度陈仓，以奇兵突入关中，章邯仓促应战，一触即溃。项羽见刘邦复出，亲率大军进攻刘邦，从此，长达四年的楚汉战争开始了。

战争初期，楚汉军队在荥阳形成对峙的局面。公元前203年年底，双方以战国时魏国所修建的运河鸿沟为界，中分天下，鸿沟以东归楚，以西归汉，这就是历史上著名的"鸿沟和议"。

"鸿沟和议"后，项羽引兵归彭城，刘邦也准备率兵西归。但刘邦在张良、陈平等力劝之下，主动撕毁了和约，尾随项羽。刘邦采纳了张良的建议，与韩信、彭越"共分天下"，调动了韩信、彭越两路大军合围项羽。同时，刘邦命英布、周殷切断楚军南向退路，韩信命灌婴降彭城，攻下楚淮北之地，与刘邦会合。至此，刘邦各路大军将项羽围困于陈，楚军大败，项羽突围东去。刘邦引40万汉军紧追不舍，将10万楚军包围在垓下，垓下之战拉开了序幕。

刘邦将40万汉军分为五路：齐王韩信领30万居中，作为前军；孔聚、陈贺二军作为两翼，分列左右；刘邦自己则居后；周勃与柴将军居汉王后，作为护卫和机动；韩信全权指挥。尽管项羽只有10万楚军，但西楚霸王骁勇善战，韩信不敢强攻，只能智取：韩信先亲自引军主动与项羽交锋，但一交手，便且战且退，将楚军战线拉长，然后，命孔聚、陈贺左右夹击，自己回身正面回击，楚军大败，折兵八万，这就是历史上著名的"十面埋伏"战法。

随后，刘邦采纳张良计谋，围困项羽的汉军大唱楚歌，激发楚军的思乡之情，而使军心涣散。项羽以为汉军已经攻占楚地而内心苦闷，借酒消愁，面对宠姬虞姬和乌骓宝马，悲情而歌："力拔山兮气盖世！时不利兮骓不逝！骓不逝兮可奈何！虞兮虞兮奈若何！"虞姬听了，内心凄凉，也应声唱和："汉兵已略地，四面楚歌声。大王意气尽，贱妾何聊生！"歌罢，拔出项羽腰间长剑，自刎身亡。

在"四面楚歌"声中，楚军纷纷逃离，即便是项羽心腹大将季布、钟离眜也不辞而别，只剩下800名亲随骑兵。项羽乘天色未明，埋葬虞姬（现安徽灵璧城东15里处有虞姬墓），率800名骑兵向南突围而去。天明时，韩信发现项羽南逃，急命灌婴率5000人马紧追。项羽过淮河，逃至阴陵（今安徽定远西北），身边只剩下百余骑，又迷失了道路，耽误了很多时间，被灌婴追到。项羽边战边走，到了东城（今安徽定远县东南），从者只有28骑。

此时，汉军愈来愈多，项羽只得引28骑来回冲杀，撕开一条血路，直奔乌江（今和县乌江镇）而去。在乌江，横在项羽面前的是滔滔的大江，身后是追兵的战马嘶鸣声。项羽自感起兵以来，自己所带8000名江东子弟无一生还，无颜见江东父老。于是，他谢绝了乌江亭长的救援，徒步与汉军短兵再战，身负重伤后拔剑自绝。

埃下之战，刘邦的军队适时发起战略追击，积极调集援兵，多路围攻，以绝对优势兵力全歼楚军，创造了中国古代大规模追击战的成功战例。埃下之战是楚汉相争中决定性的战役，它既是楚汉相争的终结点，又是汉王朝繁荣强盛的起点，更是中国历史上具有里程碑意义的转折点，它结束了秦末混战的局面，统一了中国，奠定了汉王朝四百年基业。而项羽所表现出的人格特征，后世或贬或扬，成为经久不变的历史话题。宋代女词人李清照因此也留下了千古传唱的绝句："生当作人杰，死亦为鬼雄。至今思项羽，不肯过江东。"

今固镇濠城镇沱河南岸的"埃下遗址"，于1986年经安徽省人民政府批准为省级重点文物保护单位，2013年5月被国务院核定公布为第七批全国重点文物保护单位。

## 文翁：首创官学

文翁（前187—前110，一说前156—前101），庐江舒（今安徽舒城县，一说庐江县）人。西汉景帝、武帝时期蜀郡太守。

文翁取得功名后，离开家乡，到蜀地为官，同时还肩负开发边陲、促进民族融合之任。

文翁治蜀，最看重的是人才。他选派部分小吏至长安，受业博士、律令，学成择优"举官"；他首创地方官学，入学者免除徭役，成绩优良者补充郡县官吏。此举受汉武帝褒奖，下令全国各郡皆立学官，形成中国地方教育制度和官吏培训制度的雏形。也就是说，古代培养和培训干部的"官学"始自文翁。

文翁办官学史无前例，没有模式可以效仿。他的措施之一是派有培养前途的低级官员到京城长安学习，如"选郡县小吏开敏有才能者如张叔等十八人，送至京师受业博士，或学律令学生"，学了几年回到四川，择优提拔为高级官员，"官有至郡守刺史者"。措施之二是在成都大办"学宫"，招选"下县子弟为官学弟子"前来学习。他采取了许多奖励政策鼓励学习，并注重从实践上加以培养锻炼，提高学子的社会地位。入学者得以免除徭役，成绩优良者擢为郡吏，"县邑吏民见而荣之，数年，争欲为学宫弟子，富人至出钱以求之，由是大化"。

文翁称得上是中国历史上"第一位校长"。他在蜀郡建周公礼殿，"立文学精舍、讲堂"，还专门用石料修筑了用来存放典籍的"石室"，从此"文翁石室"成了文翁所办学校的代称。文翁石室是中国乃至世界上第一所地方官办学校，是全世界唯一一所连续办学两千多年未有中断、未曾迁址的学校。今成都文庙前街93号红墙环绕的石室中学，原址就是"文翁石室"。文翁石室是四川的一处圣地，中国教育史上的一座丰碑。郭沫若曾就读于石室中学。

文翁任内，承继李冰修都江堰之举，领蜀郡百姓发展农业，兴修水利，使过去未曾受益的彭州、新繁等地也享受到水利之便，"穿湔江，灌溉繁田一千七百顷"。他是第一个主持扩大都江堰灌区的官员。由此，蜀郡"世平道治，民物阜康"。

班固作《汉书》时，距文翁办学已历200年，他评论："至今巴蜀好文雅，文翁之化也"，"蜀地学于京师者比齐鲁焉"。班固谓文翁"谨身率先，居以廉平，不至于严，而民从化"。《汉书》中有文翁传，居西汉"循吏"之首。

## 华佗：一代神医

华佗（约 145 — 208），字元化，一名旉，沛国谯县（今安徽亳州市）人，东汉末年著名医学家。与董奉、张仲景并称"建安三神医"。后人多用"神医华佗"称呼他，又以"华佗再世""元化重生"称誉有高超医术的医师。

华佗少时曾在外游学，钻研医术而不求仕途，行医足迹遍及安徽、山东、河南、江苏等地。华佗一生行医各地，声誉颇著，在医学上有多方面的成就。华佗经过数十年的医疗实践，熟练地掌握了养生、方药、针灸和手术等治疗手段，精通内、外、妇、儿各科，临证施治，诊断精确，方法简捷，疗效神速，被誉为"神医"。对此，《三国志》《后汉书》中都有一段内容相仿的评述，说他善于养生，"晓养性之术，时人以为年且百岁而貌有壮容"；用药精当，"又精方药，其疗疾，合汤不过数种，心解分剂，不复称量，煮熟便饮，语其节度，舍去辄愈"；针灸简捷，"若当针，亦不过一、两处，下针言，'当引某许，若至，语人'，病者言'已到'，'应便拔针，病亦行差'"；手术神奇，"刳剖腹背，抽割积聚""断肠湔洗"。

华佗所留医案，《三国志》中有十六则，《华佗别传》中有五则，其他文献中有五则，共二十六则，在先秦和两汉医家中是较多的。从其治疗范围看，内科病有热性病、内脏病、精神病、肥胖病、寄生虫病；属于外、儿、妇科的疾病有外伤、肠痈、肿瘤、骨折、针误、忌乳、死胎、小儿泻痢，等等。他发明了"麻沸散"，开创了世界麻醉药物的先河。欧美全身麻醉外科手术的记录始于 18 世纪初，比华佗晚 1500 余年。《世界药学史》指出：阿拉伯人使用麻药可能是传自中国，因为"中国名医华佗最精此术"。华佗擅针灸，《隋书·经籍志》记有"华佗枕中灸刺经"一卷，已佚。《医心方》所引《华佗针灸经》可能是该书的佚文,《太平圣惠方》引有"华佗明堂"之文。从现存佚文看,《华佗针灸经》所载腧穴名称及定位均与《黄帝明堂经》有较大不同。

华佗对中国医学最大的贡献体现在两个方面:第一,华佗是中国历史上第一位创造手术外科的专家,也是世界上第一位发明麻醉剂"麻沸散"及发明用针灸医病的先驱者、创始人。当年他遍访名医,收集了一些有麻醉作用的药物,经过多次不同配方的炮制,终于试制成功。他把麻醉药和热酒配制在一起,使患者服下后失去知觉,再剖开患者的腹腔,割除溃疡,用桑皮线缝合,涂上药膏。患者四五日除痛,一月间康复。华佗采用酒服"麻沸散"施行腹部手术,开创了全身麻醉手术的先例。这种全身麻醉手术,在中国医学史上是空前的,在世界医学史上也是罕见的创举。"麻沸散"为外科医学开创了新的领域。华佗因此被尊称为"外科鼻祖"。第二,华佗是中国古代医疗体育的创始人之一。他不仅善于治病,还特别提倡养生之道。他曾对弟子吴普说:"人体欲得劳动,但不当使极尔。动摇则谷气得消,血脉流通,病不得生,譬犹户枢不朽是也"。华佗继承和发展了前人"圣人不治已病,治未病"的预防理论,为年老体弱者编排了一套模仿虎、鹿、熊、猿、鸟等五种禽兽姿态的健身操——"五禽戏"。它可以用

华佗创"五禽戏"图

人体欲得劳动,但不当使极尔。动摇则谷气得消,血脉流通,病不得生,譬犹户枢不朽是也。(《五禽戏序》)

华佗"五禽戏"

来防治疾病，也可以当作气功锻炼，使腿脚轻便利索。

华佗不求名利，不慕富贵，集中精力于医药的研究上。他曾把自己丰富的医疗经验整理成一部医学著作，名曰《青囊经》，可惜没能流传下来。但不能说，他的医学经验因此就完全湮没了。因为他许多有作为的学生，如以针灸出名的樊阿，著有《吴普本草》的吴普，著有《本草经》的李当之，把他的经验部分地继承了下来。

明代陈嘉谟的《本草蒙筌》引用《历代名医图赞》中的评语对华佗的医术做了概括："魏有华佗，设立疮科，剔骨疗疾，神效良多"。可见，后世尊华佗为"外科鼻祖"是名副其实的。

## 曹操：文治武功

"汉末，天下大乱，雄豪并起，而袁绍虎视四州，强盛莫敌。太祖运筹演谋，鞭挞宇内，揽申、商之法术，该韩、白之奇策，官方授材，各因其器，矫情任算，不念旧恶，终能总御皇机，克成洪业者，惟其明略最优也。抑可谓非常之人，超世之杰矣。"这是陈寿在《三国志》中对曹操的称赞。

曹操（155—220），字孟德，小字阿瞒，沛国谯（今安徽亳州市）人，东汉末年杰出的政治家、军事家、文学家、书法家，三国中曹魏政权的奠基人。曹操在世时，担任东汉丞相，后为魏王，去世后谥号为武帝。

东汉末年，农民起义黄巾军摧毁了东汉王朝的统治基础，东汉政权分崩离析，名存实亡。公元189年，以何进为代表的外戚势力和与"十常侍"为代表的宦官势力在争权夺利中同归于尽，凉州军阀董卓乘势进入洛阳，独掌大权，各地州郡大吏借着讨伐董卓之机，纷纷举兵，地主豪强也纷纷组织"部曲"（私人武装），占据地盘，形成大大小小的割据势力。自此，中原地区开始互相兼并的长期战争。

公元190年，曹操任奋武将军，参与讨伐董卓，后又参加讨伐黄巾军的战斗，曹操采纳陈宫提出的"据兖州为霸业之基以争天下"的方略，连破黄巾军。济北一战，迫降黄巾军30万，将其精锐收编为"青州兵"，成为后来作战的主力部队。之后，曹操以汉天子的名义征讨四方。最终，凭借著名的官渡（河南中牟东北）大战奠定了统一北方的基础。

曹操之所以能赢得官渡之战的胜利并统一北方，与曹操杰出的政治才能和军事才能是分不开的。

推广屯田制，恢复生产。北方由于连年战乱，出现了"白骨露于野，千里无鸡鸣"（曹操《蒿里行》）的惨状。建安元年（196），曹操在许昌附近开始屯田，收效很大，后为了推广屯田制，设置"屯田都尉"这一官职，由专人管理屯田。屯田制的推行不但在一定程度上缓解了农民颠沛流离之苦，而且有利于恢复和发展北方的农业生产，既争取了民心，也保证了战争的物质需要。

"挟天子以令诸侯"，形成政治优势。东汉末年，汉室衰微，汉献帝先后被董卓、李傕、郭汜所挟持，朝廷秩序荡然无存，而汉都洛阳亦是焦土一片。但两汉近四百年的统治，使汉室正统的观念深入人心。曹操以政治家的敏锐眼光，看准了这一点。公元196年，曹操采纳谋士荀彧建议，"奉迎天子都许"，"挟天子以令诸侯"，发布政令和讨伐异己，都用汉帝的名义，形成政治上的优势。

反对兼并，打击豪强。公元204年，曹操攻占邺城（今河北临漳县西南）后，就实施了一系列打击豪强的改革措施。经济上反对兼并，颁布了"重豪强兼并之法"（《三国志·武帝纪》），指出袁氏的统治"使豪强擅恣，亲戚兼并；下民贫弱，代出租赋，炫鬻家财，不足应命。审配宗族，至乃藏匿罪人，为逋逃主"，因此不可能"百姓亲附，甲兵强盛"。颁布《收田租令》，规定"其收田租亩四升，户出绢二匹、绵二斤而已，他不得擅兴发。郡国守相明检查之，无令强民有所隐蔽，而弱民兼赋也"。这个法令向人民宣布了豪强兼并的罪状，并明令减轻人民的负担。这些措施为巩固政权、发展社会生产提供了有利条件，也为最终平定北方奠定了坚实的社会基础。

唯才是举，打破世族门第观念。曹操为维护和发展势力，在人才选拔上，打破传统士族门阀制度，强调"唯才是举"。公元210年到217年，他先后下了三次"求贤令"，选拔和任用一些有才能的人。被他重用的将帅，出身颇杂，亲疏都有。正是这种"英雄不问出处"、唯才是举的用人机制，使曹操帐下聚集了大批优秀人才，为统一北方提供了人才和智力支持。

精于谋略，军事才能突出。官渡之战中，曹操采取声东击西、诱敌深入、后发制人的战术，佯渡延津，似欲抄袁军后路，待袁绍分兵应敌，即迅速袭白马，斩袁绍手下大将颜良。然后循河向西，诱袁军渡河追击，又斩大将文丑。之后主动后撤至官渡，阻扼袁绍十万大军半年之久，最后，他采纳来降的袁绍谋士许攸建议，偷袭袁军屯粮要地乌巢，杀守将淳于琼，焚掉粮草万余车。袁军军心动摇，全线崩溃，大将张郃又在前线投降曹操，袁绍仅带八百亲兵逃回河北，余下七万多袁军士兵被曹操坑杀。袁军主力在此战中消灭殆尽，曹操一举统一北方。

曹操精兵法，善诗文。其诗除抒发自己的政治抱负外，还反映汉末人民的苦难生活，气魄雄伟，慷慨悲凉；散文亦清峻整洁，开启并繁荣了建安文学，给后人留下了宝贵的精神财富，史称"建安风骨"，鲁迅评价其为"改造文章的祖师"。《步出夏门行》就是曹操于建安十二年（207）北征乌桓胜利时创作。其中"老骥伏枥，志在千里；烈士暮年，壮心不已"传播甚广，反映了诗人踌躇满志、叱咤风云的英雄气概。

### 东吴皖籍三都督

魏蜀吴三国鼎立之时，东吴虽偏安江南，但却是三国中历时最久的国家，历四帝，共 52 年（自公元 222 年算起则为 59 年）。在东吴的发展和崛起中，皖籍人士功不可没，其中，连续三任都督周瑜、鲁肃、吕蒙都是安徽人。

东吴政权自孙坚首创基业，至孙策、孙权兄弟，筚路蓝缕，崛起于江东，至黄龙元年（229）五月二十三日，孙权在武昌（今湖北鄂州）称帝，孙吴正式建国，随后迁都建业（今江苏南京）。在孙吴政权建立过程中，除孙坚居首功之外，安徽人也有不可磨灭的贡献。据《三国志·吴书》记载，位居东吴的安徽籍文武名臣有周瑜、鲁肃、陈武、蒋钦、周泰、吕蒙、吕范、薛综、王蕃等一批江淮人物。其中，周瑜、鲁肃、吕蒙更是出类拔萃。

周瑜（175—210），字公瑾，庐江郡舒县（今庐江县西南，一说今舒城县）人，出生于庐江世家大族，受过良好的教育，好兵法、精于音律，江东有"曲有误，周郎顾"之语。少年时代，周瑜便与居于寿春的孙策交往甚密，因与孙策同龄，史称有"总角之好"。公元 195 年，孙策借兵三千进攻刘繇，周瑜率部加入，并筹集粮草舟船等物资资助，参与了孙策平定江东的军事行动。建安三年（198），24 岁的周瑜被孙策授建威中郎将，吴中人始称其为"周郎"。次年，孙策以周瑜为中护军逐走庐江太守，得皖城（今潜山县）乔公大乔、小乔二女，孙策与周瑜成了乔公的乘龙快婿。此后，周瑜随孙策取浔阳、豫章、庐陵等郡，驻守巴丘。建安五年（200），孙策遇刺身亡，其弟孙权即位，周瑜闻讯返吴（今江苏苏州市），辅助年仅 19 岁的孙权，从此，周瑜成为孙吴政权的决策性人物。建安十三年（208）九月，曹操亲率大军，于当阳大败刘备，兵不血刃攻下荆州，集中 80 万水陆大军，要与孙权在江东决一雌雄。

曹操战书传到东吴，东吴形成两派：张昭等众多大臣主降，周瑜、鲁肃等主战。孙权拨 3 万精兵予周瑜，与刘备会师，组成孙刘联军。孙刘联军在周瑜的指挥下，于赤壁大战曹操。周瑜利用曹军北方士兵居多的缺点，与诸葛亮共同谋划，利用黄盖巧施苦肉计，采用火攻，大败曹操。赤壁之战是我国战争史上以少胜多的经典战例，奠定了三国鼎立的局面。建安十五年（210），周瑜英年早逝，终年 36 岁。

赤壁之战的胜利，源于东吴联刘抗曹的战略，得益于周瑜的指挥英明，但一开始就力排众议，极力主战的是鲁肃。周瑜死前的举荐，使得鲁肃走向了孙吴政权的中心。

鲁肃（172—217），字子敬，临淮郡东城（今安徽定远）人，出身于大地主家庭，为人忠厚，性格豪爽，仗义疏财，深谋远虑。周瑜任居巢长时，曾造访鲁肃，请他接济军粮。鲁肃将家中仅有的两仓粮食捐送给周瑜其中一仓（3000 石），从此，周瑜与鲁肃成为莫逆之交。

赤壁之战，鲁肃与诸葛亮成为孙刘联合抗曹的主要策划者。赤壁之战后，为维护孙刘联盟，劝说孙权让出荆州之地给刘备，使得孙刘联盟得到巩固。周瑜死后，鲁肃被孙权封为偏将军，统领周瑜旧部，总领荆州军事，攻破皖城后，因战功再被孙权授为横江将军，驻守陆口（今湖北嘉鱼县西南）。鲁肃治军严明，其最初领兵 4000 人，很快壮大到一万多人。其后，为维护孙刘联盟，屡次妥善处理与驻守荆州关羽之间的矛盾，避免引起军事冲突。建安二十二年（217），鲁肃去世，终年 46 岁，孙权亲自为鲁肃发丧。

吕蒙（178—220），字子明，汝南富陂（今安徽阜南县东南）人，先后任东吴别部司马、平北都尉、横野中郎将。建安二十二年（217），吕蒙接替病逝的鲁肃驻守陆口，任汉昌太守。建安二十四年（219），吕蒙利用驻守荆州的关羽北伐曹操、兵力空虚之际，与陆逊设计诱降江陵守将，夺取荆州，使得荆州除北部外，全部为东吴所有，刘备也只得退守巴蜀，三国鼎立的局面从此形成。毛泽东曾评："吕蒙如不折节读书，善用兵，能攻心，怎能充当东吴统帅！我们解放军许多将士都是行伍出身的，不可不读《吕蒙传》。"

## 淝水之战：以少胜多的著名战役

安徽境内的淝河，有东西南北四条，其中，从淮南注入淮河的东淝河在淮河以南，从凤台县硖山口入淮的称西淝河。历史上著名的"淝水之战"，就发生在东淝河下游将入淮河的瓦埠湖和西淝河至淮水两岸的八公山、寿春一带。

三国归晋后，公元4世纪，我国北方和巴蜀先后存在过一些封建割据政权，史称"十六国"。383年，北方的前秦向南方的东晋发起大规模进攻，双方在东、西淝河畔（今寿县的东南方及凤台县、八公山一带）交战，最终只有8万兵力的东晋竟打败了拥军80多万占有绝对优势的前秦，创造了一次以少胜多、以弱胜强的著名战例。

西晋末年，社会大动乱。在南方，晋琅琊王司马睿于公元317年在建康（今江苏南京）称帝，建立东晋，占据了汉水、淮河以南大部分地区。在北方，各少数民族政权纷争迭起。由氐族人建立的前秦国先后灭掉前燕、代、前凉等割据国，统一了黄河流域。

前秦在苻坚统治时期，国力达到鼎盛，统一了中国北方地区，其势力范围包括今河北、陕西、山西、山东、河南、新疆、四川全境及辽宁、江苏、安徽、湖北等部分地区，拥兵近百万。前秦虽然疆域广大，但内部民族矛盾在短时间内难以消除，尤其是中原地区的汉人，仍心向东迁的东晋汉族政权。于是，苻坚决定南征东晋。

偏安江南的东晋版图狭小，只有今江苏、安徽、湖北等省的部分地区，而且兵力严重不足，表面上看，无法与兵强马壮的前秦抗衡。但是，主持东晋朝政的是富有战略眼光的谢安。谢安任人唯贤不避亲，利用自己的家族势力、威望和政治谋略，用政治平衡法有效调解了谢、王、桓等几大家族的关系以及与朝廷的矛盾，内部出现了一派和睦景象。前秦大兵压境之际，外力重压之下，东晋前所未有地团结，上下一心。

此前，谢安之侄谢玄任兖州刺史，镇守广陵，以北方流民为主，组建了骁勇善战的"北府兵"，曾在378年的三阿之战中大败彭超、俱难率领的10万前秦军，显示了极强的战斗力。这支部队成为后来淝水之战的主力军，为东晋的胜利奠定了基础。

383年，苻坚亲率80万大军南下，大举伐晋。大将苻融、慕容垂率30万士兵为先锋，兖州刺史姚苌为龙骧将军，领5000名巴蜀水军沿长江东下，苻坚自己带领余下大军殿后。晋孝武帝与谢安商量后，急令尚书仆射谢石为征虏将军，兼任征讨大都督，统领军队抗秦。谢石命谢玄为前锋都督，与辅国将军谢琰（谢安之子）、西中郎将桓伊等，统帅八万将士抗击前秦，龙骧将军胡彬带领五千水军驰援寿阳（今淮南市寿县）。

当年十月，苻融攻克寿阳，前来驰援的胡彬只得退守硖石（今凤台县硖山口）。此时，前秦卫将军梁成率领5万兵众驻扎洛涧（今淮南市洛河），切断了胡彬的后援。而谢石、谢玄的大军在距洛涧25里处驻扎，不敢贸然向前，遂使胡彬之军成为孤军，粮草断绝。苻融见此，快骑建议苻坚："贼少易擒，但恐逃去，宜速赴之！"苻坚刚行至项城（今河南沈丘），见信后只率8000兵将火速赶到寿阳，并派朱序到谢石大帐劝降。朱序原本是东晋旧将，反倒建议谢石先发制人，在前秦大军到来之前，先击溃其先锋。谢石采纳了他的建议，决定主动出击，速战速决。

十一月，谢玄派出5000名北府兵强渡洛涧，攻击洛涧西岸的前秦梁成大军，斩杀梁成，切断前秦军的退路。秦军大败，纷纷跳入淮河逃命，溺水而亡者达15000人。

洛涧大捷极大地提升了东晋兵的士气，前秦军则产生了畏惧情绪。晋军乘胜追击至淝水南岸，与北岸的前秦军隔河形成对峙局面。谢玄派出使者，要求前秦军稍微后撤，使得东晋军能够渡河，双方在开阔地上一决胜负。自大狂妄的苻坚竟然接受了这一要求，命令部队后撤，准备在晋军渡河之时进行攻击。没想到的是，秦军刚一后撤，朱序就派人在阵中大喊："秦军败了！"晋军洛涧大捷之后，秦军已经在心头有了阴影，这一声喊，让后撤变成了溃败。晋军乘势而上，秦军溃不成军，苻融落马战死，苻坚身中流箭，负伤北逃，至洛阳时，只剩下 10 万兵众。

淝水之战，前秦军被歼和逃散的竟达 70 多万，苻坚军事统一南北的希望彻底破灭，从此走向衰败。淝水之战后，北方各民族纷纷脱离前秦的统治，前秦随后消亡，分裂为后秦和后燕为主的几个政权。中国南北分立的局面继续维持，东晋则乘胜北伐，收回黄河以南故土。东晋王朝虽无力恢复全中国的统治权，却有效地遏制了北方少数民族的南下侵扰，为江南地区社会经济的恢复和发展创造了条件，使汉族中原文化得以延续和发展，并且直接影响到了此后隋、唐等王朝的统一。

淝水之战，还诞生了许多成语，比如"投鞭断流""风声鹤唳""草木皆兵""东山再起"等，极大地丰富了汉语词汇。

## 铁面无私包青天

"清心为治本，直道是身谋。秀干终成栋，精钢不作钩。仓充鼠雀喜，草尽狐兔愁。史册有遗训，毋贻来者羞。"公元 1037 年，38 岁的包拯写下了这首言志诗。这也是他辞官十年后重返仕途时许下的承诺。

包拯（999—1062），字希仁，北宋庐州合肥人。据传，今合肥包河公园里的"香花墩"就是包拯当年读书的地方。1027 年，包拯考中进士，获授大理评事、知建昌县，后又改授和州监税，开始了他的仕宦生涯。但因父母年迈，包拯毅然辞官，回乡侍奉双亲，且一辞就是十年，直到父母双双故去。

再度回到官场后不久，适逢范仲淹兴起"庆历新政"，其时包拯资历尚浅，从天长知县到端州知州，再到监察御史，又到京东、陕西、河北等地出任转运使，目睹复杂的政治局面，他不愿过多卷入权力纷争，清廉自守，初显风骨。端州以产砚而闻名，前朝州官多以索取几十倍进贡数量的端砚牟利，但包拯却力避此弊，只要求工匠提供足够进贡数量的端砚即可。据说在包拯离任回京时，当地百姓偷偷在他的行李里放了一方端砚，结果被发现了，包拯毅然抛砚江中，不带一方砚走，留下千古佳话。

1048年，包拯回到朝廷，先任三司户部副使，后知谏院，开始对朝中政治弊端、朝政改革提出了不少自己的看法。包拯尤为重视农民问题，提出了"薄赋敛，宽力役，救荒馑，三者不失，然后幼有所养，老有所终"的方针，建议当权者要重视农民作为国家根本的重要性，"安危所系，当务安之为急"。1050年，江浙、荆湖等路大旱，百姓断炊，包拯闻知后当即上书朝廷，"请支义仓米赈济百姓"，要求各地开仓放粮，救济百姓。戏剧《陈州放粮》即据此史实演绎而成。

对于赵宋王朝日渐严重的政治腐败，包拯更是进行了无情地揭露和批判。在现存《包拯集》的187篇文章中，有55篇直指涉及贪赃枉法、恣横奸邪之类的当朝人物，达61人。他甚至上书直指宋仁宗有"以朋党为意""有私昵后宫之过"等不当，可见其直言切谏之胆识与智慧。

最能表现他忧国忧民、刚正不阿的，是他曾六弹张尧佐、七弹王逵，气冲霄汉，震动朝野。张尧佐系仁宗皇帝的岳叔父，位居三司使之尊，掌管全国财政物资大权。包拯目睹其无德无能，屡次上书，要求罢免其职务。最终，仁宗下旨：此后后妃之家的亲属，不得担任宰相之职。王逵任荆湖南路转运使时，横征暴敛，残害百姓，后经人告发被降为池州知州，但不久后又被擢升为江南西路转运使、河东转运使等职。包拯了解到王逵的种种恶行后，连续七次向朝廷呈送奏议，列举王逵的不法之举，力主将其发配到边远地区。

1056 年，包拯获任开封府尹。在开封任职的一年半时间里，包拯以铁面无私、秉公执法而著称，并由此在历史上留下了"关节不到，有阎罗包老"的清廉美名。据《宋史·包拯传》记载，包拯对于胡作非为、贪赃枉法者毫不手软，"贵戚宦官为之敛手，闻者皆惮之"。后世关于包拯的文学作品，多以他此段经历为依托，如《包公案》《三侠五义》等。

在开封任职期间，包拯还大胆改革，开门办案。此前规定，老百姓告状，必须先递送状牒，等"府吏坐门，先收状牒"，得到允许后方可来到离官员很近的庭下申诉案情。包拯认为此种做法易生弊端，遂下令大开正门，让告状者径造庭下，自陈曲直。这就拉近了与老百姓的距离，其时"童稚妇女亦知其名，呼曰'包待制'"。

1061 年，包拯升任三司使，成为北宋执掌财政的最高长官，不久又为枢密副使，成为一代宰辅。1062 年，包拯突患重病逝世，年六十四。朝廷追赠礼部尚书，谥号"孝肃"，后世称其为"包孝肃"。

包公祠

翌年八月，包拯遗骨归葬合肥故里东郊大兴集，墓于 1129 年被金兵所毁。后包氏子孙在距原墓室 30 米处重新葬下包拯的棺骨并立墓志铭，直到 1973 年被发掘出土，重现于世。1985 年，合肥重建包拯墓园，并重建包河公园，遍植无丝莲藕，以誉包拯"无私"清名。

在包拯墓园里，包拯生前立下的家训至今仍赫然在列，深刻警醒着后人："后世子孙仕宦，有犯赃滥者，不得放归本家；亡殁之后，不得葬于大茔之中。不从吾志，非吾子孙。仰珙刊石，竖于堂屋东壁，以诏后世。"后人诗赞："煌煌家训垂千古，寄予儿孙细思量。"

包拯一生最大的坚守，无疑是清廉和刚直，这是他留给后人最宝贵的精神财富。在《乞不用赃吏疏》奏议文中，包拯曾这样写道："臣闻廉者，民之表也；贪者，民之贼也。"他认为，用人要选择忠直君子，而不能任用奸邪小人。时人欧阳修曾赞誉他："清节美行，著自贫贱，谠言正论，闻于朝廷。"吴奎则在《孝肃包公墓志铭》中赞美包拯的峻节高志："人或曲随，我直其为。人或善容，我抗其辞。自始及终，言行必一。"

颇值一提的是，在中国文学、戏曲史上，包拯题材长盛不衰，甚至形成了特有的戏曲门类——包公戏。从宋代起，即有根据包拯事迹改编而成的话本传世，元杂剧中包拯的艺术形象逐渐丰满，到了明、清时期，包拯则更多以"包青天""包龙图"等清官典范的姿态活跃于艺术舞台，诸如《铡美案》《赤桑镇》《铡包勉》《砸銮驾》《打龙袍》等剧目更是备受追捧。

## 新安理学大师朱熹、戴震

江淮大地，自古人杰地灵，学术名家辈出。先秦诸子百家承续道统，老庄道法自然，管子经世致用，不一而足。而真正以区域为流派集聚地者，当自"新安理学"始。

新安理学其实是朱子学的一个重要分支。宋代理学源于周敦颐，分流于张载、邵雍和"二程"（程颢、程颐），朱熹则是集大成者。朱熹，字元晦，号晦庵，别号紫阳，生于福建。朱熹以改造儒家思想为出发点，以"理"为万物之源，将传统的儒家思想提升到了思辨性、哲理化的高度，形成了系统而完整的理学体系，世称"朱子学"，又称"程朱理学"。程朱理学在南宋后期得到统治者的认可和推崇，经元到明清开始成为国家的统治思想。

朱熹（1130—1200），祖籍徽州婺源，生前曾两回徽州省墓、探亲，有一批徽州籍弟子追随其左右。他们以朱子学为宗奉，以研究和传播朱熹学说为己任，既强调个人的心性修养，又致力于躬行实践，不空谈性命义理，而崇尚经世致用之学，形成了具有浓郁地域色彩的新安理学。

新安理学家恪守朱熹义利之辨，反复颂扬董仲舒"正其义不谋其利，明其道不计其功"的思想，视其为立身处世的信条。新安理学早期的代表人物有十二人，如歙县吴昶，休宁程永奇、程大昌、吴儆、汪莘、程先，婺源人程洵，等等。宋元时期是新安理学的重要发展时期，此时的代表人物多是朱熹的再传、三传或四传弟子。这一时期的新安理学家致力于阐发或弘扬朱子学的本旨，并着力排斥时人对于朱熹学说的曲解与异读，但同时也逐渐出现了盲目迷信、唯"朱"是归的流弊。

到了明代，新安理学三大家朱升、郑玉和赵汸提出了求"本领"、求"真知"、求"实理"的新的治经主张，或"旁注诸经"发展朱子学，或"和会朱陆"阐发本门宗旨，力倡独立思考和唯真是从，对元代新安理学的积弊有了一定的批判与调整。新安理学的指导思想，由元代的唯"朱"是归，到明初的"求真是之归"的转变，推动了学派的发展，影响颇为深远。

新安理学经历了元末明初的高峰期之后，到明代中叶开始出现衰微之势。到清代的康、乾时期，以江永为代表的新安学者，则力促新安理学向皖派经学转化。

新安理学的学风，乃是撇开传注，专从经文中寻求"义理"，并奉"朱子学"为圭臬。皖派经学的特点，则是以"求是"为学术宗旨，不迷信权威，侧重在音韵、名物、典章制度的考察上下功夫。

从明代学者黄生开始，皖派经学渐露头角。黄生，字扶孟，歙县人，生于明天启年间。入清后，不求仕进，隐于山林，致力于文字声义的研究，成为清代训诂学复兴的先导。他富于创见，在训诂时不拘泥于前人传注，善于考证与推衍，多订正前人解说之误，成为皖派经学的先驱式学者。继黄生之后，江永是新安理学转变为皖派经学的重要过渡人物。江永，字慎修，婺源江湾人。他一生致力于授徒讲学，鄙薄功名，不乐仕进，培养出大批学生，如一代经学大师戴震、著名朴学家程瑶田等。江永既精通考据之学，又兼重宋代理学，特别是在训诂学上的贡献，"罕其俦匹"，著述颇丰。

戴震是江永学术的重要继承人，又彻底摆脱了新安理学后期以朱子之学为宗旨的束缚，果敢地树起了皖派经学的大旗，成为"乾嘉学派"一代巨擘。

戴震（1723—1777），字东原，休宁隆阜人。他曾在给清代大学者段玉裁的一封信中说："仆自十七岁时，有志闻道，谓非求之《六经》、孔、孟不得，非从事于字义、制度、名物，无由以通其语言。宋儒讥训诂之学，轻语言文字，是犹渡江河而弃舟楫，欲登高而无阶梯也。为之三十余年，灼然知古今治乱之源在是。"宋儒重义理而轻文字、音韵、训诂，遭到了戴震的怀疑与反对。戴震早年即有著述，小有名气，但科举之途却极不顺，屡试不第，后经纪昀推荐，入京充四库馆纂修官。乾隆四十六年（1781），戴震获特许参加殿试，赐同进士出身，授翰林院庶吉士。

戴震一生著述丰富，旁涉多个学科，如数学、古文字学、古语音学、地理学，等等。他精通音韵、文字、训诂、校勘，长于对名物、典制、天文、地理的考证，成就卓越，是"乾嘉学派"的高峰式人物。梁启超曾评价戴震说："戴东原先生为前清学者第一人，其考据学集一代大成，其哲学发二千年所未发。"

以戴震为代表的皖派经学，彻底否定了新安理学后期空谈义理的学风，代之以注重考据实证的治学方法，以"小学"为基础，从音韵训诂、字义名物、典章制度等方面阐明经典大义，对后世学风有了较大的改变与影响。段玉裁、王念孙、俞樾、章太炎，都是这一学风的重要继承与发扬者。

如学者徐道彬所言，皖派经学事实上就是承继宋儒疑古考实的人文统绪，发掘汉儒训诂名物的考证实学，超越汉宋、陆王之辨，"舍名分而论是非"，倡导"故训明，则古经明；古经明，则贤人圣人之理义明。贤人圣人之理义非他，存乎典章制度者是也"。在《近代汉学变迁论》中，近代学者刘师培曾赞誉："江（永）戴（震）之学，兴于徽歙。所学长于比勘，博征其材，约守其例，悉以心得为凭。且观其治学之次第，莫不先立科条，使纲举目张，同条共贯，可谓无信不征矣。"换句话说，皖派经学以学术经世之法为时代学术注入丰富的内涵，开辟广阔的研究领域，为有清一代的学术研究提供了更加丰富、更为耀眼的一幕。

## 朱元璋创立大明王朝

朱元璋（1328—1398），明朝创立者，1368—1398 年在位。原名重八，又名兴宗，字国瑞，濠州钟离（今安徽凤阳东北）人。出身贫苦，少时在皇觉寺为僧。元至正十二年（1352）参加红巾军郭子兴部，韩林儿称帝时任左副元帅。龙凤二年（1356）攻下集庆（今南京），称吴国公，废元代苛政，命诸将屯田。接受朱升（安徽休宁人）"高筑墙、广积粮、缓称王"的建议，实力大增。后击败陈友谅，称吴王。次年灭张士诚，1368 年建都南京，国号明，年号洪武。同年攻克大都（今北京），推翻元朝统治，后逐渐统一全国。

朱元璋"崛起布衣，奄奠海宇，西汉以后所未有也"（《明史》

卷三《太祖本纪》）。出身贫苦以及复杂的人生经历使得朱元璋形成了他独特的治国理念，其经验和教训，于今都可以作为借鉴和反思。

重典治吏，惩治贪污。朱元璋深谙民为邦本、本固邦宁的道理。他痛恨残民害民的贪官污吏，认为"吏治之弊，莫甚于贪墨"，并制定了一系列严格的法律，对贪官污吏实施残酷无情的打击。重视对腐败问题的综合治理，尤其注意加强对各级官吏的管理与监督。朱元璋反贪的成效十分显著，但其教训也十分深刻，如急于求成，滥杀无辜，虽制定《大明律》《大诰》，但反贪更多的是依赖人治而非法治，忽视了对廉政环境的营造。

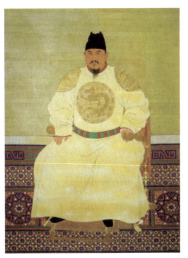

朱元璋像

废除丞相，独揽大权。朱元璋认为元朝灭亡的原因是"委政权臣，上下蒙蔽故也"，于是借"胡惟庸案"废除丞相制度。设立空前强大的特务机构，虽然皇权得以巩固，中央集权进一步加强，但从治官角度是一种典型的矫枉过正。君主独揽用人大权带来的权力运转失衡对明朝乃至对后世治官产生的负面影响不可低估。

明教化，厚风俗。作为明朝的开国皇帝，朱元璋特别重视教化的建设。朱元璋认为风俗关乎治乱，教化甚至比政刑更为重要，所以"明教化"被他认为是实行宽仁之政的基础之一，与聚财、省役、禁贪暴并举为国家"培其根"的要务。朱元璋在改朝换代之际推行教化有很强的针对性，树立教化，首推忠节；提倡以孝治国，提倡孝悌，作为风化之本；建立学校，提倡儒术，制礼作乐，作为推行教化的重要手段。其教化建设措施得力，特点鲜明。如喜欢用敦劝、感化手段推行教化，重视用奖励、表彰影响社会风气，注重人君修身、官吏律己在推行教化中的表率作用，以及重视对教化的宣传和教育。这一切作为不仅扭转了元末以来的社会风气，重新确立和发扬了传统的道德理念，使明初社会趋于安定，而且对后世影响深远。

关注民生，重视社会保障。朱元璋统治时期关心民生，重视社会保障，提出并实行了一系列的相关政策措施，涉及灾荒救助、救济鳏寡孤独、养老、优抚优恤等方面。洪武五年（1372），下诏："诸糟乱为人奴隶者复为民。冻馁者里中富室假贷之，孤寡残疾者官养之，毋失所。"（《明史》卷三《太祖本纪》）可以说，在历代封建帝王中，朱元璋对于社会保障问题最为重视。

重农抑商，厉行海禁。朱元璋延续了中国传统社会重农的思想，普查户口，丈量土地，奖励农桑，兴修水利，推行屯田，减轻对工匠的奴役。而对商人则"若有不务耕种，专事末作者，是为游民，则逮捕之"（《明太祖实录》卷二〇八）。洪武十四年（1381）令，"农民之家许穿绸纱绢布，商贾之家止许穿绢布。如农民之家，但有一人为商贾者，亦不许穿绸纱"（《大明会典》卷六一）。同时，为了防止沿海军阀余党的叛乱以及海盗滋事，下令实施海禁，规定："片板不许入海"（《明史·朱纨传》），以"倭寇仍不稍敛足迹"，又下令"禁濒海民私通海外诸国"（《明太祖实录》卷一三九）。朱元璋实行海禁是为了巩固政权、稳定统治，但其负面影响却是深刻的。中国开放开明的对外政策由此趋向保守，自宋元以来形成的"海上丝绸之路"走向衰落。正常的对外贸易被禁绝，海外走私更加猖獗，是新一轮动荡的开始。而其后，在世界大航海时代来临之际，中国未能及时融入国际社会，中国开始一步步走向衰落。

## "抗倭双雄"胡宗宪、戚继光

胡宗宪（1512—1565），字汝贞，绩溪人，明嘉靖进士。他曾上疏《安边八议》，力主加强边防。任浙江巡按史时，在嘉兴阻击并消灭来犯的倭寇数百人，擢右佥都御史。曾出使日本，后历任兵部左侍郎、总督南直隶（今江苏、上海、安徽）和浙闽等处军务，屡破倭寇于东南沿海。因功晋升兵部尚书兼右都御史，因受严嵩案牵连死于狱中。隆庆年间冤案昭雪，复计其平倭功。著有《筹海图编》十三卷及《三巡奏议》《督抚奏议》《忠敬堂汇录》等。

胡宗宪主要功绩是屡屡平息倭患。

明朝自开国以后，一直存在倭患，其海盗行径愈演愈烈。嘉靖二年（1523），日本两批使臣先后来华朝贡贸易，互争贡使资格，引发大规模的仇杀，史称"争贡之役"。此后明朝罢市舶司，并严申海禁。正常的贸易渠道被堵死，在暴利的诱惑下，东南沿海地区的倭患骤然加剧，亡命之徒铤而走险，攻城略地，烧杀抢掠，无恶不作，沿海百姓生活在水深火热之中。

在此背景下，胡宗宪出任浙江巡按监察御史。他行前立下誓言："我这次任职，不擒获汪直、徐海，安定东南，誓不回京。"上任伊始，胡宗宪针对辖区内明朝官兵纪律松弛、软弱涣散的积弊，以严明赏罚为手段，大力进行整顿。通过胡宗宪的努力，明朝官兵的军容、军纪有了改观，士气也逐渐有所恢复。又聘请郑若曾等人收集海防资料编辑一套沿海军事图籍，其《沿海山沙图》是早期内容详备的海防军事地形图。

胡宗宪一方面注重招揽各方面的杰出人才，如重用俞大猷、戚继光等名将，把颇负盛名的文人徐渭聘入幕府，制定战略策略；另一方面，依靠骁勇善战的将领，训练水陆兼通的士兵。其部成就最大者当属训练有素的"戚家军"，后来发展为抗倭主力军。胡宗宪有勇有谋，果敢指挥，最终擒汪直、杀徐海，沿海倭患暂告平息。

戚继光（1528—1587），字元敬，定远人。明嘉靖年间先驻防登州卫，后调任浙江都司佥事。他组建"戚家军"，将招募的金华、义乌农民、矿工，严加训练，成为抗御倭寇主力，胜倭于台州，两度获捷，歼灭倭寇2000余人。后他又在福建、广东，再平倭寇。隆庆初年（1567）他被调往北方戍边，驻镇蓟州、昌平、保定16年，以功进左都督，为抗倭名将。他还是书法家、诗人，著有《纪效新书》十八卷、《练兵实纪》十四卷和《止止堂集》等。

戚继光的《纪效新书》，紧密结合东南沿海地形、民情、倭情，总结驻守东南沿海治军、平倭的经验。内容包含训练、号令、战法、行营、武艺、守哨、水战，各为一卷。书中还记述了戚继光发明的"鸳鸯阵"、长枪与短兵互防等战术。

戚继光是杰出的兵器专家和军事工程家，他改造、发明了各种火攻武器；他建造的大小战船、战车，使明军水路装备优于敌人；他富有创造性地在长城上修建空心敌台，进可攻退可守，是极具特色的军事工程。

史家和民间最津津乐道的"戚家军"是戚继光抗倭的主力。戚继光到浙江赴任后，发现驻守的将士作战能力较弱，而金华、义乌一带民风彪悍，于是前往招募3000人。戚继光亲自指导训练，根据南方多沼泽的地理特点制定阵法，又给部队配备火器、兵械、战舰等装备，终成精锐。后"戚家军"历经台州之战、福建之战、兴化之战、仙游之战，名闻天下。


## 李鸿章与洋务运动

李鸿章（1823—1901），字子黻，号少荃，合肥人，晚清重臣，洋务派首领。

1847年，李鸿章考中进士，旋任武英殿纂修、国史馆协修。太平军兴，回安徽办团练，组建淮军，历任江苏巡抚兼署南洋五口通商大臣、两江总督、湖广总督兼湖北巡抚、直隶总督兼北洋通商大臣、武英殿大学士、文华殿大学士、总理各国事务衙门行走、两广总督、回任直隶总督兼北洋通商大臣，谥文忠。著有《小苍浪亭诗赋抄》。

李鸿章创建的淮军镇压了太平军、捻军起义，战后淮军总兵力达7万余人，成为清军中装备精良、战斗力强的劲旅。随着李鸿章地位、权力的上升，他一手创建的淮军陆续被清廷派防直隶、山东、江苏、广西、广东、台湾各地，成为充当国防军角色的常备军；而以他为领袖，由淮军将领、幕僚以及一批志同道合的官僚组成的淮系集团，成为当时实力最强的洋务派集团。李鸿章在直隶总督兼北洋大臣任上秉政达25年，成为清廷倚作畿疆门户的股肱重臣，参与了清政府有关内政、外交、经济、军事等一系列重大举措的制定和实施。

李鸿章综观世界各国的发展，痛感中国之积弱不振，原因在于"患贫"，"必先富而后能强"，于是逐渐将"中心工作"转向办洋务"求富"。

洋务运动中，李鸿章不仅建立了一支用西式装备武装起来的军队，还创办了一批近代军事工业。他到上海翌年即创办松江洋炮局，又陆续建起两个洋炮局，合称"上海炸弹三局"。1865年扩建江南制造局，随后改建金陵机器局，扩建天津机器局。在引进西方设备进行近代化生产的实际操作中，他又进一步得出"中国欲自强，则莫如学习外国利器。欲学习外国利器，则莫如觅制器之器，师其法而不必尽用其人。欲觅制器之器与制器之人，则或专设一科取士，士终身悬以为富贵功名之鹄，则业可成，艺可精，而才亦可集"。

李鸿章出任直隶总督后，1872年首创中国近代最大的民用企业——轮船招商局。其后十多年中，先后创办了河北磁州煤铁矿、江西兴国煤矿、湖北广济煤矿、开平

李氏家族旧宅

矿务局、上海机器织布局、山东峄县煤矿、天津电报总局、唐胥铁路、上海电报总局、津沽铁路、漠河金矿、热河四道沟铜矿、三山铅银矿、上海华盛纺织总厂等一系列民用企业，涉及矿业、铁路、纺织、电信等各行各业。在经营方针上，也逐渐由官督商办转向官商合办，从客观上促进了近代资本主义在中国的发展。由于李鸿章的主持和参与，洋务派创办了中国近代第一条铁路、第一座钢铁厂、第一座机器制造厂、第一所近代化军校、第一支近代化海军舰队等。

李鸿章深刻认识到列强的威胁来自海上，提出以定购铁甲舰和组建北、东、南三洋舰队的设想，并辅以沿海陆防，形成了中国近代海防战略。中法战争后，鉴于福建船政水师几乎全军覆没，清政府决定"大治水师"，于光绪十一年（1885）成立海军衙门，李鸿章为会办，他苦心孤诣建设北洋水师和旅顺、大沽、威海等海军基地，形成当时亚洲最强大的海上武装。

甲午战争，北洋舰队在黄海海战中惨败，李鸿章受命作为全权大臣赴日本议和。尽管行前清廷已授予李鸿章割地赔款的全权，但他仍期望"争得一分有一分之益"，与日方代表反复辩论。1895年3月24日，李鸿章于谈判中回住处的路上遇刺，世界舆论哗然，日方因此在和谈条件上稍有收敛。随后李鸿章代表中国和日本签订割地赔款的《马关条约》。李鸿章视其为奇耻大辱，发誓终生不再履日地，并倾向变法。但在"国人皆曰可杀"的汹汹舆论下，他成了清廷的替罪羊，被解除了位居25年之久的直隶总督兼北洋大臣职务。

1896年，李鸿章出使欧美，先后访问德国、荷兰、法国、比利时、英国、美国、加拿大等国家和地区，他在演讲中一再大声疾呼："五洲列国，变法者兴，因循者殆"。

李鸿章出任两广总督期间爆发了义和团运动，英、法等国组成八国联军进行干涉，慈禧携光绪逃至西安，北方局势一片混乱。为收拾残局，清廷再度起用李鸿章，向八国联军求和。1901年9月7日，李鸿章、奕劻代表清廷签署《辛丑条约》，赔款白银四亿五千万两。签约后李鸿章呕血不起，于 11 月 7 日病逝，"双目犹炯炯不瞑"。

李鸿章生逢大清国最黑暗、最动荡的年代。"弱国无外交"，他的每一次"出场"无不是在国家存亡危急之时，大清国要他承担的无不是"人间所最难堪"之事。他对自己曾总结："我办了一辈子的事，练兵也，海军也，都是纸糊的老虎，何尝能实在放手办理，不过勉强涂饰，虚有其表，不揭破，犹可敷衍一时。如一间破屋，由裱糊匠东补西贴，居然成一间净室，虽明知为纸片糊裱，然究竟决不定里面是何等材料。即有小小风雨，打成几个窟窿，随时补葺，亦可支吾对付。乃必欲爽手扯破，又未预备何种修葺材料，何种改造方式，自然真相破露，不可收拾。但裱糊匠又何术能负其责？"

梁启超评："吾敬李鸿章之才，吾惜李鸿章之识，吾悲李鸿章之遇。"

## 首任台湾巡抚刘铭传

刘铭传（1836—1896），字省三，自号"大潜山人"，公元 1836 年 9 月 7 日生于合肥西乡（今合肥市肥西县）大潜山麓的刘老圩子，少年时因得天花而留下一脸麻子，人称"刘六麻子"。刘铭传早年贩私盐，后在合肥西乡办团练起家，1862 年追随李鸿章组建淮军，在镇压太平军、捻军过程中，逐渐成为淮军主将之一，由千总升至直隶提督。曾督办陕西军务，后因病回乡。光绪十年（1884），赋闲在家十几年的刘铭传，应清政府的征召出山，以巡抚衔督办台湾军务，成功地抗击了法国军队对台湾的进攻，守住宝岛台湾。中法战争结束后，清政府在台湾建省，刘铭传被委任为首任台湾巡抚。此后，他在台湾政治、军事、经济、教育、科技等领域内锐意进取，实施了一系列系统的改革与创新，推动了台湾地区的近现代化进程，成为台湾近代史上闪耀史册的人物。中国国民党前主席连战的祖父连横在《台湾通史》中评价刘铭传说："倡淮旅，练洋操，议铁路，建台省，实创中国未有之奇"。

作为首任巡抚，刘铭传仿效大陆的洋务运动，从以下几个方面，着力开始战后的台湾建设。

### （一）重设建置

台湾建省之前属于福建省，行政区划为2府4县，机构设置简单而粗放。为加强管理，刘铭传巡查台湾各地后，对台湾的行政区域重新规划：采用府、州、厅、县制的分层管理，以彰化为省会，全省设3府、1州、4厅、11县。为了便于基层管理，清查人口，推行保甲制度，逐步使台湾的社会体系区域规范、稳定、有序。

### （二）整顿防务

为提高台湾守军的战斗力，刘铭传首先精简驻军的规模，通过淘汰羸弱的方式，将台湾守军从40营缩编为35营，重新调整军队的布防区域；用新式装备武装守军，聘请外国教官用新的方式训练守军；规范军队的管理体系，赏罚分明，制定严格的操练及营规章程。同时，寓兵于民，鼓励台湾的乡绅练勇操办防务。

刘铭传以澎湖作为海防的重镇，派出爱将吴宏洛率"宏"字营驻扎。先后修造炮台11座，分别位于澎湖、基隆、沪尾（今淡水）、旗后等地，并为炮台购置了大量的新式大炮、水雷等武器。为改变"水师无船"的窘境，还陆续为各地水师配备了"威利""威定""飞捷"等兵船。他创办了台湾的新式军工业，先后新建机器局、水雷局、军械所等。

### （三）厘清税赋

台湾建省之初，刘铭传设立清赋局，全权负责清赋工作。1886年，他在推行保甲制的同时，彻底重新清丈土地、确定赋主，制定新田赋，使得田赋收入增加数倍。刘铭传设置樟脑、硫黄总局，推行专卖制度；改船货税为百货税，提高鸦片进口厘金，整顿茶盐生产。

刘铭传的财税改革措施，改变了财政收入不足的困境，使得台湾战后重建的资金得到了有力的保障。

## （四）安民"理番"

所谓"番"，在台湾主要指高山族。刘铭传在奏折中提出"民番皆朝廷赤子"的观点，主张番人与汉人"一视同仁"，采用"以抚为主、以德服人"的措施。1886年7月，设立抚垦总局，刘铭传自任抚垦大臣，"教之耕耘、使饶衣食"，发展高山族地区的农业生产，同时，创办"番学堂"，招收番童入学。以上政策与措施，取得了切实的成效，至1889年，台湾全境的少数民族一律归化。

## （五）澄清吏治

刘铭传虽然以淮军起家，但他在治理台湾过程中，却不分派系，赏罚分明。如对出生于湘军的孙开华、曹志忠等将领，在保卫台湾中，敢于重用，战后也为他们主动向朝廷请功。

## （六）发展工商

作为中国较早的一座煤矿，基隆煤矿一直采用官办模式，年年亏损，刘铭传将"官商合办"、引入外资等创新模式引入该矿的生产经营中。

1885年8月，刘铭传在台北设立电报总局；为管理贸易，1886年，设立台北商务局；同年，以募集华侨资金方式，订购10艘轮船，轮船公司宣告成立；1888年，设立台北邮政总局，开始发行邮票，开办邮递业务。

为修建铁路，刘铭传在台北设立铁路总局。1891年，全长32公里的基隆—台北的北段铁路竣工，1893年，全长约68公里的台北—新竹段铁路竣工，这些都刺激着台湾经济的高速发展。

## （七）创办教育

刘铭传在台湾所创立的学校，除"番学"以外，还有几十所书院、义学、官塾。同时，他引入国外教学体制，于1887年3月创办了台湾第一座"西学堂"，聘请中国留学生及外国人管理及教学；1890年，在台北设立电报学堂。这些新式教学，一方面起到西学启蒙的作用，另一方面也为台湾培养了许多急需的专业技术人才，对台湾社会的影响巨大而深远。

1891 年 5 月 30 日，清廷批准了刘铭传的请辞，至此，刘铭传从保卫台湾到建设台湾，前后达七年之久。在刘铭传治理下的台湾，发生了脱胎换骨的变化，一个贫穷落后的台湾逐渐步入近现代化的轨道。因此，后人评价刘铭传是"台湾近现代化的第一人"。

## 京师大学堂创办者孙家鼐

甲午战争后，民族危机空前严重，民族资本主义初步发展，以康有为、梁启超为代表的维新派，代表着上层民族资产阶级和开明绅士阶层，走上维新变法的历史舞台。当时的士大夫提倡"开民智，通下情"的政治主张，认为救国之本在于彻底改变培育人才的办法。正如梁启超所说，"变法之本，在育人才，人才之兴，在开学校"。中国

王光明　耿广春《孙家鼐与京师大学堂》

近代最早的大学——京师大学堂，正是这种思潮的产物。

京师大学堂是由晚清名臣孙家鼐奉光绪之命创办。孙家鼐（1827—1909），字燮臣，号蛰生、容卿、澹静老人，安徽寿州（今淮南寿县）人。清咸丰九年（1859）状元，与翁同龢同为光绪帝师。累迁内阁学士，历任工部、礼部、户部、吏部、刑部尚书。1898 年 7 月 3 日，以吏部尚书、协办大学士受命为京师大学堂（今北京大学）首任管理学务大臣，创办京师大学堂。1900 年后任文渊阁大学士、学务大臣。卒后谥曰"文正"。他是中国历史上第一个教育部部长，也是最后一个拥有"文正"谥号者。

1898 年夏天，光绪皇帝颁布了《明定国是诏》，拉开了戊戌变法的帷幕。在这五百余字的诏书中，竟以三分之一的篇幅谈到了创办京师大学堂，随后任命吏部尚书、协办大学士孙家鼐为管学大臣，主持京师大学堂筹办事宜。

孙家鼐综合参考了中外教育体制的长处，并加以取舍创新，形成了一整套在当时颇为先进的办学理论和办学思想。

他强调以"中体西用"为办学宗旨；主张在京师大学堂中将学科分为十科，实行分科教学；聘请中西总教习各两人，吸引天下贤士从教；教科书的编订，要注意书中义理，不能使之偏歧，更不能以一家的学术观点束缚学生对学术的研究；生源方面，凡年在 25 岁以下的学生，定期对中西各学科学业进行认真考核，根据成绩优劣，决定去留。

关于学生的出路，孙家鼐根据当时的现实情况，参考西方的办学经验，把学堂毕业的学生分为三个部分。首先，如果每次考试都是优等的学生，可以根据学生所学的专业，授予秀才、举人、进士的头衔。其次，如果参加考试没有考中的学生，通过考核后，学校发放文凭，学生拿到文凭后可以参加政府组织的考试，考中即可做官，可以请总理衙门派到驻外使馆充当翻译、随员或分配到南北洋海军、陆军、船政、各制造局，帮办大小事务。第三，部分学生应试不中，又不能应举为官者，经考核发给凭证后，可以任教习。

经过孙家鼐的这一系列准备，1898 年 7 月 3 日，京师大学堂正式创立。同年 9 月 21 日，慈禧太后发动政变，光绪帝在维新变法中颁布的一系列改革令大部分变成一纸空文，唯京师大学堂独存，此后慈禧仍命孙家鼐继续办理大学堂事宜。1900 年，八国联军侵占北京，京师大学堂被迫停办。1902 年复校，设预备科（政科、艺科），及速成科（仕学馆、师范馆），次年增设进士馆、译书局及医学实业馆。1910 年发展为经、法、文、格致、农、工、商七科。1912 年改为北京大学。

西方用船坚炮利唤醒了沉睡的中国，中国被迫走上近代化的曲折路程，传统教育也开始了向近代教育转变。孙家鼐创办京师大学堂以及他的教育思想与理论，在中国教育近代化过程中具有重要影响。

## "中国铁路之父" 詹天佑

有"中国铁路之父""中国近代工程之父"之称的詹天佑，祖籍徽州婺源（今属江西），1861 年 4 月 26 日出生于广东南海一个破落茶商家庭。自幼他就展现出对机械的浓厚兴趣，常把家里的钟表拆了装、装了拆。

11 岁时，在父亲好友的推荐下，詹天佑来到香港，考取幼童出洋预备班。在上海短暂学习后，中国第一批 30 名"留美幼童"抵达美国旧金山。此举被誉为"中华创始之举，古来未有之事"，开启了中国官费留学的先河。在美国，詹天佑平生第一次看到了火车。

詹天佑经过小学、中学的学习，以优秀的成绩，考入耶鲁大学谢菲尔德理工学院土木工程系，专习铁路工程。在大学期间，他曾经获得数学第一名的奖学金。

1881 年，詹天佑结束了近 10 年的留美生涯之后，并没有从事他所钟情的铁路事业，而是被派往福州船政局后学堂学习海军轮船驾驶。

1888年，经开平矿务局留美同学邝孙谋介绍，詹天佑来到天津中国铁路公司任工程师，从事塘沽到天津铁路铺轨工程，开启了他长达30多年的铁路生涯。

在修建古冶至山海关段铁路时，施工方遇到了难题。英国工程师无法解决滦河铁桥修建这一最艰巨的工程。该桥是中国当时最长的铁桥。詹天佑在中国首次使用"压气沉箱法"，修建滦河铁桥桥墩基础，一举成功，引起中外铁路界的注意，因而被选入英国土木工程师学会。这是中国人首次加入该会。

当时中国修建铁路，轨道尺寸不一样，通行十分不畅。詹天佑提出建议，全国统一采用4英尺8英寸的标准轨道，统一工程标准，为中国自行设计修建铁路奠定了基础。

1905年，清政府任命詹天佑为京张铁路总工程师兼会办局务。京张铁路是中国自己出资，自己勘测、设计、修筑和管理的第一条铁路，自北京丰台区，经八达岭至河北张家口，全长约200公里。沿线"层峦叠嶂，石峭弯多"，"遍考各省已修之路，以此为最难"。詹天佑创新设计、施工，克服种种困难，提前两年建成，并且节约白银29万两，修建成本为全国同级铁路中最低。1909年，京张铁路建成通车，打破了外国人垄断修建中国铁路的局面，被称为"中国人民和中国工程技术界的光荣"，是中国近代科技发展的一个里程碑。

更为难得的是，在修建过程中，詹天佑制定了一系列修筑、行车、养路等规章制度，填补了中国铁路运行史上的空白，还培养了中国第一批真正具有现代技术的铁路工程人员。

因修建京张铁路有功，詹天佑被授予工科进士第一名，并被派任邮传部路务议员二等顾问官，加二品衔，后又当选为商办广东省粤汉铁路总公司总理。在国际上，詹天佑也受到高度肯定，先后当选美国土木工程师学会会员、英国皇家工商技艺学会会员、英国北方科学与文艺学会会员。

辛亥革命后，詹天佑先后任粤汉铁路会办、汉粤川铁路会办、广东中华工程师会首任会长、交通部技监、交通部铁路技术委员会会长、中华工程师学会会长等职，主持全国交通技术工作。詹天佑编著有《铁路名词表》《新编华英工学字汇》《京张铁路标准图》《京张铁路工程纪略》等书籍，为中国铁路工程建设留下了宝贵的财富。

1919 年，巴黎和会召开，日方企图霸占我国中东铁路。詹天佑临危授命，抱病代表中国出席国际联合监管远东铁路会议。以崇高国际威望，与赴会中国代表共同努力取得了中东铁路沿线由我国驻军护路权，防止了列强以护路为名武力夺取中东铁路，并争得了我国工程师在中东铁路的工作地位。"生命有长短，命运有沉升，初建路网的梦想破灭令我抱恨终天，所幸我的生命能化成匍匐在华夏大地上的一根铁轨……"正是有了詹天佑这样一根根的"铁轨"，最终才挺起了中华民族的脊梁。

1919 年 4 月 24 日，詹天佑积劳成疾，病逝于汉口，享年 58 岁。詹天佑逝世后，全国多地举行公祭，纪念这位中国铁路事业的先驱。

在詹天佑辉煌一生中，他先后主持修建了唐山铁路、滦河大桥、京津铁路、萍醴铁路、新易铁路、京张铁路等，创造了中国近代史上的多项"第一"。特别是在科技、工程、管理等人才方面的培训，更是厥功至伟。

新中国成立后，为了纪念詹天佑，国家先后设立了詹天佑科学技术发展基金会、詹天佑铁道科学技术奖、中国土木工程詹天佑奖。其中，中国土木工程詹天佑奖是中国土木工程领域最高奖项。他的故居也被国务院列为全国重点文物保护单位。

周恩来曾评价"詹天佑是中国人的光荣"。作为中国近代科学技术的先驱者之一、伟大的爱国主义者、中华铁路第一人，詹天佑留给我们的，不仅仅是"中国铁路之父"、"中国近代工程之父"这些称号，更多的是整个民族的精神财富。

## 陈独秀、胡适与新文化运动

1915年9月15日，封面赫然印着红色刊名的《青年杂志》在上海正式诞生（一年后改名《新青年》）。百年积弱的中国，终于在一份并不起眼的书刊里，发出了振聋发聩、翻天覆地的怒吼声，拉开了新文化运动的大幕。

杂志的创办者陈独秀是安徽怀宁人。在带有发刊词性质的"社告"《敬告青年》里，陈独秀开宗明义写道："国势陵夷，道衰学弊，后来责任，端在青年。本志之作，盖欲与青年诸君商榷将来所以修身治国之道。"他还提出了造就"新青年"所需要具备的六大标准：自主的而非奴隶的；进步的而非保守的；

《新青年》杂志

进取的而非退隐的；世界的而非锁国的；实利的而非虚文的；科学的而非想象的。这正是后来陈独秀所提倡的民主与科学的思想雏形。

《青年杂志》的早期作者多为安徽人。香港学者陈万雄曾评价说："《青年杂志》的初办是以陈独秀为首的皖籍知识分子为主的同仁杂志，且互相间有共事革命的背景"。首卷作者除主编陈独秀外，还有高一涵、高语罕、潘赞化、汪叔潜、陈嘏、刘文典、谢无量、易白沙等人，皆为安徽籍或与安徽有着千丝万缕的关联者。

高一涵是安徽六安人，毕业于安徽高等学堂。辛亥革命刚开始，他就与高语罕、易白沙、李光炯等人谋划在安徽举事，后到日本留学，并协助章士钊创办《甲寅》杂志。他后来在《青年杂志》的地位仅次于陈独秀。高语罕是安徽寿县人，出身汉学世家，早年曾参加岳王会的外围组织"维新会"，二次革命失败后，回到上海，后来成为安徽五四运动的积极推动者。潘赞化是安徽桐城人，早年曾到日本早稻田大学兽医科学习，后来一直与陈独秀一起积极参与革命活动。汪叔潜曾在安徽都督府当差，是安徽最早留日学生之一，曾加入同盟会。陈嘏，原名陈遐年，是陈独秀的胞侄，在《青年杂志》主要承担西方文学作品翻译工作。刘文典是安徽合肥人，早年参加同盟会，后赴日留学，在《青年杂志》上发表多篇重要文章。

《青年杂志》首卷作者有名有号可考诸人中，只有谢无量和易白沙非安徽籍。谢无量虽然不是安徽人，但他父亲曾在安徽当过多年县长，而他自己早年也在安徽公学当过教员。原籍湖南的易白沙，长期在安徽从事革命和教育工作，算得上"半个安徽人"了。

而另一个重量级安徽人的加盟，则让改名后的《新青年》杂志如虎添翼，顿生波澜。1917 年 1 月 1 日，《新青年》第二卷第五号刊出一篇署名"胡适"的文章《文学改良刍议》。对于当时的《新青年》读者来说，胡适这个名字还有点陌生，但这篇文章的论调却惊世骇俗、振聋发聩，发出了日后被誉为"文学革命发难的第一声"。

此时的胡适还在美国留学，因与陈独秀好友汪孟邹（安徽绩溪人）同乡并素有书信来往，因而得知《新青年》。陈独秀与胡适两人在书信往来中，对"创造新文学"碰撞出许多火花，进而提出了"文学革命"的构想，这正是《文学改良刍议》一文的核心思想："吾以为今日而言文学改良，须从八事入手。八事者何？一曰，须言之有物。二曰，不摹仿古人。三曰，须讲求文法。四曰，不作无病之呻吟。五曰，务去烂调套语。六曰，不用典。七曰，不讲对仗。八曰，不避俗字俗语。"这无疑是对"有诗必律，有文必骈"的传统文学形式进行了全盘的否定。

继胡适之后，陈独秀写出了《文学革命论》，更为直接、更为坚定地提出"文学革命三大主义":"曰推倒雕琢的阿谀的贵族文学,建设平易的抒情的国民文学;曰推倒陈腐的铺张的古典文学,建设鲜明的立诚的写实文学;曰推倒迂晦的艰涩的山林文学,建设明了的通俗的社会文学。"胡陈联手,拉开了白话文运动的序幕。

一石激起千层浪。陈独秀、胡适的两篇文章迅速在中国文坛引发广泛关注和热烈讨论,新旧两派各持己见,剑拔弩张。而新派人物则奉胡适、陈独秀的主张为圭臬,比如钱玄同就认为:"余谓文学之文,当时哲人如陈仲甫、胡适之二君,均倡改良之论,二君邃于欧西文学,必能为中国文学界开新纪元。"

此时,陈独秀已任职北大。从 1917 年 1 月 15 日起,陈独秀以北大文科学长的优势,将《新青年》作者群中很多意气相投的同人延聘到校任教,如周作人、刘半农、程演生、刘文典、高一涵、李大钊、王星拱等人。

应陈独秀的再三邀约,胡适匆匆结束在美国的学业,于 1917 年 6 月回国,先在上海略作停留,又回到家乡绩溪小住,随后于 9 月 10 日抵京,正式出任北京大学文科教授,与"革命战友"陈独秀并肩携手,开启"引领新思潮,建设新文化"的新征途。

《新青年》及其主创人员陆续进京,为新文化运动集聚了人脉与思想基础。在陈独秀、胡适等人的倡导下,《新青年》呼啸生风,以文学革命为发端,高举民主和科学两面大旗,向一切旧思想、旧道德、旧文化的"封建余孽"发起了全面的冲击,北大遂成为新文化运动的主要阵地。


## 人民教育家陶行知


在中国教育史上,能够被称为"万世师表"的,只有两位:一位是先圣孔子,另外一位就是近代的陶行知。孔子有三千弟子、七十二贤人，开中国平民教育之先河；而陶行知秉承、创新现代教育理念，提出"生活即教育"、"社会即学校"、"教学做合一"三大主张，创办各类新式学校特别是师范学校，被尊称为"当今圣人"。

陶行知，安徽歙县人，人民教育家、思想家，伟大的民主主义战士、爱国者，中国人民救国会（全国各界救国联合会）和中国民主同盟的主要领导人之一。

1891 年 10 月 18 日，陶行知出生于歙县一个家境贫寒的乡村教师之家。六七岁时就开始临摹村里的对联，读了几年私塾后，14 岁进入歙县的教会学堂——崇一学堂读书。他在宿舍的墙上写下豪言壮语："我是一个中国人，应该为中国做出一些贡献来。"

17 岁那年，陶行知考入杭州广济医学堂。但他仅读了 3 天，就因为对学校的教育理念不满，愤而退学。次年，他考入南京汇文书院读了一年，接着又转入金陵大学，接触到了进步思想。他主编学报，宣传民主革命理念，"使中华放大光明于世"。

陶行知原名文浚，19 岁时受王阳明"知行合一"的影响，给自己改名"陶知行"。后来，他认识到"行是知之始"，又给自己改名"陶行知"。

1914 年，23 岁的陶行知以金陵大学第一名的成绩毕业。在毕业典礼上，他作为毕业生代表宣读论文《共和精义》："人民贫，非教育莫与富之；人民愚，非教育莫与智之。"随之赴美留学。

在美国留学期间，他先是在伊利诺大学学市政，后来转入哥伦比亚大学，师从杜威、孟禄等学习、研究教育，深受杜威"教育即生活、学校即社会"的理论影响。

1917 年，即将拿到博士学位的陶行知提前回国，应南京高等师范学校校长之约，在该校主讲教育学、教育行政、教育史、教育心理等，先后担任教务长、教育科主任、南京学界联合会会长等职。

在教书的同时，陶行知积极探索新的教育思想，寻找西方教育理念与中国国情的融合，提出了"生活即教育"、"社会即学校"等教育理论，"为我国人民建立一套有效的公共教育体制"。在他的力推之下，南京高师将"教授法"改为"教学法"，为全国教育界所采用。他举办暑期学校，这在中国的大学里是第一次。他还参与了全国教育联合会"中国新学制"起草工作等。

针对传统教育中存在的种种弊端，陶行知积极寻求突破，指出新

许健康《平民教育家陶行知》

的教育不能只靠书本，而要在社会实践中寻求真知。"必须彻底改革旧的传统教育的教学方法"，必须做到"教学做合一"，把教育同社会实践有机结合起来。教育应该是"生活的，行动的，大众的，前进的，世界的，有历史联系的"。

陶行知走出校门，积极参加社会活动，用各种方式来改进中国的教育现状。他与蔡元培、范源濂等发起成立中华教育改进社，并任总干事，以"调查教育实况，研究教育学术，力谋教育改进"为宗旨，推进教育调查、科学教育。教育改进社是当时中国最大的教育社团，

有力地促进了中国教育科学化、民主化、世界化的进程。

后来，他又与晏阳初等人发起成立中华平民教育促进会总会，推动"平民教育运动"。陶行知特别重视平民教育，认为在3亿多农民中普及教育至关重要，"要使全中国人都受到教育"。

1927年3月，陶行知在南京创办晓庄试验乡村师范学校，立志培养一百万乡村教师。他在开学典礼上说："我们没有教室，没有礼堂，但我们的学校是世界上最伟大的……我们在这伟大的学校里，可以得着丰富的教育……"

晓庄师范是中国近代乡村教育运动最早的发源地和试验场。蔡元培曾任学校董事长，并在校执教。

著名的"生活教育"理论即发轫于此。陶行知将现代教育理论与当时的实践结合起来进行创新，发起"平民教育运动"，推行乡村教育运动，开展普及教育运动，发起国难教育运动，投身战时教育运动，从事全民教育运动和倡导民主教育运动……他的教育实践，为中国的教育改革和社会进步做出了突出的贡献。

继创办晓庄师范之后，陶行知还先后兴办了上海山海工学团、自然学园、儿童科学通讯学校、重庆育才学校、重庆社会大学等新式学校，打破了中国传统的教育教学模式。日本学者斋藤秋男曾赞誉："陶行知不仅属于中国，也是属于世界的。"

1936年初，陶行知成立国难教育社，并被推为社长，推行国难教育，把生活教育和民族民主革命斗争结合起来。

受全国各界救国会委托，陶行知以国民外交使节身份，出访欧、美、亚、非28个国家和地区，向全世界人民宣传抗日救国主张，出席了"世界和平大会"、"世界新教育会议"、"世界青年大会"、"世界反侵略大会"，并当选为世界和平大会中国执行委员，为提升中国在国际舞台上的影响做出了杰出的贡献。著名诗人泰戈尔曾说过："陶行知不仅是一位很有创造力的教育家，也是一位勇敢的、出色的反法西斯斗士。"

1941 年，陶行知参与发起成立中国民主政团同盟，后当选为中国民主同盟中央常委兼教育委员会主任委员。他在重庆创办社会大学并任校长，李公朴任副校长兼教务长，提出"人民创造大社会，社会变成大学堂"、社会大学之道"在明民德，在亲民，在止于人民之幸福"。

陶行知著有《中国教育改造》《教学做合一讨论集》《古庙敲钟录》《斋夫自由谈》《中国大众教育问题》《普及现代生活教育之路和及其方案》《行知书信集》《行知诗歌集》等。

毛泽东称他是"伟大的人民教育家"，郭沫若赞道："二千年前孔仲尼，二千年后陶行知"，宋庆龄赞颂他为"万世师表"。

## 爱国宗教领袖赵朴初

在近现代、当代中国佛教发展史上，有两位安徽人居功至伟。一位是杨仁山，一位是赵朴初。杨仁山被称为"近代中国佛教复兴之父"。赵朴初作为新中国一代宗教界领袖，长期担任中国佛教协会会长，在创造、践行宗教与社会主义建设相适应的理论与实践方面，做出了杰出的贡献，擎起了佛教发展的新标杆。

1907 年 11 月 5 日，赵朴初出生于安庆天台里四代翰林府第中，祖籍安徽太湖县。4 岁时随父母迁回老家太湖县寺前河居住。赵朴初五世祖赵文楷是嘉庆元年状元；四世祖赵畇为翰林院庶吉士、上书房行走，是李鸿章的岳父。

赵朴初的父亲赵恩彤，曾任县吏和塾师，生性敦厚。母亲笃信佛教，家中设有佛堂，每日早晨烧香礼佛。7 岁那年夏天，赵朴初在家中看到一只蜻蜓被蜘蛛网网住了，不能动弹。赵朴初连忙找了一根竹竿，把蜻蜓救下。母亲见了十分欣慰，认为儿子小小年纪就有如此善心。第二天带他去寺院烧香。寺院的师父听说赵朴初会作对联，就指着庙中的火神殿，出了一句上联："火神殿火神菩萨掌管人间灾祸"。赵朴初很快对出下联："观音阁观音大佛保佑黎民平安"。师父说："这孩子将来必成大器。"1926年秋，赵朴初以优异的成绩考入东吴大学。因患肺病，他到上海表舅关絅之家养病。关絅之是举人和法官出身，作为同盟会会员，曾经帮助孙中山脱险。1921年，关絅之走上佛教道路，在中国现代佛教史上，关絅之地位突出，曾发起成立中国第一个居士林团体。后来创办净业社，任副会长。中国佛教会成立后，关絅之是9名常委之一。

净业社隶属于上海江浙佛教联合会，赵朴初在此任秘书。在表舅的指引下，他开始研究佛经。关絅之创建上海佛教慈幼院并任院长，日常工作即由赵朴初去做。在表舅的影响下，赵朴初走上佛学的道路，先后任上海江浙佛教联合会秘书、上海佛教协会秘书、净业社社长，开始和高僧大德有了深层次的接触，在佛学方面的学识日益精进。

1935年，经圆瑛法师介绍，赵朴初皈依佛门，成了在家居士。

"八一三"淞沪战争爆发后，大量难民涌上街头。赵朴初和上海佛教界护国和平会的同仁们想方设法安置难民。他不顾自身安危，执一面红色十字小旗，走在队伍前面。难民们感动不已，称赵朴初是菩萨再世。次日，沪上报童纷纷叫卖："看报！看报！赵朴初菩萨再世，侠肝孤胆护难民！"

圆瑛法师和赵朴初还以"上海佛教界护国和平会"名义组织上海僧侣救护队，开赴吴淞前线，抢救伤员。在圆瑛、赵朴初等人的领导下，90多个难民收容所陆续收容了50多万难民。后来，赵朴初与胡愈之、许广平等人创办抗日救亡组织——益友社，赵朴初任理事长。自1938年8月16日起，赵朴初冒极大风险，以送青年难民去浙江开荒的名义，前后输送1200多名青壮年难民赴皖南加入新四军，有的被输送到苏中、南通、海门、启东等地，壮大了新四军队伍。

抗战胜利后，赵朴初积极参加争取民主、反对内战、解救民众的爱国民主运动。1945年12月30日，赵朴初与马叙伦、王绍鏊、林汉达、周建人、雷洁琼等在上海成立中国民主促进会。

新中国成立后，赵朴初以极大的热情参与到社会建设、宗教活动、中外交流、国家统一、世界和平等各项事业中去。改革开放以后，赵朴初作为著名的爱国宗教领袖，在国内外宗教界有着广泛的影响，深受广大佛教徒和信众的尊敬和爱戴。他佛学造诣极深，《佛教常识问答》等著述深受佛教界推崇，多次出版，流传甚广。

他创造性地把佛教的教义融于中国共产党领导的建设中国特色社会主义伟大事业之中，积极贯彻执行党的宗教政策，加强对宗教事务的管理，积极引导宗教与社会主义社会相适应。

除了佛教之外，赵朴初还是享誉海内外的著名作家、诗人和书法大师。他的词曲作品曾先后结集为《滴水集》《片石集》出版发行，不少名篇在国内外被广泛传诵。

一直以来，赵朴初都秉持着慈善为怀的理念，长期做慈善事业。他生前立下遗嘱，遗体凡可以移作救治伤病者，请医师尽量取用。他在遗嘱中说："生固欣然，死亦无憾。花落还开，水流不断。我兮何有，谁欤安息。明月清风，不劳寻觅。"

# 第二章 文化遗存

中华文明的源头，亘古久远。安徽历史悠久，从距今200多万年的旧石器时代开始，历经各代，丰富的遗迹、遗存，引领人们追溯遥远的世界。

安徽境内有各类古遗址近4000处，其中，蚌埠双墩与蒙城尉迟寺遗址，印证着淮河流域史前文化；涂山脚下的禹会村遗址，揭秘谜一样的夏王朝；怀宁孙家城、潜山薛家岗遗址反映了皖西南地区的史前文化；璀璨辉煌的含山凌家滩玉器，见证了中华文明的曙光。

皖之风流，不仅在奇山秀水，更在皇皇文化。从大禹治水到至今仍造福世人的"天下第一塘"安丰塘（芍陂），疏导有方的安澜智慧流芳百世；贯通中国古代南北交通大动脉的大运河流经安徽，促进了区域文化融合与民族交流，展现了恢宏磅礴的文化气象；从皖南青铜冶炼的熊熊炉火，到寿州窑、繁昌窑的流光釉色，光彩卓然的器具之美，留下了丰厚的文明印记。

亳州位居全国"四大药都"之首，寿县古城固若金汤，老省府安庆硕学通儒层出不穷，曾为徽州府治的歙县堪称徽州文化的标本，绩溪龙川的胡氏宗祠被誉为"中华古祠一绝"。西汉六安王陵中保存完好的"黄肠题凑"结构，显现了汉之规制与汉文化的发展承传轨迹；兴建六年而后废弃的凤阳明中都城，"规制之盛，实冠天下"，其皇故城今已成为安徽省首个国家考古遗址公园。象征着人文蔚起的振风塔沐浴着习习江风，敬亭双塔为宋代古塔中仅存的实物例证；历经岁月洗礼的文庙，依然吹拂着郁郁儒风；群山环抱中的座座古祠堂，牵系着千丝万缕的血缘谱系与地缘版图……文化大省安徽，有着无比辉煌的文明硕果，更传递着民族走向强盛的文化自信。

# 第一节　古遗址

## 史前文化遗址双墩

这是一条古老而神秘的河流，像长江、黄河哺育了中华民族一样，淮河也是一条母亲河，自有其深沉而辉煌的文化篇章。淮河流经的地方，留下了丰厚的文化遗存。当那些被岁月封缄的线索一一浮出水面，顺着时间的河流，人们可以从今天上溯至淮夷古国，触摸史前文化的碎片。

七千年的岁月不减它的风采，那张迷人的"笑脸"一经出土便轰动四方；600余件生动而神奇的带刻画符号的器皿，让双墩遗址文化面貌显得更为独特而新颖。

蚌埠双墩遗址距今约7000年文化遗存的发现，填补了淮河中游地区新石器时代晚期文化的空白，为淮河流域新石器时代文化谱系和

双墩遗址陶器刻画符号

中国文字起源研究注入了新的内容，同时更确切地表明：淮河流域与黄河、长江流域一样，是中华文明的发祥地之一。

双墩遗址坐落在蚌埠市淮上区小蚌埠镇双墩村，1985年11月全国文物大普查时，为蚌埠市博物馆工作人员所发现。就采集到的陶片、石斧等文物标本分析，这是一处新石器时代遗址，中心面积约36万平方米。从1985年至1992年，文物部门先后三次对该遗址进行考古发掘，出土了大量陶片、残陶器，以及一定数量的石器、石料、骨角器、蚌器等。此外，还出土了对这些器物进行加工、制作、装饰的工具和坯料以及陶塑艺术品等，其中引起海内外考古界关注的陶塑人头像被有些学者认为是"纹面、雕题"的最早例证。双墩遗址还发现了丰富的动物群骨骼，经鉴定，共有软体动物及鱼、鸟、爬行和哺乳类动物50多个种类。

刻画符号是一种特殊的文化遗存。双墩遗址发现的符号均刻画在陶器上，其中绝大多数刻画或压划在碗的外底部圈足内。碗是一种实用器物，其形制比较大，从符号刻画线条和形体上看，当时的技法已经比较娴熟和规范了。双墩遗址刻画符号不仅数量多，而且结构类型也非常复杂，有单体、两个或两个以上的重体符号，还有两个或两个以上不同符号构成的组合形符号等。双墩刻画符号中的象形、会意、指事含义特征比较明显。从符号的形体看，有象形的猪、鱼、鹿、花、蚕、丝等，也有几何形的圆圈、三角、方框、半框、十字、建筑、弧线、直线等。

双墩遗址发现的600多个刻画符号中，与水纹相关的刻画符号接近90个。由于水纹刻画符号中的大部分内容都与渔猎经济活动有关，由此可知渔猎经济在双墩先民生产活动中占有重要地位。双墩先民在长期的渔猎活动中积累了丰富经验，他们通过判断水纹变化来识别鱼群活动规律，以便确定从事渔猎活动的方式，并通过对不同水纹现象的记录，反映当时气候、水环境对于"水纹"变化的影响。他们将"水纹"刻画符号中的某些符号在形式和意义上固化，并在一定区域内共同使用，初步显示原始文字的功能。

双墩遗址刻画符号内容涉及日月、山川、动植物等写实类，狩猎、捕鱼、网鸟、种植等生产类，记事与记数类，反映了生产、生活、宗教、艺术等广泛的内涵，较之同时期国内外文化遗存，可谓十分罕见。

2013 年，双墩遗址被国务院批准为第七批全国重点文物保护单位，2017 年被列入第三批国家考古遗址公园建设立项名单。

2014 至 2016 年，中国社会科学院考古研究所会同蚌埠市文物部门对双墩遗址进行进一步发掘，考古成果更加丰富。一系列考古发现表明：淮河流域有着辉煌的史前文化，是中华文明起源阶段非常重要的区域。到目前为止，双墩遗址丰富的刻画符号系统，依然是探讨中国文字起源最丰富、最重要的实物资料。

## 文明曙光凌家滩

在历史的长河里，含山县凌家滩像许多村落一样安静而平凡。如果不是考古发掘，并且出土了大量精美玉器，很难想到这里曾有一个异常精彩的史前时代。

凌家滩村南临水，北靠山，水即裕溪河，山则太湖山。太湖山最高峰海拔 580 米，是大别山的余脉，一直延展到和县、南京。

凌家滩村坐落在裕溪河中段北岸。裕溪河发源于巢湖，古称濡须水，是含山与无为的界河，又是巢湖唯一入江水道，凌家滩下游 25 公里处，即达长江，上游 30 公里处连通的就是巢湖。在考古专家眼里，裕溪河就是古人的"高速公路"，它极大地方便了凌家滩先民的出行、运输。

凌家滩村所坐落的山岗，有 5000 米长，像一条长龙匍匐在山水之间。从遥感照片上看，凌家滩遗址像一尊仰身而睡的大佛，头枕太湖山，脚抵裕溪河。远古时这里水草丰茂，环境优越。逐水而居的先人，其时在太湖山上采集野果、狩猎、伐木，在河里饮水、捕鱼、清洗用具。

凌家滩遗址的最初发现，可以说是一次偶然。1985年的一天，凌家滩一位女性村民去世了，鞭炮声中正等入土为安。此时，震撼世人的一处史前文化遗址，就此渐露端倪。村民们在村北一处乱坟岗挖着一个长方形墓穴，挖到约1米深，墓穴里露出一批光彩夺目的玉器、石器等，当时人们并不清楚这些东西的价值，只用蛇皮袋装了一些。当地文物部门获悉后，及时征集、保护和上报。凌家滩古遗址的神秘面纱就此揭开一角，并在探索中华文明起源中占有重要一席之地。

凌家滩遗址文物保护级别是不断上升的，1987年10月是"县保"，1998年5月被定为"省保"，2001年则升级为"国保"。国学大师、香港中文大学教授饶宗颐曾题写《凌家滩遗址》碑文，并撰写过相关分析文章。

天气晴好时，早晨站在凌家滩祭坛的位置向东望去，可以清楚地看见太阳升起，同时可以俯瞰凌家滩先民居住区。从居住区向北仰视，古人的墓地、祭坛正好与天地连成一线。

考古表明：中国在青铜器时代之前的新石器时代晚期，存在着一个大量使用玉器的时期，为中华文明的起源时期。古人认为，"玉，石之美者。"玉器从石器中脱颖而出，成为财富与权力的象征，寄寓着先民的原始宗教信仰。新石器时代晚期，玉器大放异彩，蔚为壮观，而专家认为，距今约5800年—5300年的凌家滩玉文化是中华玉文化史上第一个高峰。凌家滩的玉器，脱离了装饰性功能，主要扮演着礼器的角色，级别很高。凌家滩的神奇，很大程度上缘于数量和档次惊人的玉器。在凌家滩遗址出土的文物中，玉器占有较大比例，专家认为，凌家滩玉器是凌家滩文化的华章，最能代表凌家滩文化。

1998 年的秋天，凌家滩第三次考古发掘。考古人员已经挖了一个多月，当时一滴雨也没下。10 月的一天早晨，起了很大的雾，在工地上挖掘时，隔远一点就看不到人，后来下起毛毛细雨。为了赶进度，考古人员不顾细雨坚持到当天上午 10 点左右，忽然有人来向凌家滩考古发掘项目主持人张敬国报告：探方出玉龙了。张敬国赶紧跑过去，一看，真是玉龙，非常激动，现场照相、绘图、编号，然后小心翼翼地用绵纸包起它。玉龙出土一二十分钟后，天放晴了。名闻天下的这件玉龙，扁圆形，首尾相连，吻部突出，头上雕出两角，脑门上阴刻的线条呈现皱纹，龙须、嘴、鼻、眼雕刻得一清二楚，脊背上阴刻的弧线表现龙为圆体，龙体上阴刻 17 道线条代表鳞片。

2007 年 5 至 7 月，凌家滩第五次发掘最重要的发现，是出土了重达 88 千克、全长 72 厘米的"中华第一玉猪"，嘴、鼻、眼、耳俱全，并有一对獠牙，形态逼真，这是目前中国发现的新石器时代最大、最重、最早的玉猪。

凌家滩遗址共出土 6 件玉人，从形态可以看出男女有别。玉人双臂都弯曲紧贴胸前，做祈祷状。玉人为方脸，阔嘴，细长目，背面扁平，有对钻的小孔。玉人以浅浮雕技法制成，体态比例匀称，是我国发现最早的新石器时代人体玉雕塑。此外，该遗址出土的玉鹰，上面刻有太阳的图案，反映的是先民对太阳的崇拜；玉龟与玉版反映的是原始占卜现象，是迄今所知的中国最古老的占卜用具。

凌家滩文化的存在不是一个偶然现象。有专家认为，从"有巢氏"到"凌家滩"，可能有内在联系。凌家滩一带是中华文明发祥地的重点区位之一。

玉鹰

## "禹合诸侯" 禹会村

"禹合诸侯于涂山，执玉帛者万国。"《左传》里，一条短短不过 13 字的史料，记录和描述了 4000 多年前的一场盛会，成千上万的氏族部落首领带着当时被视为最珍贵的礼品——玉礼器和丝绸布帛，前来庆贺大禹治水成功。

位于蚌埠涂山脚下的禹会村遗址的数次考古发掘，更是有着惊人的大发现，表明淮河流域，尤其是淮河中游地区是中华文明起源的重要地区之一。禹会村遗址于 2013 年 5 月被国务院核定为第七批全国重点文物保护单位，2017 年被列入第三批国家考古遗址公园立项名单。

中华文明的起源问题，历来在史学界争论颇多。其中就涉及夏王朝。殷墟甲骨文的重大考古发现让殷商以后的历史成为凿凿信史，然而早于殷商的夏王朝是否真的存在，大禹治水及其夏启王朝是否确有其人其事，一直是迷雾重重。而且，关于"禹会诸侯"具体地点的争议，出现了涂山说、会稽说、茂州说、当涂说、绍兴说、嵩山说、巢湖说这"七说"，不过随着蚌埠禹会村遗址的进一步考古发掘可知，蚌埠涂山说最为可信。禹会村遗址地名的由来、所处的地望、时代（龙山文化晚期）、所发现的各种遗迹现象以及出土的器物特征和一部分祭祀用具，与传说和文献记载的"禹会诸侯"事件的背景、时代等相吻合。

位于蚌埠市涂山南麓的禹会村遗址，又名"禹墟"。当地一直流传着"大禹治水""三过家门而不入""禹会诸侯"等传说。战国末期成书的《吕氏春秋》中，将这里称为"禹墟"。禹墟的称谓在北魏郦道元《水经注》的"禹墟在（涂）山西南"中得到确指，这正与蚌埠西南郊禹会村的禹墟相吻合。应该说最迟在东周，人们即认定此地有禹迹。西汉史学家司马迁在《史记》中记载："夏之兴也以涂山"。继《史记》之后的《汉书》中，也有"禹会"村名的记载，并延续至今。

成书于晋朝司马炎太康年间的《太康地志》载:涂山"西南又有禹会村,盖禹会诸侯之地"。说明这里至迟在 2000 年前就被称为"禹会村"了。

考古发掘表明:禹会村遗址是淮河岸边的新石器时代末期龙山文化的一处较大的聚落遗址,距今约 4300 至 4100 年,核心面积约 50 万平方米。该遗址是在 1985 年全国文物普查中被发现的。2007 年,禹会村遗址被纳入中华文明探源工程,以探究古代文明关键时期的发展脉络、填补淮河流域龙山时期文化空白,并为研究夏代前期历史提供重要佐证。禹会村遗址考古发掘项目从 2007 至 2012 年先后进行了五次规模性发掘,出土有陶器、砺石、草木灰、兽骨、兽牙等,陆续发现大型祭祀台、祭祀坑等遗迹现象,出土器物具有苏、鲁、豫、皖、沪、浙多地龙山文化的特征,显示出中华文明起源时期中心聚落特征。

2017 年初,蚌埠市文物局会同中国社科院考古所对禹会村遗址进行抢救性考古发掘。根据这次发掘可知,遗址所处的时代被大大提前,从原先认为的距今 4300 年,被提前到距今 7000 多年。发掘过程中,文物部门在禹会村遗址的南部发现了一座占地面积超过 18 万平方米的城垣。这种面积巨大并带有白土城垣的古城,为淮河流域首次发现。经过专家论证分析,该城有可能是涂山氏国核心聚落。

当时华夏部落联盟势力很大,作为这个部落联盟的首领,大禹因为治水劳苦功高,得到了各地区氏族部落的特别拥戴,享有很高的威信。不仅中原地区有更多的氏族部落加入华夏集团的部落联盟,而且东方的东夷集团、南方的苗蛮集团和西北方的羌戎集团中一些氏族、部落也纷纷加入华夏集团的部落联盟,夏部落的势力随之壮大起来。

## "天下第一塘"芍陂

波澜不惊的安丰塘北岸,坐落着一座孙叔敖纪念馆,门前书有一对楹联:

千里稻花香黎庶于今怀楚相，九天晓日灿江淮何处不春风。

馆内珍藏着可供研究安丰塘水利史的古碑，如历代重修安丰塘记碑、禁止侵塘为田的积水界碑、安丰塘灌区图示碑、孙叔敖像赞碑，等等。

对于孙叔敖兴修水利工程的功劳，历代文人多有诗文赞誉。在《史记·循吏列传》中，司马迁说他出任楚相期间，政绩斐然，"施教导民，上下和合，世俗盛美，政缓禁止，吏无奸邪，盗贼不起。秋冬则劝民山采，春夏以水，各得其所便，民皆乐其生"。所谓循吏，即奉职循理的官吏，是通俗意义上的"好官"。

安丰塘由孙叔敖出任楚国令尹期间倡导并主持修建，是我国现存最早的水利工程，迄今已有 2600 多年，被称为"天下第一塘"。1988 年经国务院批准，安丰塘被列为第三批全国重点文物保护单位。2015 年，安丰塘被列入世界灌溉工程遗产名录，成为安徽省首个世界灌溉工程遗产。

寿县安丰塘

安丰塘古称"芍陂（音 què bēi）"，又名龙泉陂，是我国古代四大水利工程（芍陂、漳河渠、都江堰、郑国渠）之一，比都江堰早300多年，因隋唐时期在芍陂西北堤下，设有安丰县，故而被称为"安丰塘"。芍陂地处淮河中游，介于淠河与东淝河之间，东倚长岗，与瓦埠湖相望，西与淠河相邻。

安丰塘所在的地方，处于大别山北麓余脉，东南西三面地势较高，北面地势低洼，向淮河倾斜，每逢雨季，山洪暴发，形成涝灾；雨少时又常常出现旱灾，可谓"大雨大灾，小雨小灾，无雨旱灾"。孙叔敖在主持修筑安丰塘之前，进行实地调查研究，并广泛征求当地百姓意见，根据地形特点，组织民众在洼地挖塘，修堤筑堰，开沟通渠，将三面山地的溪流汇入其中，而且修建了5个水门，以石质闸门控制水量，"水涨则开门以疏之，水消则闭门以蓄之"，不仅避免了水多洪涝成灾，还保证了天旱有水灌田。安丰塘为四面筑堤的平原水库，选址科学，工程规模巨大，布局设计合理，承蓄南来充沛水源，居高临下，向西、北、东三个方向灌溉田地，衔控1300多平方公里的淠东平原，蓄溉关系考虑得十分周到。它的创建，为后起的大型水利工程提供了宝贵的经验。

千百年来，安丰塘在灌溉、航运、屯田济军等方面起过重大作用。根据史籍记载：安丰塘起初"陂周二百里"，后缩至"陂周百二十许里"，至民国，仅剩"周长六七十里"。陂塘面积不断萎缩的原因，主要是陂塘自然淤积以及历史上被人为大量占垦。新中国成立后，政府多次投入资金进行维修，并对芍陂进行了综合治理，沟通了淠河总干渠，引来了大别山区的佛子岭、磨子潭、响洪甸三大水库之水，使得它成为淠史杭灌区一座中型反调水库。1983年安丰塘被列为国家商品粮基地重要水利设施，前来考察的国内外专家学者络绎不绝。

安丰塘四周筑堤，高31米，堤顶宽8~10米，现存堤坝周长约24000米，面积达40余平方公里，蓄水库容近1亿立方米，灌溉面积近百万亩。安丰塘周边良田万顷，水渠如网，绿柳如带，烟波浩渺。

霍邱境内的水利工程水门塘，也为孙叔敖所建。水门塘集灌溉、养殖、旅游三位一体，2006年曾是安徽省唯一获批的国家水利风景区。水门塘筑起的四周大坝，有7千米长，整个水域面积有4000多亩，可灌溉周围农田10万亩。水门塘里一共有46个小岛，像梅花一样散布在水中央。水门塘的几个岛上建了相连的水中桥，岛上还辟有业陂阁、龙宫、孙叔敖像等建筑、雕塑。

两千多年来，安丰塘、水门塘等水利设施，安澜于世，造福后人。

## 隋唐大运河故道

2014年6月22日，地跨北京、天津、安徽等8个省级行政区25个地级市58个遗产点的中国大运河申报世界文化遗产获批。消息传来，一片欢腾。

大运河与万里长城一样举世闻名。如果说绵延万里的长城是中华民族挺拔不屈的脊梁，贯通南北的大运河则是民族川流不息的血脉。深入中国文化腹地的大运河是世界上最长、最古老的人工水道，是中国古代南北交通的大动脉，并将海河、黄河、淮河、长江和钱塘江五大水系连成了统一的水运网，促进了中国不同区域文化的融合和民族之间的交流。

大运河包括京杭大运河、隋唐大运河、浙东大运河三个组成部分。隋唐大运河（中下游），初称"通济渠"，宋时多称"汴渠""汴河"。其自隋代始兴，唐宋鼎盛，南宋以后逐渐衰败。流经安徽境内的大运河，为隋唐大运河通济渠一段，由河南省永城市入皖，经淮北市濉溪县烈山区和宿州市埇桥区、灵璧县、泗县，进入江苏省泗洪县，自西北向东南横贯安徽省境，长达180余公里。凭借柳孜（安徽淮北濉溪县境内）运河遗址、通济渠泗县（安徽宿州市）段入选《世界文化遗产名录》，皖北有了第一张世界文化遗产名片，整个安徽省则有了继黄山、西递与宏村之后的第三处世界文化遗产。

隋唐大运河安徽段地处淮北平原，地势平坦，在历经1400多年的风雨沧桑后，大多被湮没在城市和农田之下。不过时间老人像是有意而为之，使了个"障眼法"，在将大运河推进历史的深处时，又留下了一段线索——在泗县有一段全国罕见的、有水的运河故道，特别是城东十里井段更是保存了隋唐大运河的原始风貌，它如同一条流动的"历史文化长廊"，承载着厚重的历史，在很大程度上能够佐证通济渠的确切走向，起到了补史和证史的作用。作为目前发现的隋唐大运河唯一遗留下来的"活化石"，贯穿泗县的运河故道，虽然已经不能通航，但依然发挥着泄洪、灌溉作用。而这段运河故道之所以能够历经千年而生生不息，主要是因为这是一条主干泄洪河道，是当地人赖以生存的水系，历代都秉持"一用二护三疏浚"的策略。

逐水而居，因河而兴。历史上的大运河，其沿岸涌现出一个个舟车交会、商旅云集的城镇。柳孜是其中一个重镇。柳孜，又名"柳孜镇""柳子镇""柳孜铺"，这里水陆交通便利，又是军事战略要地，自然成为兵家必争之地，历史上曾多次发生战争。汉代时，柳孜一带就已有人居住。到唐代，柳孜迎来了它的繁华，河面上不仅往来着巨型商船，也穿梭着细窄的小型独木舟。

20世纪80年代，考古人员曾发现一块宋天圣十年（1032）的"柳孜砖塔碑"，碑文详细记载了众人资助修建柳子大圣塔的过程，其中柳子镇监盐酒税祖贶亮和兵马监押兼巡检张处仁以及丘裔，这三个人的身份引起专家关注。宋代官监酒务设在州、县和部分人烟稠密且酒税税额高的市镇，兵马监押兼巡检则设于州、县或控扼要害之地，柳子镇既有盐酒税务官，又设监押、巡检之职，足见其当时商业的繁华、军事地位的不一般。

真正让柳孜这座千年古镇一夜之间名扬海内外的，当属1999年的柳孜隋唐大运河遗址考古发掘——中国大运河考古史上的首次大发现。

1999 年初，濉溪县百善镇以西宿（州）永（城）公路拓宽工程开工，在对穿过柳孜村一段进行裁弯取直的新路基础施工时，挖掘出土了大量陶瓷器等文物。文物部门对该路段进行了抢救性发掘，历时近 200 天，发现了一座宋代的石构建筑，八条唐代沉船，1635 件古陶瓷器，数十万枚瓷片以及大量铁器、骨器、石器、画像石、动物骨骼等。柳孜运河遗址被评为"1999 年全国十大考古新发现"，2001年被公布为第五批全国重点文物保护单位。2012 年 3 月至 2013 年 7

柳孜运河桥墩遗址

月初，文物部门对柳孜运河遗址进行了第二次考古发掘，出土隋、唐、宋、金时期陶瓷器 6000 余件，瓷片数十万件等。

唐元和三年（808），时任国子博士、史馆修撰的李翱，自洛阳上船，沿着隋唐运河作了一次长途旅行，其旅行日记《来南录》里有详细记录："壬子，至永城。甲寅，至埇口。丙辰，次泗州，见刺史，假舟转淮上，河如扬州。"在当时，埇桥和上游的永城、下游的泗州，都是运河边数一数二的大码头。

2006 年，宿州市西关步行街大运河遗址发掘。这次考古发掘首次掌握了河床剖面第一手资料，弄清了大运河宽度及河道基本结构，掌握了大运河开凿技术、疏浚、使用等信息。从 2007 年对运河遗址的一次发掘来看，埇桥码头在宋代已是一个大型的石构码头，南北对称，石板错缝顺砌，灰浆粘缝，南侧码头高 2.5 米，北侧码头残高 1.2 米。一座状如彩虹的雄伟石桥，当时就建在城区地势最高处的大隅口，石桥所跨河面宽达 40 米，比赵州桥要长 3 米，比《清明上河图》里画的净跨约 20 米的宋代虹桥还要长一倍。

近年来，大运河遗址宿州段考古发掘出土各类文物 4000 余件，主要有瓷器、陶器、铜器、铁器、骨器、石器、琉璃器、玉器等，其中瓷器约占出土文物的 85%。与柳孜运河遗址出土陶瓷器一样，跨越历史之久远，数量之多、品质之高，为国内罕见，其中不乏唐宋两代诸多名窑精品。由此可见，曾经的大运河是全国瓷器产销营运的最大枢纽。借助大运河这条黄金水道，各色的瓷器，南来北往，东西交汇，从黄河中下游到江浙，直至出口到海外。

"汴水流，泗水流。流到瓜洲古渡口，吴山点点愁。思悠悠，恨悠悠。恨到归时方始休，月明人倚楼。"这是脍炙人口的一曲古词。白居易自 11 岁随家迁移宿州符离，33 岁移家长安，其间外出避乱、游学，在符离断断续续生活了 22 个春秋。"离离原上草，一岁一枯荣。野火烧不尽，春风吹又生。野芳侵古道，晴翠接荒城。又送王孙去，萋萋满别情。"这首《赋得古草原送别》同样是传诵千古的名篇，白居易所写的正是运河岸边、宿州符离的景致。自隋唐大运河开通后，历代诸多文人墨客或任职或宦游在运河两岸。这当中，以白居易、皮日休、苏轼、米芾等与隋唐大运河安徽段关系最为密切。

## 炉火千年耀铜都

"汉有善铜出丹阳，和以银锡清且明""新有嘉铜出丹阳"，类似这样的铭文，在汉代铜镜上屡屡见到。铭文中所提及的丹阳铜，与丹阳郡有关。公元前 121 年，汉武帝将先秦时期的鄣郡辖区内的丹阳县，改名丹阳郡，领 17 县，辖境相当于今安徽长江以南、江苏大茅山、浙江天目山脉以西及浙江新安江支流武强溪以北的地区。今天的铜陵市和南陵县交界处的大工山—凤凰山铜矿，是丹阳铜的一个重要出产地。从铭文中还可以知悉，这一带所产的铜为时人所称道。

单就大工山—凤凰山铜矿而言，其开采时间可以追溯至西周，甚至更为久远，此后一直持续到宋代，被称为"冶铜史上的奇迹"。位于长江之滨的这片古铜矿遗址，是中国矿业史上开采规模最大、持续时间最长的地方，1996 年被公布为全国重点文物保护单位。

长江之水浩浩荡荡，千年炉火熊熊燃烧。安徽古铜矿遗址共有100 多处，主要分布在铜陵、南陵、繁昌、贵池、青阳、枞阳等地，时代包括西周、春秋、战国、两汉至唐、宋等各个历史时期。目前，在大工山—凤凰山铜矿遗址一带已发现冶炼、采矿遗址近百处。其中南陵县大工山铜矿遗址面积约 400 平方公里，包括塌里牧铜矿遗址、江木冲冶炼遗址、刘家井冶炼遗址、破头山采矿遗址等。塌里牧铜矿遗址位于大工山西北部，是一处集采矿、冶炼为一体的自汉至宋代的遗址，与江木冲铜矿遗址隔山相望。发源于大工山的江木冲河，流经遗址东侧，汇入繁昌黄浒河，并由荻港进入长江。1993 年初，这一带发现了一个唐代规模较大的地下采矿场，采矿场下面为塌里牧冶炼铜场，遗址内炼渣厚积，当地许多村民一度用铜渣块砌墙造院。

金牛洞古采矿遗址是继湖北铜绿山古铜矿遗址后，我国第二个对外开放的古铜矿遗址，不仅是古铜都铜陵矿冶历史的有力见证，也是我国最具代表性的古铜矿遗址之一，向人们展示了中国古代铜矿采冶技术和丰富的文化内涵。20 世纪 80 年代以来，安徽省文物考古研究所和铜陵市文物管理所先后数次对该遗址进行考古发掘，清理出多处古代采矿井巷和一批采掘生产工具，并在遗址附近的药园山、虎形山、万迎山相继发现了不少古代采掘遗址和大量古代炼渣堆积。从清理出的古代采矿井巷结构和采掘生产工具、陶制生活器皿看，金牛洞古采矿遗址的年代始于春秋，下限不会晚于西汉。当时的采矿活动最初应是露天开采，再沿着矿脉凿开继续深掘。采矿方式是由下而上，水平分层开采。

"山上开采，山下冶炼。"从大工山—凤凰山铜矿遗址考古发掘可知，当时采、冶并存，而且多数的采矿点离冶炼场很近。如江木冲冶炼场，距山上的采矿点只有2公里，万迎山冶炼场也分别靠近金牛洞、药园山、虎形山等采矿点。在金牛洞古采矿遗址，可以看到这样的采冶结构。作为炼铜的主要遗物之一，遗址上漫山遍野可见历代遗留在地表的古炼渣。

铜陵现存铜炼渣总量有近两百万吨，若按照1:15的铜渣之比推算，就有13万吨左右的铜料炼出。炼渣是反映当时冶炼水平的重要标志之一，古代铜陵地区炼铜规模由此可见一斑。在铜官山古矿区的罗家村，遗存着至今为铜渣之最的"罗家村大炼渣"，直径约1.2米、厚达0.8米，是唐宋时期炼炉放渣的遗存物，其形体之巨大，被国内冶金史专家称为"中国之最，世界奇观"。

位于长江下游南岸的铜陵，处在长江铜铁成矿带上，区内地质结构复杂，有火山成因矿产和沉淀矿产等近30种矿种，铜矿资源非常丰富。除长江外，境内还有众多的支流和天然湖泊，水上交通非常便利。加之这里山林众多，作为冶炼燃料的木柴十分充足。

游走皖江两岸的唐代大诗人李白，曾多次写诗描述铜官山繁忙的冶铜情景，其中尤以《秋浦歌十七首·其十四》最为出名："炉火照天地，红星乱紫烟。赧郎明月夜，歌曲动寒川。"铜官山古铜矿遗址与凤凰山金牛洞古、木鱼山等古铜矿遗址共同见证了"中国古铜都"铜陵的铜文化发展史。铜陵因铜建市，早在先秦时期就是长江流域重要的产铜基地。西汉时期有唯一的"铜官"，六朝有著名的"梅根冶"，唐宋时期有"铜官山""利国监",等等,历代官方重要的采冶机构均设置在铜陵。自秦汉以来,这一地区铜的采冶始终延绵不断,并一直延至当代,这在全国乃至全世界都是罕见的。

## 寿州窑与繁昌窑

一生嗜茶的陆羽,不仅善饮知味,对各大窑口出产的瓷器茶具也了如指掌,他在《茶经》里特别指出:"寿州瓷黄,茶色紫。"以首创黄釉瓷而著称的寿州窑,被"茶圣"列入唐代七大名窑之一,排在第五位。

寿州窑始创于南北朝中晚期,经隋唐,至五代,历经350年左右。隋时称"淮南窑",到唐代因淮南归寿州管辖,故名寿州窑。从目前已发现的窑址来看,当时它地跨寿、濠(今凤阳县,隋唐时属濠州)两州,从东至西长约100公里。其中,以今天淮南上窑地区的窑河、高塘湖沿岸和潘集泥河两岸较集中,一度是隋唐时期江淮之间的制瓷中心。

寿州窑地处中国南北方过渡区域,烧造技术、瓷器造型、釉色等兼具南北方特点。其初期继承了北方青瓷的风格,同时也借鉴了南方青瓷的某些特点,采用还原气氛烧造青瓷。这一时期的寿州窑,虽以烧造青釉瓷为主,但也有青灰、青中带绿和青中带黄釉色出现,流釉现象较为显著。产品有四系盘口壶、高足盘、小口罐、瓶、碗等,器形较大,胎质坚硬细腻,敲击时发出清脆的声音。其中,龙柄鸡首壶和高大的四系盘口壶是隋代寿州窑的代表作品。

寿州窑在唐代进入鼎盛时期,生产规模不断扩大,窑场由今上窑的马岗、管嘴孜发展到余家沟、外窑一带,形成一个长达3公里的大型窑场群。所产器物外观色由青釉改为黄釉,形成了唐代寿州窑的时代风格。由于在氧化焰下,窑温控制不稳定,造成釉色变化,有蜡黄釉、鳝鱼黄釉、黄绿釉、黄褐釉等,尤以蜡黄釉为代表。中唐以后,寿州窑兼烧的黑釉，釉色漆黑光亮。瓷胎方面，较隋代明显粗糙，烧造温度也略低。唐代装饰手法常见有印花、贴花、漏花、剔花、点彩、堆塑等，尤以剪纸贴花特色浓郁。产品有罐、碗、盏、盘、注子、壶、杯、文房用具、玩具和建筑材料等。其中，瓷枕形制多样，釉色变化丰富，装饰集各种手法于一身。

从隋代的还原焰发展到唐代氧化焰，以及匣钵和化妆土的使用，寿州窑最终形成了独具特色的黄釉瓷系，这在中国陶瓷发展史上不仅具有鲜明的个性，也具有重要的时代意义。2001 年 6 月，国务院公布寿州窑遗址为全国重点文物保护单位。2013 年 4 月，《寿州窑遗址保护规划》通过国家文物局评审，并被批准实施。

与寿州窑不同的是，繁昌窑并不见于文献记载。

1954 年，根据安徽省博物馆对全省开展文物调查、征集的工作安排，时在安徽省博物馆工作的葛召棠带队对皖南进行了为期两个多月的调查考察，发现了繁昌窑。

繁昌窑出土的莲花碗

1958 年 4 月，安徽省文化局文物工作队殷涤非、张道宏对繁昌柯家冲窑址进行调查并做了一次小规模试掘，认为繁昌柯家冲有 11 座窑址，并提出繁昌窑或与宣州窑有关。

之后的七八十年代，安徽省博物馆胡悦谦、故宫博物院李辉柄等专家学者先后多次到繁昌进行调查和试掘，繁昌窑面貌逐渐清晰。

1995 年，中国古陶瓷研究会年会在繁昌召开，省内外 100 余位专家学者汇聚繁昌并实地考察，重点讨论了与繁昌窑、青白瓷有关的一些问题，并出版了论文集，繁昌窑的学术价值和地位逐步确立。

2002 年，安徽省文物考古研究所、中国科学技术大学考古系、繁昌县文物局联合对繁昌窑进行了一次较大规模的发掘，发现龙窑、作坊遗迹各一处，出土标本 8 万余件。此次发掘第一次以地层为依据，解决了繁昌窑创烧时代、工艺特点、产品演变等一系列学术问题。

2012 年，"繁昌窑遗址发掘十周年暨首届繁昌窑保护与研究论坛"召开，与会专家学者对繁昌窑青白瓷工艺成就及历史地位进行了一次学术总结。会议认为：繁昌窑不仅是五代至北宋早期我国南方青白瓷的生产中心，而且是公元 10 世纪参与外销的主要窑场之一。繁昌窑在五代时期已经使用了"二元配方"工艺技术，在我国古代制瓷工艺发展史上占有重要地位。

2001 年，繁昌窑被国务院公布为第五批全国重点文物保护单位。2014 年 6 月，《繁昌窑遗址保护规划》获国家文物局批准。

据调查，繁昌窑遗址主要分布于繁昌县城西、南郊，是以西郊的骆冲窑和南郊的柯冲窑、姚冲窑、半边街窑为代表，规模较大的窑址群，总面积近 1 平方公里。

繁昌窑创烧于五代，兴盛于北宋，该窑专烧青白瓷，窑炉以南方地区常见的龙窑为主要形式。

五代十国时期，繁昌县就在南唐国境内。研究者发现，这一时期的南唐画家顾闳中所绘的传世名画《韩熙载夜宴图》中，竟有与繁昌窑青白瓷典型器物特征相吻合的温酒壶、荷花托盏、花口碟、执壶等，而当时的景德镇尚未开始烧造青白瓷。据《瓷史》记载：以繁昌窑为代表的瓷品"为南唐国所造，以为供奉之物，南唐后主尤为珍玩"。依此来看，喜好风雅的南唐后主李煜格外垂青繁昌窑瓷器。

龙窑一般依山坡而建，长达数十米，宽 2~3 米，由窑头、窑身、窑尾等构成，自下而上，下面是窑头，上面是窑尾，外形像盘踞的长龙。繁昌窑青白瓷产品种类丰富、门类齐全，主要包括碗、盏、碟、盘、壶、盒、炉、钵、盂、罐、枕、俑及动物玩具等，可以满足日常生活多方面的需要。总体而言，繁昌窑产品造型规整、端庄雅致、简洁实用。早期产品质地细腻，釉色莹润洁白，做工精致。繁昌窑中后期产品，产量增大，种类进一步增加，但产品总体趋向朴素，在繁昌本地及周边地区宋代墓葬中常有发现。

随着考古发掘和研究工作的不断深入，埋藏于深山厚土之中的繁昌窑正不断向世人展示其辉煌的瓷业历史。规划建设的繁昌窑考古遗址公园，将是当地一张靓丽的文化名片。

## "黄肠题凑" 六安王陵

江淮之间的沃野上，尚不清楚有多少个叫"双墩"的村子。近年来考古发现一再证明，几乎每一个看似平常的"双墩"，都深藏着厚重的历史文化。

六安城东三十铺镇双墩村，村里墩墩成双。其中，南向的一座土墩子正处在合武铁路路基位置上。这就是后来被评为"2006年全国十大考古新发现"之一的六安双墩1号汉墓。

作为国家重点建设工程，合武铁路安徽段所经过的皖西地区，历史悠久，文物古迹丰富。为配合工程建设，确保文物不被破坏，安徽省文物考古研究所于2005年1月组织专业人员对铁路沿线进行考古调查。次年初，考古人员行至双墩村时，发现沉睡千年的"双墩"其实是并列的2座西汉大墓，并着手对南向1号大墓进行抢救性发掘。2007年1月，六安双墩1号大墓被确认为西汉六安王刘庆之墓，其豪华的"黄肠题凑"木椁结构轰动全国。

该墓由陪葬墓、车马坑和主墓组成。墓葬封土西侧是3座并列的陪葬墓，西南为车马坑，东北有一陪葬墓，由于被盗已成残坑。陪葬墓、车马坑中，发现了鼎、壶、罐、钫、灶和"五铢钱"以及铜车马饰件、铅质车马冥器、8匹马的遗骸与4车残迹。从2006年4月到10月，经过近半年发掘，1号墓主墓室终于揭开神秘面纱——墓的封土高达11米，墓葬平面为"中"字形，东西向，由前后墓道、墓室组成，全长 45 米；其中墓坑长 17 米、宽 12 米，墓口距离墓底深 10 米。整个墓室外椁为"黄肠题凑"结构，所用木材 100 多立方米，数量惊人且保存完好。当木椁盖被清理出来后，考古人员发现了 4 个大小不一的盗洞，盗洞一侧切口都比较整齐，表明主墓室在古代就被盗过了。盗墓者光顾过的主墓室，仅出土了漆木器残片、五铢钱、玉器、金箔、银箔、封泥和植物种子、果实等。

考古人员并没有气馁，按部就班继续工作。在随后的发掘清理中发现，1 号墓南、西、北三面的外藏室保存完好且随葬品丰富，仅在位于西部的后室内就发现 20 件铜壶以及木车、木马、木俑等物品。

1 号墓墓主的显赫身份此时已毋庸置疑。根据汉代礼制，"黄肠题凑"结构是当时诸侯王陵特有的葬制，目前在国内仅有的几处发掘均得到证实。考古专家结合陪葬墓、车马坑和主墓的诸多发现判定，双墩 1 号墓为西汉时期墓葬，而墓葬主人应为诸侯王级别的人物。

根据文献记载，六安西汉时为六安国封地，汉武帝元狩二年（前121）封胶东康王（刘寄）少子庆为六安王（共王），历五代，王莽时绝。结合该墓出土青铜器上发现有"共府"字样的铭文以及封泥模印的印记，专家们综合分析认为：墓主正是西汉六安国第一代"六安王"刘庆。

这是安徽境内第一次发现西汉诸侯王墓，而且是目前全国发现的同类汉墓中保存较完整的一座。在发掘中最令人瞩目的，当是栗木"黄肠题凑"木椁结构。"题"就是木枋的端部，"凑"就是端部对齐码放，"题凑"即为以木枋按照一定制式整齐码成的木质地宫。彼时，可以选用枫、豫章等木料，而目前所知的，历史上，关于"黄肠题凑"的第一次记载，出现在《汉书·霍光传》中。霍光劳苦功高，在他死后，汉宣帝赐以"璧珠玑玉衣、梓宫、便房、黄肠题凑各一具"。当时的"黄肠"，指的就是用柏木做成的木枋，由于柏树木心为黄色，所以柏木题凑被叫作"黄肠题凑"。

　　公元前 83 年去世的刘庆，为何享用栗木"黄肠题凑"规格呢？原来，在当时的皖西地区，柏木生长迟缓，很少见到可以砍削成粗大木枋的柏木，而黄栗树却漫山遍野。而且，在汉武帝巡狩南岳后，"正历，以正月为岁首，色上黄"，以黄色为最高贵的颜色，皇帝穿黑袍也穿黄袍，六安王刘庆墓中的"题凑"统一为"黄肠"就反映了当时的历史情况与地域特色。

　　从考古发现来看，刘庆墓结构复杂，题凑内有木椁、石椁和双层木套棺，题凑之外的外藏室设有各类立柱、横梁、穿榫和半榫等精巧木结构，各类随葬品均按分区有序放置。这些对研究汉代诸侯王一级的墓葬制度、建构，研究六安国历史和汉代政治、经济、文化，具有重要价值。

　　西汉六安王陵规模大，规格高。2007 年 1 月 24 日，随着双墩 1号汉墓的内棺被成功吊离墓穴，这座王者之墓的发掘工作暂告一段落。这座豪华地宫里究竟还藏有多少秘密？探索也许才刚刚开始。

# 第二节 古建筑

## 崇文重教有文庙

文庙，又称"孔庙"，是纪念和祭祀孔子的礼制性建筑。旧时的读书人进入其中，毕恭毕敬。今天的人们前来拜访，似乎也暗暗地和先贤隔着时空进行精神上的交流。历史上的文庙数量之多，规制之高，建筑技术与艺术之精美，在中国古代建筑类型中，可谓一绝。安徽现

桐城文庙

存文庙20多处，大多建于元、明、清时期，比较著名的文庙有桐城文庙、寿县孔庙和旌德文庙。

或许是巧合，在布局上，无论是桐城老城区的金龟胜形，还是新桐城的开阔格局，桐城文庙都处在城中核心位置。而且，仿佛是对历史的一种回应，现在的桐城文庙与桐城中学只隔了一条路。

桐城文庙也称"圣庙"，曾在时代精神信仰的波涛中经受考验，几度兴废，好在它最终得以修葺、保全。桐城文庙始建于元延祐年间（1314—1320），1987年仿明清图式重修，占地面积达4150平方米，建筑面积1803平方米，是安徽县级范围内现存最完整的一座文庙，2013年被国务院公布为全国重点文物保护单位。

桐城文庙前有门楼，门楼上的"文庙"二字为重修后赵朴初所题。以南北成中轴线，门楼中间立大成门，后为大成殿。以大成门为界，前后两院落。前院依次建有棂星门、泮池、泮桥、祭坛等附属建筑物。泮桥稳稳地跨过泮池。"泮池"一名源于西周时设立的大学"泮宫"。旧时泮桥不许一般人跨越，须状元及第者方可，故又称"状元桥"。大成门东西两侧分别建有崇圣祠、土神祠，构成一排横式建筑，形成前后两个院落，显得整齐划一，气派庄严。大成殿是桐城文庙的主体建筑，采用拼柱、拼梁营造工艺，七架四柱，柱梁简洁，步架匀称，四坡屋面，翘角凌空。大成殿中，孔子及其弟子的塑像面南端坐。面对着他们的塑像，进来参观的人们常常肃穆礼敬。著名古建筑专家罗哲文、单士元、郑孝燮等考察桐城文庙时，对大成殿斗拱大加赞赏，称其为"美的旋律"。

如今，兼有"文博馆"功能的桐城文庙，后院长庑被改成"严凤英艺术生涯陈列室"，展现的是桐城文化重要组成部分——黄梅戏艺术代表人物的非凡魅力；大成殿左后方辟有"桐城派文物陈列馆"。"桐城文派"雄振文坛两百余年，其烨烨流光，契合了文庙的"文气"。

位于寿县寿春镇西大街中段北侧的寿县孔庙，始建于唐代，后在元泰定元年（1324）移至西街，又经大小 42 次维修、扩建，形成了一个规模宏大、体系完整的建筑群。寿县孔庙建筑群坐北朝南，占地 2 万多平方米，其格局重关叠嶂，矩度森严，共有五进院落。古时孔庙，殿堂错落，牌坊林立，丹墙环绕，佳木翁郁。当时的祀典极为隆盛。大成殿曾悬有清康熙至光绪年间所书"万世师表""生民未有"等数方匾额，殿内供奉孔子及四配、十二哲像。寿县孔庙建筑群是江淮之间保存较完整且体量较大的儒家礼制建筑，有明确的建造纪年和清晰的修缮历史。整体建筑布局合理，建筑风格厚重巧妙，讲究起承转合，纵横勾连，其盘根错节的木作技术等都具有重要学术价值。寿县孔庙建筑群为研究寿县乃至淮河地区明、清时期的建造理念、技艺、风格的变迁提供了实物依据，并为研究寿县文化史以及尊孔之风，提供了重要资料。

与桐城文庙并称为"北桐（城）南旌（德）"的旌德文庙，坐落于旌德县城内，供奉有孔子、孔子之子孔鲤、之孙孔伋三代塑像，两侧排列其弟子塑像，殿内四根木柱通顶，含有通天之意。这座文庙始建于北宋崇宁元年（1102），现存建筑为清顺治二年（1645）所重建，此后数次重修。旌德文庙整体建筑坐北朝南，建筑沿南北中轴线对称分布，平面为二进四合院形式，占地 2700 多平方米。除棂星门、东西两石坊和明伦堂已毁外，其余保存尚好。主体建筑大成殿建在高 2.68 米的双层台基上，为歇山重檐建筑，结构严谨，古朴壮观。大成殿殿内藻井两层彩绘，内容为凤、鸡、鹤、龙、象、鹿、麒麟、牡丹等，并有八仙形象。最醒目的当是文曲之星，寓意明显。

旌德文庙中清一色的徽派结构，富含了大量哲学、美学、民俗文化等信息，是展示旌德悠久历史、厚重文化底蕴的实物载体，在建筑形式、空间组合、法式技术等方面具有很高的文物价值。

历经风雨的文庙，依然充盈着深沉的文化气息。

## 血脉相承古祠堂

祠堂有两类：其一是为祭祀先贤或古时有功德的人而建的专祠，如宿州的闵子祠、颍上县的管鲍祠、和县的霸王祠、亳州市的华祖庵、东至的陶公祠、合肥的包公祠等；其二是供奉祖先的宗祠，多集中在皖南地区，特别是古徽州宗祠，堪称中国宗祠之最。

"相逢哪用问姓名，但问高居是何村。"路上相逢时，昔日的徽州人不问对方名姓，只需通报居住地在哪一村，就知道对方是否同一个祠堂（总祠），是否为同宗亲邻。祠堂，即宗祠，是徽州宗族文化繁荣兴盛的历史见证。

在徽州，人们世代围祠而居。一般来说，家族除了拥有一个共同的总祠外，还根据子孙的繁衍和增多，相应地衍生出一些按血缘远近组成的次级血缘单位，建起他们独立的祠堂，这就是"支祠"。这些姓氏的分支余脉遍布徽州每一处，数百年世系不乱，谓为"纯族"。徽州的名宗望族往往有几个甚至几十个祠堂，在一定程度上超过他们聚居村落的数量。

在程朱理学思想的影响下，尊祖敬宗、崇尚孝道成为徽州人的重要习俗。徽州大建祠堂之风，兴起于明嘉靖、万历年间。徽州祠堂的林立，与徽商有很大关系。没有徽商付诸的巨大财力、物力以及人力，徽州不可能建造出那么多雄伟壮丽的祠堂。徽州大部分祠堂都兴建于徽商鼎盛时期，呈坎的罗东舒祠、绩溪龙川的胡氏宗祠、歙县郑村的郑氏宗祠、休宁溪头的三槐堂、歙县大阜的潘氏宗祠、北岸的吴氏宗祠等明清祠堂，无不画栋飞檐，气象雄浑。

作为当时重要的公共建筑，宗祠位置突出，环境优美，多置于村落出入要冲或者中心地带，傍山或置于有坡度的地方，建筑依地形渐次高起，与生活区域间隔有合适距离。祠堂大门前建牌坊或者照壁，有的还建有水池等。徽州祠堂大多为三进砖木式结构建筑。第一进称为"仪门"，或者是"大门""门楼"。第二进为享堂，是宗祠的主体部分。享堂一般要比第一进高几级台阶。作为祭祀祖先和处理族间大事的场所，享堂一般建得高大雄伟。第三进是寝楼或者寝殿，是供奉祖先牌位的地方。

　　徽州的每座祠堂都有精致的木雕、砖雕和石雕构件，规模宏大，装饰精美。呈坎的罗东舒祠全称是"贞靖罗东舒先生祠"，相传建造光白银就花了1亿两。占地5余亩，建筑面积达3000多平方米，整体上仿曲阜孔庙等规制，四进四院，轴线对称，陆续造了70年。其北侧有厨房、杂院，南侧有女祠。"宝纶阁"（寝楼）是整个祠堂的精华部分，分上下两层，前后建造隔了20年时间，底层建于明嘉靖年间，上层建于明万历年间，由当时的监察御史和大理寺丞罗应鹤主持。宝纶阁由九楹外加置阁梯的二楹共11间组成，形制宏伟。在宝纶阁里，天井与楼层间由黟县青石板栏杆相隔，石栏板上饰有花草、几何图案浮雕，画面内容无一雷同。三道台阶扶栏的望柱头上，都装饰有圆雕石狮；台阶上10根面向内凹成"弧身"的石柱屹立前沿，几十根圆柱拱立其后，架起纵横交错的月梁。屋梁两端皆为椭圆形梁托，梁托上雕刻着彩云、飘带，中间分别镂成麒麟和老虎，檩上镶嵌片片花雕，连梁脐都刻有蟠龙、孔雀、水仙花、鲤鱼吐水等。横梁上的彩绘，至今仍鲜艳夺目。罗东舒祠里一进高过一进，后进外墙高达16米以上。前阶的沿石，是用长6米、宽1米、厚15厘米的花岗岩石铺成，这一结构和规模在江南地区极为罕见。一株400多年的桂花树依然枝繁叶茂。罗东舒祠也有天井，寓意还是"四水归堂"，但四水归堂在这里不仅仅象征着财源兴旺，也象征着人丁兴旺、家族源远。对于罗东舒祠，古建专家郑孝燮评价说："非常雄伟有气魄，造型比例好极了，是当之无愧的国宝。"

　　位于歙县郑村镇的郑氏祠堂，2006年被公布为全国重点文物保护单位。这是一座为纪念元代著名学者、教育家郑玉而建的祠堂，距今 500 多年。祠堂占地 1800 多平方米，空间层次丰富，雕饰精美，为典型的明代徽州廊院式祠堂。坐落于歙县三阳乡叶村的洪氏支祠敬本堂，2013 年被公布为第七批全国重点文物保护单位。祠堂坐北朝南，面阔 18、进深 30 米，建筑面积 540 平方米。祠堂由门坊、门廊、两庑、享堂和寝堂组成，三进五间二天井，结构完美，保存良好。堂内保存有数十件匾额、楹联，为歙县之冠。

歙县北岸的两个祠堂——吴氏宗祠和潘家祠堂，在建筑上也是宏大精美，各具特色。它们分属北岸村的吴姓以及离北岸村不远的大阜村潘姓。吴氏宗祠的正面墙体呈八字形状，两边檐角如飞翔的翅膀，迎面墙体上装饰着奇花异草、八仙宝器等图样的砖雕木刻，虽经风雨剥蚀，仍旧精致华美。与吴氏祠堂一水相隔的大阜村潘家祠堂，始建于明朝万历年间，清咸丰年间被兵燹所毁，同治年间潘氏族人集资重修。位于歙县南部的古村昌溪，遗存古祠达 16 座。其中，吴氏宗祠还留有当年朱元璋题写的大匾——第一世家。

在徽州所有遗存祠堂中，绩溪的龙川胡氏宗祠可以说是名震四海。它于 1988 年被列为全国重点文物保护单位，有着"江南第一祠"的美誉，被中外建筑专家和人文学者称为"木雕艺术博物馆"，美学家王朝闻称其为"中华古祠一绝"。

胡氏宗祠坐北朝南，纵深 84 米，宽 24 米，占地面积 1729 平方米，建筑面积 1564 平方米。建筑采用中轴线东西对称布局的手法，形成了一个完整、严谨的建筑群体，前后三进七开间，由影壁、平台、门楼、庭院、廊庑、享堂、厢房、寝殿、特祭祠、泮池十大部分组成。宗祠集徽派木、石、砖雕之大成，以木雕最为精湛，在额枋、梁、斗拱、柱、隔房、雀替、斜撑、驮峰、轩顶上，采用浮雕、镂空雕和线刻相结合的技艺手法，图案绘声绘色，惟妙惟肖。正厅和寝楼的隔扇门裙板上，用浅浮雕的技法，将以荷花为主题的鱼虾、螃蟹、鸟、鸭、水草为衬托的图案刻画得淋漓尽致，荷花千姿百态，无一雷同，真可谓"天工人可代，人工天不如"。

胡氏宗祠内至今还保存有徐渭、文徵明等名家手迹匾额等。幽幽古祠，清静雅洁，没有一处结有蜘蛛网。有专家认为：这与古祠选优质木料有关，如正厅的大柱子，是用树龄数百年的银杏树做的。银杏树有香气，能驱虫，故蜘蛛在祠内无法生存。也有学者认为：胡氏宗祠所处的地理位置和建筑结构布局，使空气在自然流动中形成一种"谐振"，造成包括蜘蛛在内的昆虫等微生物难以生存，也就不存在蜘蛛网了。千百年来，龙川胡氏宗祠卓然而立，风华绝代，让后人争相探寻。

## 千仞古塔历沧桑

被誉为"万里长江第一塔"的安庆振风塔，如巨舰桅杆，如耸天之笔。振风塔是全国重点文物保护单位、安庆市的地标建筑，坐落于全国重点寺庙迎江寺的大雄宝殿和毗卢殿之间。

源于佛教的塔，本来是作为佛教高僧的埋骨建筑，但有许多塔，已远远超出本来意义和范畴，而变为风水塔、景观塔等。建造安庆振风塔的目的，就是为了"以振文风"。民间认为：安庆北枕龙山，南滨长江，地势较平平，而江水滔滔，文采东流，"须镇以浮屠，青龙昂首，为人文蔚起之兆"。明隆庆四年（1570），当时的安庆知府王鹤泉采纳了民间人士建议，发动建起了振风塔。根据记载，在建筑科学还不甚发达的当时，振风塔系用原始的"堆土法"建造而成。当塔建成后，用以建塔的大量泥土不便运走，就散开在振风塔周围，形成了一片高地，这就是迎江寺地基。

最初的振风塔是由北京白云观道人张文采设计的，白云观天宁塔就出自他之手。振风塔为楼阁式砖石结构，塔身共七层八面，高

72.74 米，在全国 108 座砖石结构的古塔中，其高度位列第二。从塔底到塔顶，每层按比例缩小，呈螺旋形上升，塔尖为葫芦状，塔内有台阶 168 级，盘旋而上可直达塔顶，从第二层到第六层有白石栏杆环卫，可供游人凭栏远眺。塔内佛龛供有 600 多座砖雕佛像，塔上各层还设有灯龛，龛后有缝，直通塔内夹道和空厅顶部的各壁佛。佛灯长明的振风塔，一度发挥着灯塔作用，为江上夜行船只引航。

广教寺双塔，又称"敬亭双塔"，位于宣城敬亭山南麓广教寺内，始建于北宋绍圣三年（1096），双塔东西对峙，形制相同，均为平面方形的七层仿木楼阁式砖塔。广教寺双塔的外形是唐代方式楼阁风格，而结构以砖仿成柱、枋、斗拱等，辅以半木结构，柱、枋、斗拱都反映了宋代建筑的特征。这种既沿袭唐代四方形平面的建塔风格，又具有宋代建筑特征的塔，在中国宋代古塔实物中为硕果仅存的一例，具有极其珍贵的历史、艺术、科研价值，也具有较高的观赏价值。广教寺双塔的第二层南壁门上，嵌藏着宋代苏轼手书刻石。广教寺两塔中间空心，不立塔心柱，底座为白石浮雕，底层三面开门，东塔缺东门，西塔无西门。1988 年 1 月，广教寺双塔被国务院公布为第三批全国重点文物保护单位。

并非由黄金建造的黄金塔，位于无为县城北郊西河之畔，建于北宋咸平元年（998），为安徽省现存年代最早的古塔建筑。该塔原为南汰寺佛塔，由于迭经数朝战乱和动乱，原寺庙屋宇早已不存，仅这座古塔保留了下来。黄金塔是一座仿木楼阁式砖塔，平面六边形，面阔 3.4 米，塔高约 35 米，共 9 层，层层仿木斗拱，鸳鸯交手，结构牢固，塔体庞大，逐层内收，造型挺拔，历经千年风雨而屹立依然。2013 年 3 月，黄金塔被列入第七批全国重点文物保护单位。

2006 年被国务院公布为第六批全国重点文物保护单位的蒙城万佛塔，因内外有很多彩釉陶佛而得名。万佛塔是一座造型独特的十三层八角砖塔，高 42 米，是当地标志性建筑，也是南北造塔技术融合的杰作。万佛塔始建于北宋，又名"插花塔"，早先塔下有寺院，现已不复存在。佛塔内外嵌砌了8000余尊彩釉陶佛，塔身为水磨青砖砌造，塔体内外镶嵌有赭、黄、绿三色琉璃砖1300余块。万佛塔每层有四门，七层以下方向一致，七层以上渐渐转换方向，形成上下错位。塔内有两块建塔的碑刻，分别在第四层和第十一层，均为宋崇宁年间所刻。如今佛塔周围已经被辟为万佛塔公园。作为现存为数不多的八角楼阁式砖塔，蒙城万佛塔风铃叮当，魅力久远。

## 芜湖西洋建筑群

上海的外滩是有名的"万国建筑博物馆"，有着"小上海"之称的芜湖，清末民初也建起几十座洋楼。无论是罗马式的吉和街天主教堂，还是折中主义的弋矶山老芜湖医院，将欧陆风情的建筑与具有东方情调的人文场景交融在一起，形成了芜湖近现代史上独特的地域文化。芜湖市现存的近代西洋建筑共有20个单位（含33幢单体建筑），包括行政办公建筑、宗教建筑、学校建筑、医院建筑、商贸建筑和名人旧居等不同类型，基本涵盖了当时外国人在华建筑的全部门类。这些建筑从外观到结构，从环境的选择到材料的使用，都体现出很高的水平，具有独到的建筑技艺表现形式，同时还具有十分重要的人文历史价值。

芜湖是个比较"洋气"的城市。这种"洋气"可以说是一种多元文化的表征。100多年前，风云变幻中，西洋文化自长江强悍地输入这座滨江之城。1876年，中英签订了不平等的《烟台条约》，芜湖被辟为对外通商口岸，并设立了海关。这里成为当时的全国四大米市之首，城市风貌开始呈现"洋化"特色，江边的荒滩成为楼台林立之地，城市版图也从原来沿内河青弋江展开的"一"字形，而扩展为沿江铺开的横"L"形。

1877 年，英国政府在地势高敞、林荫如盖的范罗山顶建造了驻芜领事署办公楼，由英国建筑设计师设计成券廊式建筑，坐北朝南，两层砖木结构，建筑面积 1190 平方米，平面方正，东西对称，青石砌筑露明基座，东、西、南三向设有外廊，隽秀挺拔的廊柱为青石砍凿而成，与青石拱券组成线脚丰富优美的立面。

　　1887 年，英国政府又在雨耕山顶建造了平面方正、立面雄浑的英驻芜领事官邸，1889 年建成。该建筑取材上乘，通过合理布局与组合，展示出精妙的建筑技艺。随后，英国政府还在范罗山半山腰英驻芜领事署旧址东侧建造了洋员帮办楼，原为工作人员住所。这也是券廊式两层建筑，坐北朝南，建筑面积 803 平方米。红色砖砌墙体，四坡屋顶，屋面铺盖机制红瓦。一、二两层之间的腰线，恰到好处地围箍在立面上，起到了装饰艺术效果。

　　民国初年，在范罗山半山腰建造了两层总税务司公所，坐北朝南偏东，平面六开间，红砖砌筑墙体，红色机制瓦铺盖屋面，四坡屋顶，东西南三向设有券廊，百叶式大门。

　　英驻芜领事署旧址与英驻芜领事官邸旧址、总税务司公所旧址、洋员帮办楼旧址，于 2013 年被合并公布为第七批全国重点文物保护单位。

　　19 世纪末，自《中英烟台条约》签订，芜湖成为开埠通商口岸后，来自英、法、美等国的传教士几乎占据了芜湖所有山头。清光绪九年（1883），法国神甫金式玉购得芜湖鹤儿山大片土地，用于建造天主教堂（芜湖圣若瑟主教座堂），1887 年开始设计施工，并以此为中心，向安徽乃至华东各地发展。由于当时两江总督李鸿章不允许外国传教士在城内建教堂，法国天主教会只好在芜湖郊外发展。1889 年芜湖的天主教堂建成后，便成为江南教区继上海以后的第二大传教中心，号称"华东第二天主堂"。

　　1891 年，震动全国的"芜湖教案"爆发，当地百姓与教会发生了激烈冲突，大教堂被愤怒的群众烧毁了，神甫们乘船逃亡到镇江。事后，清政府与上海法国领事馆花费 13 万两白银在鹤儿山原址重建天主教堂。

百年风云转眼而过。如今的天主教堂已被列为全国重点文物保护单位，具体地址为镜湖区吉和街 28 号。有着江南"小巴黎圣母院"之称的这座建筑，在华东地区仅次于上海徐家汇教堂。

芜湖天主教堂

天主教堂的半圆形拱券结构是其建筑构图的基本要素，门窗洞口、长廊连拱、建筑装饰等都是以半圆形拱券来表现的。在主廊上部和侧廊的墙面上，绘有 40 幅彩色宗教绘画，当外面的光线透过彩色玻璃射入大厅内，便形成了一种强烈的宗教建筑所特有的神秘氛围。

在天主教堂的南面，是高四层的神甫楼，每层都有宽阔的内走廊，南北两面有许多房间，每个房间里的陈设简单而整洁。神甫楼前还建有广场，楼后山建有一个大凉亭。每年的夏季，该教区各县、镇的神甫都来芜湖消夏。到了此时，神甫楼里人多客满，住不下的，只好分流到圣母院的主教楼和大官山的别墅里。而冬天收集窖藏的冰块，这时候也派上了用场。

位于芜湖大官山顶的天主教修士楼建于 1912 年，原为美孚石油公司办公楼，1931 年转卖给天主堂，是天主教外国修士的宿舍和学习中文的地方，建筑风格为中西结合式。而天主教会创办于 1933 年的圣母院，则位于今天的芜湖市第一人民医院。这里有着一大一小两幢西式建筑，东边的小楼是天主教公署，也称主教楼；西边的大楼是修道院，两者合称为"圣母院"。天主教会自 19 世纪 70 年代末传入芜湖后，在芜湖发展很快，而且开办了不少学校和诊所。圣母院内以西班牙人为主，也有少数美国、墨西哥及中国教徒，主要从事的是传教工作。抗战期间，圣母院内成立了难民收容所。

香港有座狮子山，芜湖也有座狮子山。芜湖狮子山上有座中学，王稼祥、李克农、阿英曾在这里读过书。绿树掩映丛中的一幢五层西式楼房，正是建于 1910 年的圣雅各学堂，现为圣雅各中学的办公大楼。圣雅各学堂是当时的"中华圣公会"利用清政府庚子赔款所办的学校，也是教堂附设的教会学校。如今，作为圣雅各中学的主体建筑，这座红砖洋楼成为该校历经沧桑百年的标志。楼的两侧分别是"义德楼"和"经方堂"。"经方堂"又名"三六堂"，于 1936 年由李鸿章之子李经方捐资建造；"义德楼"是为纪念"广益学堂"创办者——美籍瑞典人卢义德而建造的。学堂撷取了哥特式建筑的精华，建了高耸的钟楼，却没有处理成尖顶，而是用雕花的铁栏杆在顶部围出平台，形成四面坡屋顶的形式，颇有创新。

江流无声，世易时移。芜湖的洋楼，承载了太多历史沧桑，见证了东西方文明的碰撞与融合。

# 第三节　历史名城

## 寿县：天下不可小寿州

寿县，淮河岸边一座古老的小城。缓缓而流的淮河，到了这里由西北而上时，突然就拐了一个弯，似乎暗示着这里的气场非同凡响。进城，出城，人们每天都要从古老而高大的城门经过。风雨剥蚀下的古城墙，立有近千年，仍然坚固如初。

因地处淮河之滨、八公山之阳，为南北要冲、中原屏障，寿县在历代的政治家、军事家眼里，战略意义非同小可。寿县古称郢、寿春、寿阳、寿州，春秋时为蔡侯重邑，战国时为春申君封地。公元前241年，楚国将都城东迁到寿春。楚国选此作为国之都城，一个很重要的原因就是水。"寿州当长淮之冲，东据东淝，西扼淠颍，襟江而带淮"，自春秋以降，成为中原通往江南地区的要道之一，沿颍水、涡水入淮，又沿淝水、施水入长江，寿春正好处在关键位置。

作为楚国末期的一座重要都城，寿春在楚文化晚期放射出耀眼的光芒。从春秋战国一直延续到明清，除秦始皇定都的咸阳外，其他各朝都城均有城郭之制，即"筑城以卫君，造郭以守民"与"内之为城，外之为郭"的城建规制。几百年后的西汉初期，外姓王英布、刘氏宗室淮南王刘安先后据寿春为都城。东汉末年，袁术也在此称过帝。

无论是被建为都城，还是前后屡为州郡治所，寿春襟江扼淮的水利与地缘因素，无疑是最为统治者所看重的。狼烟滚滚，瓦釜雷鸣，兵家拼抢争夺之际，既毁了城，又不得不事后重建。清光绪年间《寿州志》记载：寿县古城墙是在北宋熙宁年间重建的，但在寿县古城墙砖块上，发现了大量"建康许都统造"字样。根据考证：南宋宁宗嘉定十二年（1219），建康（今南京）都统许俊重建了寿县古城墙，为拱卫建康，宋朝不止一次地增派守淮之军。

寿县古城墙

作为全国重点文物保护单位，寿县古城墙是全国七大古城墙之一，比山西平遥古城早 100 年，而且是目前国内唯一保存较为完好的宋代城墙。明清以来，按照防御战争和防洪的需要，又不断对城墙进行了整修，新中国成立后为了防洪，曾将局部墙垣改用石块垒筑，近年又陆续用石条进行加固。宏伟壮观的古城墙，为寿县"国家历史文化名城"身份作了很有分量的注释。

寿县古城墙的平面略呈方形，城墙周长 7141 米，墙体高 8.3 米，底宽 18~22 米，顶宽 6~10 米，墙体以土夯筑，外侧贴砖石，砖石之间用糯米汁拌石灰等弥合，异常坚固牢靠，外壁下部有 2 米高的条石砌基，通体向内欹斜，层层收分。城内面积 3.65 平方公里，城外东南两面有护城壕，宽约 60 米，北环淝水，西接寿西湖，外壁墙角筑有 8 米左右宽的护城石堤。古城有四门，门上阴刻着城门的名字，东为宾阳，南曰通淝，西称定湖，北名靖淮。这四座门之外，都设有瓮城，内外门洞为砖石券顶结构。瓮城是寿春古城墙的一大特色。除南门外，东、西、北三门的瓮城门均与城门不在同一中轴线上。其中，西门的瓮城门朝北，北门的瓮城门朝西，在平面上，两者均与所在的城门呈 90 度角，东门与自己的瓮城门平行错置 4 米，这样的设置，有着军事防御和防汛抗洪的双重考虑。战争时，如果敌人攻破第一道城门进入瓮城，便会成为"瓮中之鳖"；洪水来袭时，若冲破第一道城门，便会进入瓮城形成漩涡，水势被减缓。在东、西城墙边，还设有构造奇特的排水涵洞。涵洞依着古城墙的内侧建造，涵体的坝墙呈圆筒状，上端与城墙顶部等高，称为"月坝"。当城内水位高时，积水可由此流出城外，而当城外的水位高于城内时，又会自行关闭闸门，防止城外的水倒灌入城内。这样科学精巧的设计，让人叹为观止。

383 年，前秦与东晋之间的淝水之战，就发生在寿县城下、八公山麓。创造以少胜多、以弱胜强纪录的这场战争，还留下诸如"风声鹤唳""草木皆兵""投鞭断流"等典故和成语。五代十国时，后周与南唐在这里激战，后周大将赵匡胤（后为宋太祖）攻打寿州，有名的点心"大救驾"正是源于此战。

更多的传说，诸如"留犊情深""刘仁赡死节守城""当面锣对面鼓""门里人""人心不足蛇吞象"，等等，都与古城墙有着密切关联。今天，在古城西门的瓮城里，南北墙壁上对称镶嵌着两块石刻，一面是锣，相对的另一面则为鼓。

当年的寿州城依山傍水，城垣临淝水绵延曲折，都城内外船只穿行，俨然一大水都，可谓古代"东方威尼斯"。一座古城，与水有着复杂而交错的关系，而昔日的金戈铁马如水一样消退了。古城门下，被车轮碾压过的痕迹深深浅浅。高耸的城楼，绵延的城垣，在微风中诉说着曾经的龙腾虎跃。

## 亳州：人杰地灵药之都

亳州是国家历史文化名城,也是中华民族古老文化的发祥地之一,素有"仙乡""酒乡"之称。

历史上的亳州长时间为政治、军事、文化和经济的中心。公元前16世纪,商汤在此建都,后世称为"南亳"。在涡河北岸,有一座高大的圆形土丘,相传为商汤王的衣冠冢。如今,这里被辟为汤王陵公园。西周初,神农氏后裔在此建谯国,唐代为"十大望州"之一。三国时为曹魏陪都,元末"小明王"韩林儿在此建都。

亳州自古为交通要冲和群雄逐鹿的主要场所,属中原重镇,是大京九铁路进入安徽的首站,有"江北胜地,南北要脊"之称,拥有中华原始古村落尉迟寺、傅庄、青凤岭等众多古文化遗址,以及天静宫、地下运兵道、华祖庵、花戏楼等名胜。这里英雄豪杰辈出,奇人异士汇集,诸如高妙深邃的老庄、谋臣伍子胥、能臣张良、一代枭雄曹操、神医华佗、名士嵇康、睡仙陈抟、巾帼英雄花木兰、坐怀不乱的柳下惠,等等。

亳州地势平坦开阔,盛产药、酒、烟叶、牡丹、泡桐、黄牛等。亳州所产的亳菊,是中国四大名菊之一。亳菊盛开的季节,遍地散发出清奇的气息;摇曳的高粱,辽阔壮美,是醇厚烈酒的母体成分;大葱大蒜,刺激辛辣,却是亳州人不可缺少的佐餐之物。

代出英豪奇人的亳州,曾是南来北往的商业都会。早在商代,这里就有了发达的手工业。明清时期,亳州一度有着"小南京"之称,开行建店的商人最多时达5000人以上,城内有72条街、36条巷子,商铺林立,如打铜巷、铁锅巷、竹货街、制鼓街等,甚至有以南京命名的"南京巷",这条金融街集中着许多家钱庄,连山西平遥的"日升昌"也来这里开设分号。当时的亳州城内,建有30多处会馆,如

亳州花戏楼

川陕会馆（花戏楼）、江宁会馆、河南会馆、福建会馆、徽州会馆等。

出自亳州的曹操，以屯兵备战的名义，在老家撬动地脉，挖土掘道。历经千余年而不塌的地下运兵道，长达4000多米，是迄今发现历史最早、规模最大的地下军事战道——纵横交错，经纬交织，变化莫测，结构复杂，而且以一地为中心，向东西南北四面延伸，直至郊外。这就是被誉为"地下长城"的曹操运兵道。

当年的曹操也许没有想到，自己的故事会在同城的另一座建筑——亳州花戏楼上演绎至今。地下运兵道与地面之上的花戏楼，两个"国保"单位，一上一下，勾勒的不仅是亳州的地理空间，还有古朴丰厚的人文风貌。亳州至今还保存着曹氏宗族墓群，如董园汉墓群、曹四孤堆、刘园孤堆等，这些墓群已被列为全国重点文物保护单位。

作为中医药文化发祥地之一，亳州在明清时期就名列"四大药都"之首。在《中国药典》中，冠以"亳"字的中药，就有亳芍、亳菊、亳花粉、亳桑皮四种。同时，亳州还是国内桔梗、丹参、板蓝根、薄荷的主产区。外科鼻祖华佗故里就在亳州。

在地理环境和人类文明的演化下，亳州有着太多的传奇：拳掌鞭炮、壶石泥玉、医相扎剃、吹拉弹唱，各行各业，皆有奇绝。

## 凤阳：凤鸣中都龙兴地

40 岁时，朱元璋成为明朝的开国皇帝。当他以帝王身份站在故乡土地上，他决定干一件大事。即使遭到谋士和大臣极力劝阻，朱元璋还是要在凤阳造一座史上最豪华的都城。

从洪武二年到洪武八年（1369—1375），近百万民工和新移民投入新王朝都城的建设大潮中。朱元璋以"取中天下而立，定四海之民之义"之句，为新都城取名"中都"。这是明朝第一座都城，其规划遵循《周礼·考工记》王城制度，上承唐宋，下启明清，不但为明南京，而且为中国都城集大成之作北京提供了建设蓝本和实践经验。凤阳中都城以外城、禁垣、皇城三道城墙呈套方格局围合。皇城为其内城，周长 3.68 公里，平面近方形，开 4 门，城墙四角建有角楼，台基与城楼台基同高。

中都城的布局，重视以对称格局环绕主体布置功能分区，强调各功能分区之间的礼制等级，并结合方位的尊卑观念作安排。尤其是中轴线上空间序列清晰，层次变化丰富，充分体现了宫阙建筑的尊严和

明中都皇故城午门

雄伟气魄，堪称都城经典之作。明《中都志》称：中都"规制之盛，实冠天下"。

自洪武二年九月诏建中都后，朱元璋先后两次从南京去凤阳。第一次是洪武四年（1371）二月。这一次来凤阳，朱元璋待了九天，主要是视察中都的兴建情况，并随后做出了移民中都，充实中部人口的决定。洪武八年（1375）四月，朱元璋回到家乡祭祀祖先，并带领群臣去视察即将完工的中都城。然而，他是乘兴而来，败兴而归。在视察宫殿时，迎接他的是愤怒的工匠和因被奴役过度而苦病不堪的犯人。那天，朱元璋游走在中都城宫殿群里，在查验某处宫殿时，在该宫殿的脊梁处发现了用于诅咒的木人，这在民间叫"压镇法"，说是被施了法术的宫殿，将来会有血光之灾。这种恶毒的诅咒，对于刚登帝位不久的朱元璋来说，是可忍，孰不可忍？至于是手下人发现了这个秘密，还是朱元璋自己看到的，史料没有详说。但是，后果很严重，为了消解心头怒火，朱元璋处死了几百名工匠。但是，工地上还有九万多名工匠，想到他们也在心头积压着怒火，朱元璋犹豫了。

带着郁闷心情回到南京后，朱元璋很快发布一道圣旨，下令停建中都城。人声鼎沸、车马喧哗的工地，一下子要停工，总得给出一个说得过去的理由。朱元璋给出的理由是，国家百废待兴，自己忘记了古训，没有考虑百姓负担，脑子一时糊涂才兴修了这么一个豪华都城，实在是不应该，所以，现在停工，暂时把南京当都城，没用完的建材用来修建皇陵什么的。当然，这是史料中官方的说辞。

民间的说法是：朱元璋当上皇帝之后，他在老家的亲人和众多分封到此地的功臣，开始居功自傲，有些权臣已经在这里占下地盘，结下盘根错节的关系网，这些实力雄厚的大臣，将来有可能会对皇权形成威胁。

无论什么原因，反正一座即将完工的都城，被罢建了。此后，他又下旨，要求拆毁中都城，一些未使用的原材料被运往南京，修建南京的皇城。

一座都城，耗费天下财物，劳百万民工兴建，却突然在即将完工时罢建，并任由其荒废，这在中国历史甚至世界史上均属罕见。

明崇祯八年（1635），农民起义军攻占凤阳，中都城内的龙兴寺、鼓楼等建筑被焚毁。清康熙六年（1667），移凤阳县治入皇城内，城内建筑多因年久失修坍塌毁坏。清乾隆二十年（1755）复拆禁垣及钟楼等建府城城墙，用于建设凤阳府。再后来，继续拆解，用于重建被烧毁的龙兴寺。至此，中都城遭到无比严重的破坏。随着朝代更迭，这座都城在历史风雨里渐渐成了遗址，一直到"文革"期间，城内遗留建筑几乎被拆除殆尽，以用于兴建学校或工厂。

1969 年，来自北京的历史学者王剑英在紧张的劳动之余，偶然走进了凤阳明中都。夕阳下，他被这座废都的气势惊呆了。以前，他只在史料里了解到，朱元璋曾在其家乡大兴土木建过一座规模巨大的都城，但是，从来没有人展示过这座都城的照片，也没有人提供过详细记录。很多史学家都以为有其名无其实。

王剑英向组织申请，在劳动改造之余，去看看明中都城遗址。他如醉如痴地开始了丈量和测绘，最后写出一本专著，叫《明中都》。据他考证：南京的明皇城，以及后来朱棣兴建的北京皇城，也就是今天的明清故宫，都是以凤阳这座明中都为蓝本。

王剑英的《明中都》向史学界揭秘了明朝罢建的都城规模和现状。一座湮没于史册的旧都，自此吸引了众多学者的目光。

明中都皇城现尚存有午门台基，西华门台基和 1138 米长的城墙，其宫阙殿宇虽毁，但遗址尚存，特别是午门基部须弥座上的浮雕及城内硕大的蟠龙石础，精美华贵，是我国历代都城中不可多得的石雕艺术珍品。值得一提的是，中都城城墙雄伟坚固，用大城砖砌筑，已发现署有 22 个府 70 个州县及大量卫所、字号铭文砖。文字砖上铭文多为"南昌府新建县""安庆府桐城县""小旗吕军张二"等字，为明初营建中都城时特意烧制。明中都城的墙砖，不仅有一定规格，还有一套严谨的管理方法。为保证墙砖质量，当时建立了层层责任制，要求各地生产的城墙砖在烧制时明确标识出府、州、县、制砖人等5至6级责任人的名字，这在中国同类墙砖上无出其右。

1961年，明中都皇故城被公布为安徽省级文物保护单位；1983年，明中都皇故城连同皇陵石刻被公布为全国重点文物保护单位。2004年，明中都圜丘遗址、方丘遗址、观星台遗址、涂山门遗址以"明中都附属建筑"的名称并入上述全国重点文物保护范畴。

2013年12月，明中都皇故城遗址被列第二批国家考古遗址公园立项名单并开始建设，规划范围以明中都皇城为中心，总面积382公顷。经过几年的维修保护、环境整治和设施建设，2017年12月，明中都皇故城国家考古遗址公园入选第二批国家考古遗址公园挂牌名单，融教育、科研、游憩于一身，必将成为重要的文化旅游目的地，向世人诉说那段辉煌而沧桑的历史。

## 歙县：新安文化耀千秋

重峦叠翠、烟雨迷蒙的山水间，古典意味浓郁的老街、民居、廊桥和祠堂，构成恬静优美的画卷。古城歙县历经风雨洗礼，光华内蕴，处处烙印着古徽州的印记。自隋以后的1300多年里，歙县一直是历代郡州府治地，史称"徽州府"。正因为是徽州府的首县，歙县是包括徽商在内的许多徽州人的出发点和落脚点。被誉为"江南第一街"的斗山街曲径通幽，古徽州八景之一的"鱼梁送别"令人感喟。

歙县古城与四川阆中、云南丽江、山西平遥并称为"中国保存最为完好的四大古城"，1986年被授予"国家历史文化名城"称号。境内文化遗存丰富，拥有许国石坊、棠樾牌坊群、渔梁坝、郑氏宗祠、竹山书院、许村古建筑群等全国重点文物保护单位。

歙县是徽文化主要发祥地，素有"文化之邦""东南邹鲁"美誉，是有名的"徽墨之都""歙砚之乡"，孕育了大批历史文化名人，活字印刷术发明者毕昇（一说湖北人）、明代杂剧作家汪道昆、新安画派发轫者渐江、国画大师黄宾虹、马克思《资本论》中提到的理财家王茂荫、教育家陶行知等，都出自这里。

　　歙县有着"牌坊之乡"的称谓。徽州遗存的100多座牌坊中，有九成在歙县。歙县不仅有惊世之作许国石坊、丰口四脚牌坊、槐塘丞相状元坊，还坐落着驰名中外的棠樾牌坊群、雄村牌坊群、郑村牌坊群和稠墅牌坊群等。

歙县棠樾牌坊群

　　建于明万历十二年（1584）的歙县许国石坊，是一座特殊的立体式牌坊，矗立在歙县老街上。该牌坊四面八柱，各联梁枋，长方形平面，整座牌坊由前后两座三间四柱三楼和左右两座单间双柱三楼式的石坊组成，集绘画、书法、装饰、雕刻等工艺于一身。许国石坊旌表的是歙县人许国，明嘉靖、隆庆、万历三朝重臣，曾任礼部尚书兼文渊阁大学士，并被加封为太子太保，后因平定云南边境叛乱有功，又晋升为皇帝高级顾问"少保",封武英殿大学士。

歙县城西南的雄村牌坊群中,最惹人注目的,当是村口曹氏祠堂前的四世一品坊。这座牌坊建于清乾隆年间,为冲天柱式牌坊,四柱三间三楼,二楼额枋上刻有曹文埴和他的父亲、祖父、曾祖父的姓名和官衔。曹氏是在扬州经营盐业的徽商。曹文埴的祖父、父亲一直经商不断,到了曹文埴这一代,开始转向读书求仕之路。曹文埴在清乾隆二十五年(1760),高中第四名"传胪",后来一路升迁,担任户部尚书等职。建牌坊时,曹文埴的儿子曹振镛尚未位居一品,不然就是"五世一品坊"。后来,曹振镛历任三朝工部尚书、太子太保、军机大臣等。

歙县最有名的牌坊群,也是徽州乃至全国最有名的牌坊群,非棠樾牌坊群莫属。棠樾牌坊群位于棠樾村,是鲍氏家族建在祠堂前的旌表性建筑物。七座牌坊呈弧形排开,耸立在村头田野里,由东北向西南,分别是鲍象贤尚书坊、鲍逢昌孝子坊、鲍文渊继妻吴氏节孝坊、乐善好施坊、鲍文龄妻汪氏节孝坊、慈孝里坊、鲍灿孝行坊。有意思的是,鲍灿和鲍象贤祖孙俩的牌坊,一个打头,一个殿尾。七座相连的牌坊,还体现了"忠孝节义"的封建伦理道德荣誉体系,从两头向中间数,七座牌坊基本上按照"忠孝节义"的次序排列,并以"义"字为中心。

被命名为"中国枇杷之乡"的歙县,是全国五大枇杷产区之一,以盛产"三潭枇杷"而闻名。歙县有一条有名的古街巷——斗山街,长约500米,在幽深的街道旁,是成群连片的古民居。

练江之水缓缓地从太平桥经过,流淌两三里路,便到了惊涛拍岸的渔梁坝。古歙三桥中的紫阳桥,便横跨在渔梁坝下游。紫阳桥始建于明万历年间,因地处紫阳山麓而得名,是目前安徽境内最高的古石桥。紫阳桥南头,为紫阳山支脉龙井山,山上有禹王台旧址。朱熹的父亲朱松曾在桥南结庐而居,朱熹从福建回来省亲,也住在这里。

歙县的万年桥,位于扬之、布射、富资三水汇合处,从前它是通往太平，抵达省府安庆的交通要道。在新安江的支流富资水畔，有座葫芦状的古村落——许村，村里有座 30 多米长跨溪而建的古桥，桥上有遮蔽风雨的走廊，这就是许村的"高阳桥"。2006 年，在第六批全国重点文物保护单位名录里，许村古建筑群名列其中，包括高阳廊桥等。在歙县，类似这样古朴秀美的廊桥还有 10 多座。

## 安庆：吴楚分疆第一州

　　古塔高耸，大江东流；山峦起伏，万木葱茏。国家历史文化名城安庆位于长江下游北岸，素有"万里长江此咽喉，吴楚分疆第一州"之称。安庆被誉为"安徽之源""禅宗之地""京剧之祖""黄梅之乡"。境内山地、丘陵和洲圩湖泊各占三分之一，西北是大别山中、低山区，中部是波澜起伏的丘陵地，东南和沿江是江湖平原。

　　因安庆有皖山、皖河并为古皖国所在地，200 多年前，安徽建省后即简称"皖"。而省名安徽就是"安庆"和"徽州"首字的合称。"安庆"之称，始于南宋绍兴十七年（1147），其时舒州德庆军被改为舒州安庆军，从此寓意"平安吉庆"的安庆之名得以命名并传承；后来，

"万里长江第一塔"迎江寺振风塔

东晋诗人郭璞曾登临安庆境内的盛唐山，精通历算的他上下一望，说"此地宜城"，绣口一吐，让古城熠熠生辉，故而安庆又名"宜城"；自南宋建城开始，安庆便成为皖西南的政治、经济、文化中心和战略要地。但凡南北有战事，必然争夺长江；争长江则以武汉、南京为上下之枢纽，而安庆，恰好处于两者之间。以至于明末抗清英雄史可法驻守安庆时，曾刻石称之为"宜城天堑"。太平天国时期，安庆成为太平军的战略要地，在这里进行过四次激烈的保卫战。清至民国，安庆为安徽首府，历经189年。伟人孙中山在《建国方略》中，深谋远虑，欲将安庆构建为"双联市"。

长江之水，滋润着出类拔萃的安庆人。新文化运动先驱、中国共产党创始人之一陈独秀，佛教领袖赵朴初，唐末诗人曹孟征，"宋画第一人"李公麟，清代书法、篆刻家邓石如，"京剧鼻祖"程长庚，美学家邓以蛰，"两弹元勋"邓稼先，黄梅戏表演艺术家严凤英，电影表演艺术家舒绣文，"杂技皇后"夏菊花，章回小说大家张恨水，文史学家叶丁易，诗人朱湘、海子，等等，一代又一代杰出人物频出，在哲学、科学、史学、文学、艺术等各个领域，他们屡有建树，绽放出璀璨的光芒。

清初"三才子"之一的朱书不无感慨："吾安庆，古皖国也……神明之奥区，人物之渊薮也。"因枕山临江，交通便捷，一度作为安徽中心城市的安庆，文化交流密切，影响广泛深远。这当中，"桐城文派"雄振文坛两百多年，支流余裔满天下，连晚清重臣曾国藩、李鸿章及张裕钊等人，也都推崇"桐城派"。

在中国禅宗史上，安庆具有坐标意义，禅宗二祖慧可司空山开宗立派，三祖僧璨天柱山传播法雨。天柱山和司空山成为禅宗重要发祥地。皖山东南麓的余脉如四面山、白云山、太平山、投子山、浮山，均为高僧会集弘法之地。

1790年的秋天，扬州的安徽盐商江鹤亭在安庆组织了一个名为

"三庆班"的徽戏戏班，进京为乾隆八十大寿庆贺。其间，来自全国各地的戏班纷纷进京表演。与"三庆班"一同来京城唱戏的还有"庆升班"，以及后来的"春台班""和春班""四喜班"。这就是著名的"四大徽班进京"。到了嘉庆年间，四大徽班不仅在京城站稳了脚跟，而且取代了苏班（昆曲）、京班（京腔）和西班（秦腔）。此后，京剧横空出世，在中国艺术时空上划出一道惊艳的闪电。"三庆班"班主正是安庆人程长庚，他被称为"徽班领袖""京剧鼻祖"。

安庆不仅是中国国粹京剧的发源地之一，还是中国五大剧种之一黄梅戏的形成地和传承地。清乾隆年间，发源于皖鄂交界处的采茶调传至安庆地区，并与本地方言相结合，孕育成为蜚声海内外的剧种——黄梅戏。又经严凤英等艺术家的继承与发扬，影响更为广泛，其中《天仙配》《女驸马》等剧目脍炙人口，2006 年黄梅戏被列入第一批国家非物质文化遗产名录。

安庆是中国较早接受现代文明的城市之一，在全国范围内拥有多个"第一"。1861 年，曾国藩在安庆创办的安庆军械所，是全国最早的近代机械工业，云集了诸如徐寿、华衡芳、李善兰等当时一流科学家，制造了中国第一台蒸汽机、第一艘机动船、第一支枪，而安徽第一座发电厂、第一座自来水厂、第一家电报局、第一个图书馆、第一所大学、第一张报纸等，都诞生在这里。光绪年间，陈独秀在安庆举办了藏书楼演说，并在一江之隔的芜湖创办《安徽俗话报》，第一次试举起"新文化"的旗帜。1907 年和 1908 年先后发生在安庆的徐锡麟巡警学堂起义和熊成基炮马营起义，均是震惊中外的民主革命先声。

## 绩溪：千秋徽邑名士多

晚年的胡适，曾对身旁的人说：

徽州话是我的第一语言。

我小时候用绩溪土话念的诗，现在也只能用土话来念。

……

一个人到了暮年，尤其思念桑梓之地，何况长期身居海外。胡适的故里，正是绩溪。绩溪是国家历史文化名城，这里东倚天目山，西枕黄山，是长江、钱塘江两大水系的分水岭，是徽文化的重要发祥地。

绩溪曾是徽州府六县之一，唐大历二年（767）置县，沿用至今。徽州地名的由来，据说就与绩溪有关。绩溪境内不仅有徽岭、徽溪，还有一个美丽的大徽村。民间有"无徽不成镇，无绩不成街"之说。从绩溪走出的历史、文化名人有隋末农民起义领袖汪华，宋代名臣胡舜陟、文学家胡仔，明代户部尚书胡富、工部尚书胡松、兵部尚书胡宗宪，清末"红顶商人"胡雪岩，"礼学三胡"胡匡衷、胡秉虔、胡培翚，两大制墨名家汪近圣、胡天注，新文化运动领军人物胡适、"湖畔诗人"汪静之、出版家汪孟邹、小说家章依萍、古典小说标点创始人汪原放等。

绩溪墨业历史悠久，最有名的要属清代"鉴古斋""胡开文"两墨庄，前者为汪近圣于清康熙六十年（1721）所创，后者为上庄胡天注于清乾隆四十七年（1782）开设，因经营有方，曾设分肆于全国许多城市。胡开文屯溪老店迄今已有200多年历史，是安徽著名的双百老店。胡开文墨庄所制"地球墨"，曾获1915年巴拿马万国博览会金质奖章。

绩溪还是著名徽菜之乡，是名列中国八大菜系的徽菜的重要发源地之一。早在宋代，绩溪人就设肆于都城。绩溪葛粉出现在南宋诗人洪咨夔的诗里。明中叶以后，在外地开设徽菜馆的绩溪人成为徽商中的劲旅。清道光、咸丰年间，绩溪人最早将徽菜打入上海滩，到民国时，500多家徽菜馆矗立十里洋场，由绩溪人开设的徽菜馆占三分之一还多。1947年，绩溪全县人口8.2万人，从事徽菜馆业的就有1万人左右。徽菜在菜式上，有筵席大菜、和菜（套餐）、五规八碟十大碗、大众菜和家常菜等。《徽州文化全书·徽菜卷》所记载的 87 款徽菜，有 72 款是绩溪人创制的。

从绩溪走出去的胡适，总是恋着家乡菜，比如蝴蝶面、一品锅。胡适夫人江冬秀擅长做一品锅这道菜，无论在京城，还是身居国外，胡适总是向朋友们推荐，一品锅也因此香飘海内外，进而，这道菜被叫作"胡适一品锅"了。

绩溪也是宗祠之乡。据史载，仅明清两代，县城内就有祠堂 75 座，全县则达到 180 座。历经岁月洗礼，如今遗存的祠堂还有 50 多座。

绩溪山清水秀，世称"百里花园"，自然与人文景观丰富，清凉峰、小九华、大会山风光旖旎；古冯村、棋盘村、江南第一关等景色宜人；奕世尚书坊、霞间古窑址以及大坑口、湖村、上庄、旺川等古建筑、古遗址、古村落充满文化魅力。郭山大峡谷，又称"伟人谷"，占地面积约 15 平方公里，是国家级自然保护区清凉峰的南大门，景区内拥有 43 种国家级珍贵物种和 13 种国家级保护动物，"世界第一巨石"百丈岩坐落于此。

胡氏宗祠

昔日新安，"邑小士多，绩溪为最"，"十户之村，不废诵读"。北宋景德四年（1007），绩溪人首建书院——桂枝书院，不仅是绩溪历史上的第一个书院，也是安徽最早的书院。北宋元丰年间（1078—1086），经在此任职的苏辙积极倡导，绩溪书院大兴，文风蔚起。到明代绩溪全县书院达 57 所，居安徽省前列。清光绪年间（1875—1909），当地人首建毓才坊学校，开创安徽女子学校先河。

绩溪地势高于邻县，史称"宣歙之脊"。又因为地理使然，这里被视为世外桃源，东汉与东晋时期均有中原人徙居境内，士族亦流寓其中，世称"绩乃藏龙卧虎之地"。绩溪龙川堪称风水宝地。村中有溪水穿过，又有山脉如龙蜿蜒而来，村落正处在龙口，所以被称为龙川。龙川村的选址和村形建筑，充分体现了中国传统文化中"天人合一"的思想。选址于此的，是东晋时期的官宦胡焱。胡焱原籍山东，因领兵镇守歙州、安民有功，被东晋成帝司马衍赐以田宅。胡焱原先一直住在华阳镇，后为龙川地形、景色所震撼，在得到皇帝恩准后，胡焱做出了举家定居龙川的决定，并自称"龙川胡"。在漫长岁月中，"龙川胡"兴旺发达，人才辈出。据记载，历史上，出自龙川村的进士有 10 人，举人有 9 人，其中仅明朝就有进士 7 人。他们官袍加身，职衔多样，比如胡焱常侍、胡汝能太守、胡思谦太师、胡子荣枢密使、胡富贤国师、胡之纲父子提干、胡富尚书、胡光推官、胡宗宪尚书、胡宗明巡抚等。其中，明朝户部尚书胡富与兵部尚书胡宗宪，被誉为"一门两尚书"，他们两人与明朝副都御史、巡抚辽东的胡宗明，又被合称为"一族开三府"。另外，龙川巨商大贾层出不穷，比如元明时期的胡德裕、晚清知名茶商胡允源及其子孙、富甲江南的胡念五等，还有名医胡永寿、胡震来，等等。时至今日，龙川胡姓已经有 1600 多年历史。据族谱记载，胡氏族人在给家族成员取名排辈中，就暗含"五行"中的金、木、水、火、土，比如"锦"字中含有金，"炳"字中则含有火。

地灵人杰，人文荟萃，绩溪不愧为魅力四射的徽文化名城。

# 第三章 文苑英华

如果说安徽文化是中国文化最好的标本，那么，安徽文学就是中国文学的"微缩景观"。在中国文化由黄河流域向长江流域推进的过程中，承担这一演进"走廊"的，就是安徽。因此，安徽文学也伴随着安徽文化的重心从涡淮流域逐渐南移到沿江，再到江南，从而形成了丰富多样、富有创新性和包容性的文学样式，出现了璀若星河的文学家和作品。而"敢为天下先"一直是安徽文学中突出的精神和独立气质。

中国最早的诗歌总集《诗经》中，最富有批判精神的是"陈风"和"魏风"，而陈风即出自安徽淮北一带。涡淮流域的《老子》和《庄子》，不但开创了中国哲学思想的文学论述方式，更是中国浪漫主义文学的源头。从"三曹"及其领导的"建安文学"所锻造的"建安风骨"，到我国古代第一首最长的叙事诗《孔雀东南飞》；从《广陵散》绝唱中的魏晋风流，到唐代皖籍诗人张籍、李绅、杜荀鹤开创的"新乐府运动"；从革一代诗风的宋代诗人梅尧臣，到中国第一部长篇讽刺小说《儒林外史》；从泽被后世的"桐城文派"文脉到开创"新文化运动"的胡适和陈独秀；从为中国现代美学奠基的朱光潜、宗白华、邓以蛰，到"以梦为马、春暖花开"的诗人朱湘、汪静之、海子……安徽文学以自身的辉煌鼎盛，以融会贯通的创作实践，对整个中国文学的走向起到了积极的引领作用。

纵览安徽文学，无论是淮河的波光，还是长江的涛声，投射到庞大深厚广博的中国文学天空，都是最为耀眼的一道光亮。

# 第一节 名篇经典

## 绝代奇书《淮南子》

有这样一部奇书，它融汇了先秦诸子百家思想的精华，"牢笼天地，博极古今"，而又以道家思想为统领，形成了自己独特的理论体系。近年来，它所蕴含的思想光辉日渐耀目，尤其是对自然科学的探索精神，备受后世推崇。这部奇书，正是西汉淮南王刘安主持撰写的《淮南子》（又为《淮南鸿烈》）。

刘安（前179—前122）是汉高祖刘邦的少子淮南厉王刘长之子。淮南厉王因"谋反"获罪，流徙途中绝食而死，后淮南厉王的封地被一分为三，刘安被册封为"淮南王"。刘安是当时皇室贵族中学术修养较为深厚的人，他罗致宾客数千人，其中不乏硕学之士，共同著书立说，"作《内书》二十一篇，《外书》甚众，又为《中书》八卷，言神仙黄白之术，亦二十余万言"（《汉书·淮南厉王刘长传》）。然而这部涉及范围十分广泛的文化巨著，留传下来的只有《内书》二十一篇，也就是今天我们看到的《淮南子》。

《淮南子》内容繁复，包罗万象，涉及哲学、政治、经济、军事、天文、地理、农学、生物、音律、神话等，可以说是我国古代一部百科全书式的著作。然而，《淮南子》也并不是杂而无统、散而无归，全书以"太上之道"为宗旨，统合百家之说，将各篇的内容熔铸成一个有机的整体。"道本论"是《淮南子》全书的核心，作者继承了先

111

秦道家学派特别是老子、庄子的思想，对"道"做了更进一步的阐述与说明。

《淮南子》的诞生充分反映了西汉前期开明的学术空气和道家学者的集体智慧。此书撰著于景帝一朝的后期，而于汉武帝刘彻即位之初的建元二年（前139）被进献于朝廷。但其后刘安因谋反罪自杀，淮南国也被废除。

此后，汉武帝采纳董仲舒"罢黜百家，独尊儒术"的建议，将儒家学说作为官方的学术，限制其他学派的发展。这一举动，使得汉代的学术思想陷入狭隘沉滞的境地。而儒学则开始了它对中国封建社会思想领域长达几千年的统治。以道学为宗旨的《淮南子》，长期受到冷遇。在我国文化史上一直没有专门研究、整理《淮南子》的著述问世，直到清代兴起考据之学，学者们渐渐注意到《淮南子》这部重要典籍。民国年间，著名学者刘文典吸收了清人的考证成果，撰著《淮南鸿烈集解》。此书考证翔实，解释精审，汇集各家之长，对《淮南子》作了全面的诠释和考辨。胡适先生曾称《淮南子》为"绝代奇书"。

近年来，《淮南子》一书所蕴含的思想内容日益引起学界的关注，其中科学技术方面的内容，反映了我国古人的高超智慧与探索精神，得到了国内外自然科学史专家的重视。英国著名科学史专家李约瑟博士在其所著的鸿篇巨制《中国科学技术史》中对《淮南子》一书极为推崇，给予了很高的评价。

《淮南子》一书包含着十分丰富的自然科学内容，书中的《天文训》《地形训》《时则训》等集中论述了天文学、地理学、农学和律历学的有关内容，反映了我国古人对自然界的认识水平。

在《天文训》中，作者对五星、二十八宿、八风等作了专门研究，对五星的行度、运行周期做了科学测定。篇中还根据北斗星的运行规律，第一次完整地记载了二十四节气的名称及其理论依据。同时根据对木星的研究，制订了岁星纪年法和干支纪年法，还记载了观测天象、测定方向等的仪器和方法。

《天文训》中反映出丰富的古代物理学知识。记载了阳燧取火："阳燧见日，则燃而为火。"阳燧，是四面镜，可以聚焦取火。这表明在西汉时期，就有了"聚焦"的概念，这是光学史上的重大突破。

在《地形训》中，作者记述了九州、九山、九塞、九薮、六水等山川形势、要塞湖泊，并对四海之内的东西、南北长度做了计算，得出了东西长度为二万八千里、南北为二万六千里的结论。此外，《地形训》还记载了东方、东南方、南方、西南方、西方、西北方、北方、东北方和中央等九地的代表物产。此篇同时对人们的饮食习惯与其智慧、习性的关系做了探讨，充分反映了作者敏锐的洞察力和高超的概括能力。

在养生学方面，《淮南子》认为形、神、气是构成生命的三大基本要素，是自身精神与形体相结合的统一体，相互影响，相互关联。而在医药方面，《淮南子》则指出：药无贵贱，甚至大毒之药，只要用得合适，便是良药。《淮南子》还认识到不同物种对药物的反应性有所不同。"人食礜石而死，蚕食之而不饥；鱼食巴豆而死，鼠食之而肥。"《淮南子》主张"治病求本"和"治未病"。"治病求本"就是把握疾病的根本，从而对症下药；"治未病"则是预防疾病的发生，重要的是靠加强锻炼，自我养护，所谓"正气盛则邪气不能入"。

《说山训》和《说林训》两篇提出了许多精辟的格言，充满了智慧，是对人们长期生活经验的高度提炼。如"三人比肩，不能外出户；一人相随，可以通天下。""力贵齐，知贵捷。""听有音之音者聋，听无音之音者聪；不聋不聪，与神相通。""田中之潦，流入于海；附耳之言，闻于千里。""以水和水不可食，一弦之瑟不可听"，等等，词意隽永，富于哲理，耐人寻味。而出自《淮南子》的近百个成语故事，如"螳臂当车""削足适履"等也丰富了民族语言文化的宝库。

## 乐府明珠《孔雀东南飞》

在安徽怀宁县小市镇东侧，有一个小山岗，叫花山，树木葱茏掩映下，一坟突起，据说，那就是焦仲卿和刘兰芝合葬的"孔雀坟"。

"孔雀东南飞，五里一徘徊。"千百年来，《孔雀东南飞》始终传诵不衰，并被改编成各种剧本搬上舞台。2014年11月，"孔雀东南飞传说"经国务院批准被列入第四批国家级非物质文化遗产名录。

《孔雀东南飞》是我国文学史上第一部长篇叙事诗，也是古代文学史上最长的一部叙事诗，与北朝的《木兰诗》并称"乐府双璧"。后又把《孔雀东南飞》《木兰诗》与唐代韦庄的《秦妇吟》并称为"乐府三绝"。

《孔雀东南飞》最早见于南朝陈国徐陵编的《玉台新咏》，题为《古诗为焦仲卿妻作》。宋代郭茂倩《乐府诗集》载诗及序入《杂曲歌辞》，题为《焦仲卿妻》，称之为"古辞"，并说"不知谁氏之所作也"。近人则多取本诗首句拟题，作《孔雀东南飞》。专家一般认为，《孔雀东南飞》原为建安时期的民间创作，在长期的流传过程中可能经过后人的修饰，但是，作为一篇叙事诗，它还相当丰厚地保留着民间文学的优良特征。

《玉台新咏》有序云："汉末建安中，庐江府小吏焦仲卿妻刘氏，为仲卿母所遣，自誓不嫁。其家逼之，乃投水而死。仲卿闻之，亦自缢于庭树。时人伤之，为诗云尔。"据此，可以确定：《孔雀东南飞》的发生地在安徽境内。汉代庐江郡初治在安徽庐江县，徙治在皖城，也就是今天的潜山县，查阅潜山县和怀宁县新旧县志，比较一致的看法是，刘兰芝的家乡在今怀宁县的小市镇，皖水东岸。这座古镇原叫小市港，又叫小吏港、焦吏港。镇东不远处有刘家山村，传说是刘兰芝故里，村前原有一水塘，名月形塘，传说是刘兰芝投水殉情的地方。

而焦仲卿的家在今潜山县梅城镇东南的河湾村焦家畈，庄名"焦家园"，与小市镇隔皖水相望。由于后世行政区划的调整，两人原本属于一地，现则分属一水之隔的两县，反倒成就了一段佳话。

汉乐府"感于哀乐，缘事而发"，最大、最基本的特色就是它的叙事性。一方面它反映了广大人民的生活和爱憎，是从民间产生或受民间文化影响而产生的艺术硕果，既有汉赋"巨丽"之美，又突出了一种自觉的美的创作特征，因此可与《诗经》《楚辞》鼎足而立；另一方面它在中国诗歌史上，起着承前启后的作用。它既继承、发扬了《诗经》的现实主义传统，也继承、发扬了《楚辞》的浪漫主义精神。

作为整个乐府诗中最杰出的篇章、汉乐府叙事诗发展的高峰，《孔雀东南飞》共 350 余句、1700 余字，其最大的艺术成就，就是成功塑造了几个鲜明的人物形象，通过这些人物形象来表现反封建礼教、家长统治和门阀观念的思想，表达了青年男女要求婚姻爱情自主的合理愿望。故事繁简剪裁得当，人物刻画栩栩如生，不仅塑造了焦仲卿和刘兰芝夫妇心心相印、坚贞不屈的形象，也把焦母的顽固和刘兄的蛮横刻画得入木三分。篇尾构思了刘兰芝和焦仲卿死后双双化为孔雀的神话，更是寄托了人民群众追求恋爱自由和幸福生活的强烈愿望。女主人公刘兰芝对爱情忠贞不贰，对封建势力和封建礼教所做的不妥协的斗争，使她成为文学史上富有叛逆色彩的经典妇女形象。

刘兰芝敢爱敢恨，敢说敢为，具有强烈的反抗性格，在别小姑、别仲卿时，赠物留言、订立蒲石之盟，于悲怆之中充满了温厚的深情。她感情丰富，形象饱满，不同于一般叙事诗中人物性格的单一简略。比较之下，焦仲卿形象更为复杂。他忍让求母，委曲求全，显得软弱，这是他无法超越的时代局限，何况他身为府吏，更不能不受封建法规的制约。然而他的反叛只是绵里藏针、刚强不露而已。在幻想破灭之后，他并不因此屈从母命而终于以死殉情，充分显示了焦仲卿的反叛性格。这是一个既想当孝子，但又不甘于愚孝的典型。作者不仅写出了人物性格中的个性，而且写出了他们性格中所特有的复杂性，有血有肉兼有神，绝非短小的抒情诗和一般的叙事诗所能达到的境界。

《孔雀东南飞》结构完整、紧凑、细密。其情节的组织，采取双线交替推进的方式。一条线索由刘兰芝、焦仲卿夫妇两人之间的关系构成；另一条线索由刘焦夫妇同焦母、刘兄之间的关系构成，在全诗中占主导地位。

比兴手法和浪漫色彩的运用，对人物形象的塑造起了非常重要的作用。诗篇开头，"孔雀东南飞，五里一徘徊"是"兴"的手法，用以端起刘兰芝、焦仲卿彼此顾恋之情，布置了全篇的气氛。最后一段，在刘、焦合葬的墓地，松柏、梧桐枝枝叶叶覆盖相交，鸳鸯在其中双双日夕和鸣，通宵达旦。这既象征了刘、焦夫妇爱情的不朽，又象征了他们永恒的悲愤与控告。由现实的双双合葬，到象征永恒的爱情与幸福的松柏、鸳鸯，这是刘、焦形象的浪漫主义发展，闪现出无比灿烂的理想光辉，使全诗起了质的飞跃。

《孔雀东南飞》在艺术上标志着中国古代叙事诗已臻成熟。明代王世贞在《艺苑卮言》称："质而不俚，乱而能整，叙事如画，叙情如诉，长篇之圣也。"

## 总集之祖《昭明文选》

南梁中大通三年（531），梁太子萧统（即昭明太子）英年早逝，梁武帝允赐昭明衣冠，葬于池州西南的秀山。史载：太子陵建造得十分壮观，松柏参天，翠竹葱郁，成为"江左"著名景观。后人有诗云："地籍文章传胜迹，天留台榭与才人。池鱼入馔香羹美，山鹤闻琴舞态新。"池州人民以此铭记萧统救灾爱民之德，仰太子编修文选之功。

当时的池州叫石城，曾是梁太子萧统的封邑。正是在这里，萧统主持编选了《昭明文选》，因此，池州是《昭明文选》的诞生地。《昭明文选》诞生后成为"显学",历代研究注释文选最好的版本"尤刻本"（南宋）也诞生在池州。这是中国文学史上一大奇观，是池州的骄傲与自豪。池州，因此被称为"千载诗文地"。

《昭明文选》又称《文选》，共三十卷，是中国现存最早的诗文总集，它选录了先秦至南朝梁代八九百年间、100多位作者、700余篇各种体裁的文学作品。其序云入选皆"事出于沉思，义归乎翰藻"之作，对后世影响极大。因是梁代昭明太子萧统主持编选的，故称《昭明文选》，因其年代之久、时间之长、内容之丰，富有代表性，为历代所借鉴，故被称为"总集之祖"。

萧统（501—531），字德施，南兰陵（祖籍江苏武进）人，南朝梁武帝萧衍长子。天监元年（502）十一月，萧统被立为太子，然英年早逝，未及即位即于中大通三年（531）去世，谥号"昭明"，故后世称其为"昭明太子"。

从502年到519年，萧统一直生活在池州。他来封邑时，正值池州三年大灾，百姓饥荒难耐，饿殍遍野，太子放粮救灾，深得人民的爱戴。在池州期间，他编文选，垂钓玉镜潭，盛赞秋浦玉镜潭的沉香鲫（即秋江香鲫鱼）"水好鱼美"，封誉此地为"贵池"。如今在池州，仅昭明古钓台就有5处之多。最著名的是池州秋浦河玉镜潭昭明古钓台，1986年被评为"全国十大古钓台"。

《文选》共收录作家130家，选录标准以词人才子的名篇为主，以"文为本"。萧统有意识地把文学作品同学术著作、疏奏应用之文区别开来，反映了当时对文学的特征和范围的认识日趋明确。

萧统是当时文坛上政治地位最高的人物，他指出："夫文典则累野，丽亦伤浮"，要求丽而不浮，典而不野，"文质彬彬，有君子之致"，同时还推崇陶渊明"文章不群，词采精拔，跌宕昭彰，独超众类。抑扬爽朗，莫之与京"。所以《文选》所选的作品，其实并没有过分忽视内容，反而对那些质木无文的玄言诗和放荡、空虚的艳体诗、咏物诗摒而不取。总体上看，这部诗文总集大体上包罗了先秦至梁代初叶的重要作品，反映了各种文体发展的轮廓，为后人研究这七八百年的文学史保存了重要的资料。

由于《文选》本身所具有的优点，比起同类型的其他诗文总集来，其影响深远广泛。唐代以诗赋取士，因而《文选》成为人们学习诗赋的一种最适当的范本，甚至与经传并列。宋初承唐代制度，《文选》仍然是士人的必读书，甚至有"《文选》烂，秀才半"的谚语。

隋唐以来，研治《文选》成为一种专门的学问，以至从唐初开始就有了"文选学"这一名称。

唐永泰元年（765），在贵池城西杏花村杜坞山中建造的昭明太子庙，俗称"西庙"。庙的正寝殿右边建有昭明文选阁，又名"昭明书院"，曾被列为"杏花村十二景"之一。而在贵池梅街镇峡川村，相传这里曾建有昭明太子庙。唐朝罗隐有诗云："秋浦昭明庙，乾坤一白眉。神通高学识，无下鬼神师。"

## 童蒙经典《千字文》

童蒙文化作为中华传统文化的重要组成部分，流传千年而魅力永存。其中，《千字文》与《三字经》《百家姓》共同构成了中国人最基础的"三、百、千"启蒙读物，并称中国传统蒙学三大读物。而《千字文》的作者就是生于江南姑孰（今安徽当涂）的周兴嗣。

南北朝时期，梁武帝萧衍文才过人，特别是在经学、史学、佛学、乐府诗等方面造诣颇深。为了让自己的子嗣学习书法，他命人从王羲之的手迹中拓下1000个汉字，供教学参考。但这1000个汉字各自独立，没有关联性，十分难记。梁武帝于是征召员外散骑侍郎周兴嗣，命其将这1000个字编撰成一篇上口易记的文章。领旨后，周兴嗣在家中冥思苦想了一夜，终于找准路径，反复推敲、精雕细刻成一篇文采斐然的《次韵王羲之书千字》，即大家通常所说的韵文《千字文》。梁武帝大加赞赏，提拔周兴嗣为佐撰国史。周兴嗣因一夜成书，用脑过度，次日鬓发皆白，人称"兴嗣白发"。史书记载："上以王羲之书千字，使兴嗣韵为文。奏之，称善，加赐金帛。"

周兴嗣（469—537），字思纂，世居江南姑孰（今安徽当涂），南朝大臣，史学家。《梁书》记载，周兴嗣"年十三，游学京师，积十余载，遂博通记传，善属文"。"高祖革命，兴嗣奏《休平赋》，其文甚美，高祖嘉之。拜安成王国侍郎，直华林省。"梁武帝经常令他作文，著有《铜表铭》《栅塘碣》《北伐檄》《皇帝实录》《皇德记》《起居注》《职仪》等。每成一篇，梁武帝都大加赞赏。周兴嗣先后任新安郡丞、员外散骑侍郎、给事中等职。

《千字文》全文共 250 句。每四字一句，四句一组，两组一韵，前后贯通，无一字重复。与《三字经》《百家姓》相比，句句押韵，文笔优美，辞藻华丽。其内容更让人称奇，从"天地玄黄，宇宙洪荒"的开天辟地开始，溯源华夏文明，描绘九州盛况；从人类的生产生活，到个人的修身养性；从社会伦理，到举止礼仪，涵盖天文、地理、自然、社会、历史、农工、伦理、纲常等多方面的知识，无所不包，几乎是一本小型的百科全书。条理清晰，文采斐然，并且语句平白如话，易诵易记，便于传播。明代古文大家王世贞称此书为"绝妙文章"。

《千字文》在中国古代的童蒙读物中，是一篇承上启下的作品。童蒙读本，在中国早已有之。如秦《苍颉篇》，汉《凡将篇》《劝学篇》《急就章》，三国《埤苍》《始学篇》等，但大多流传不广。隋唐以来，诵读周兴嗣《千字文》成为幼儿识字入门的普遍行为。

《千字文》这种以千字来行文的形式，也被后人广泛地采用，被称为"异系千字文"。后世出现多篇以《千字文》为名的作品，如唐《梵语千字文》、宋《叙古千字文》、元《性理千字文》、明《千字大人颂》、清《恭庆皇上七旬万寿千字文》等。这些所谓的"千字文"内容各异，但都以"千字文"为名。

《千字文》在中国书法史上也有极高地位。智永和尚、怀素、宋徽宗、赵孟頫、文徵明等历代书法名家以此为题材进行创作，客观上也促进了《千字文》的传播。王羲之的七世孙智永和尚曾用30年的时间，摹写800本《千字文》分赠各寺庙，大大提高了《千字文》的知名度。

除此之外，中国还存在着一种"千字文编号法"，即以周兴嗣《千字文》里的字顺，作为官府档案、书籍典藏的编号、分类的方法。宋代真宗时，曾编《道藏》，每一函即按《千字文》的顺序编号，起于"天地玄黄"的"天"字，终于"宫殿盘郁"的"宫"字。

作为中国经典童蒙读物，《千字文》流传了千余年，不仅在华人中影响至广，还被译成英、法、意、拉丁等各种文字在全世界流传，成为多国汉语教学的经典教材，可以说是中国乃至世界教育史上流传最久、影响最大的蒙学教材之一。

## 讽刺小说《儒林外史》

清"康乾盛世"时期，中国文学史上先后出现了两座文学高峰，吴敬梓的《儒林外史》和曹雪芹的《红楼梦》。南吴北曹，相映生辉。

吴敬梓（1701—1754），字敏轩，号粒民，晚号文木老人，安徽全椒人，又因移家南京秦淮河畔，故又称"秦淮寓客"。吴敬梓出身仕宦名门，"五十年中，家门鼎盛"。他幼即颖异，善记诵，尤精《文选》，赋"援笔立成"，表现了特别的文学天赋。后随做官的父亲履历各地，有机会广泛了解社会特别是官场内幕和文人百态。22岁时父亲去世，家族内部因为财产和权力而出现激烈争斗，使他对虚伪的人际关系感到厌恶。再加上家族从他父亲起开始衰落，吴敬梓本人又性格豪迈，不善理财，遇贫即施，家产很快挥霍俱尽，"时或至于绝粮"。

吴敬梓 18 岁考取秀才，29 岁参加科试，因行为狂放被黜落。雍正十三年（1735），江苏巡抚赵国霖推荐他参加"博学鸿词科"科考，但他托病不去。暮年客居扬州，尤"落拓纵酒"，直到去世。

吴敬梓的作品除了著名的《儒林外史》，现存还有四卷本的《文木山房集》。1986 年，吴敬梓家乡全椒县为他建立了"吴敬梓纪念馆"，在他的移居地南京秦淮河畔桃叶渡也建有"吴敬梓故居"。

《儒林外史》是我国文学史上一部杰出的现实主义长篇讽刺小说，吴敬梓大约用了近 20 年的时间，直到 49 岁才完成这部小说。小说共 55 回，现通行的 56 回本，最末一回为后人伪作。在《儒林外史》卷首有一篇署名"闲斋老人"写于乾隆元年（1736）的序，称其书"以功名富贵为一篇之骨：有心艳功名富贵而媚人下人者；有依仗功名富贵而骄人傲人者；有假托无意功名富贵自以为高，被人看破耻笑者；终乃以辞却功名富贵，品地最上一层为中流砥柱"。据考，此序出自吴敬梓本人手笔，颇能概括全书主旨。

《儒林外史》"虽云长篇，颇同短制"，在结构上，全书没有贯穿始终的主要人物和中心事件，而是由许多个生动的、多取自现实生活的故事连缀而成，"事与其俱来，事与其俱迄"。尽管这样的结构形式不免有些松散，

吴敬梓纪念馆

但有一个中心思想贯穿其间，那就是反对科举制度和封建礼教，讽刺因热衷功名富贵而造成的极端虚伪、恶劣的社会风气，可谓形散而神不散。

作品一开始就通过周进、范进中举前后的悲喜剧，揭示了科举制度如何腐蚀文人的心灵，以及士子们热衷科举的原因；进而描绘了一

群考取了功名的读书人，出仕则为贪官污吏，居乡则为土豪劣绅，间接反映了社会现实。在讽刺举业的同时，作品还用大量篇幅刻画了科举蹭蹬、以名士自居、生活无聊的读书人。取材于现实，却适当夸张，语言洗练而富于形象性。小说先后描写了300多个人物，主要人物有五六十人，其中如范进、周进、马二先生、严监生、严贡生、胡屠户、杜少卿等都成为中国文学画廊中鲜明的形象。

不仅如此，吴敬梓在对文人士林失望后，转而把目光和希望转向社会底层，描绘了一群远离科举名利场、不受功名富贵污染的市井平民中的"奇人"。如写一手好字的季遐年、卖火纸筒子的王太、开茶馆的盖宽、裁缝荆元等"四大奇人"。在吴敬梓看来，他们是知识分子高雅生活"琴棋书画"的化身，是文人化的草根，却凝聚着吴敬梓对完美人格的理想和追求。其中，最大的艺术成就是绝妙的讽刺艺术，鲁迅先生称"秉持公心，指摘时弊。机锋所在，尤在士林。其文又戚而能谐，婉而多讽"，甚至认为在它之前，没有"足称讽刺之书"。

作为我国古代讽刺文学的典范，《儒林外史》被译成多种文字，成为一部世界性的文学名著。有的外国学者认为：这是一部最不引经据典、最富诗意的散文叙述体典范，可与意大利薄伽丘、西班牙塞万提斯、法国巴尔扎克等人的作品媲美。

# 第二节　名家流派

## 曹氏父子与"建安文学"

魏晋南北朝时期，是中国文学史上最有建树的时期之一，更是安徽文学最辉煌的时期之一，因为皖籍作家对推动这一时期的文学发展起到了重要作用。这其中最有代表性的，就是曹操、曹丕、曹植父子自己的文学创作，以及推动和领导的"建安文学"。

建安时期是指公元 189 年至 264 年这 75 年时间。是时，中原诸侯混战，民不聊生，北方曹氏集团力图统一大业。以曹氏父子为代表的建安诗人，身处社会动乱之中，目睹或遭遇着动乱岁月给自己和民生带来的巨大苦难，继承着汉乐府"感于哀乐，缘事而发"的现实主义传统，第一次掀起了文人诗歌的高潮。一方面反映社会动乱和民生疾苦，一方面表达结束动乱、建功立业、统一天下的理想壮志，因而呈现一种慷慨悲凉的独特时代特色，形成了"建安风骨"这一优良传统。

被鲁迅誉为"改造文章祖师"的曹操（155—220），字孟德，沛国谯（今亳州市）人，不仅是一位卓越的军事家、雄才大略的政治家，还是一位优秀的文学家。他"外定武功，内兴文学"，一方面凭借政治上的领导地位，广泛搜罗文士，造成了"彬彬之盛"的建安文学局面；一方面用自己富有创造性的作品开创了文学上的新风。

曹操的诗全部是乐府歌辞，他的诗作率性而为，不守成法，大胆放言，常用乐府旧题表现新的内容，改变了乐府原题的性质。如脍炙人口的《薤露行》《蒿里行》《观沧海》《短歌行》《步出夏门行》等，既反映了汉末动乱的现实，也表现了他统一宇内的雄心和进取精神，风格"如幽燕老将，气韵沉雄"。而语言质朴，形象鲜明，被评价为"汉末实录，真诗史也"（明钟惺语）。

此外，曹操的散文和诗歌一样富有创造性，《让县自明本志令》用简朴的文笔把他一生的心事披肝沥胆地倾吐出来，形成了"清峻""通脱"的新风貌。

曹操次子曹丕（187—226）对"建安文学"的影响主要体现在三个方面：一是代汉自立后下诏复兴经学，规定选士要"儒通经术，吏达文法"，并立太学，组织文士编辑大型类书《皇览》，开中国编纂大型类书先河。二是著有散文作品集《典论》，提出"文以气为主"的全新文学理论。《典论·论文》是我国文学批评史上第一篇比较完整又自成体系的文章学专论，也是古代文学理论批评自觉时代的开始。第三，曹丕在任五官中郎将留守邺城时，团结了一批当时著名的文人，其中孔融、陈琳、王粲、徐干、阮瑀、应玚、刘桢被称为"建安七子"，也是建安文学的中坚作家。

"三曹"之中，在文学上最负盛名的是曹植（192—232），字子建，为曹操第三子。谢灵运称"天下文章共一石，曹子建独得八斗"，钟嵘在《诗品》中也说他是"建安之杰"，其作品"骨气奇高，词采华茂"。

曹植的一生，以曹丕称帝为界，分为两个时期，前期作品以《白马篇》《与杨祖德书》为代表，大都描写在邺城的安逸生活和建功立业的政治抱负；后期，由于政治失意，作品中常常通过比兴寄托内心的不平和要求自由解脱的思想，如《赠白马王彪》《杂诗》。

曹植勤于著述，诗、赋、各体散文不论数量还是质量，都是当时之冠。艰难的人生遭际决定了曹植必须借助创作实现个人心灵的对话；对于文学社会价值的认可，决定了他对创作艺术性的自觉追求，这两个方面构成了后代文人文学活动的基本内涵，换言之，曹植的文学活动代表着当时文人创作的一个高峰。他的辞赋更是华美流畅，最著名的当属《洛神赋》。

正是在曹氏父子的领导下，"建安"不仅代表一个时期，更代表一种文学风骨，由此推进了中国文学的发展，完成了诗歌创作的文人化，开创了文学发展的新时代。

## "竹林七贤"之嵇康、刘伶

以阮籍、嵇康等为代表的"竹林七贤"，是魏晋之际最为活跃的文士群体。他们追求自由、张扬个性、精于玄理、蔑视名教，并以独特的方式来实现各自不同的人生追求。他们是魏晋玄学的倡导者、魏晋风度的实践者。他们的思想理念、价值追求、处世态度和行为方式，对魏晋以来的传统文化尤其是对中国古代士人产生了深刻而复杂的影响。

饮酒，纵歌，不拘礼法，我行我素，放浪不羁。嵇康、阮籍、山涛、向秀、刘伶、王戎及阮咸，他们活跃于三国魏正始年间（240—249），因常在当时的山阳县竹林之下聚集，抚琴赋诗，谈玄论道，世谓"七贤"，后与地名"竹林"合称，是为"竹林七贤"。

"竹林七贤"的诞生与当时的历史背景有着紧密的联系。曹叡驾崩后的正始年间，朝廷危机重重，司马氏集团和曹氏集团的皇位之争已暗流汹涌。这一场迟早都会到来的血雨腥风仿若乌云压阵，七位名士行迹虽我行我素，精神上却觉醒而一致，他们以各自独有的方式表达着对政治黑暗的强烈不满，对清新自由的社会与人生的渴望与追求。

由于当时的血腥统治，他们在诗文中不能直抒胸臆，只能采用比兴、象征、神话等艺术手法，隐晦曲折地书写自己的思想感情。"竹林七贤"继承了建安文学的精神，但政治思想和生活态度却不同于建安七子，"弃经典而尚老庄，蔑礼法而崇放达"。

"竹林七贤"在乱世中表现了魏晋名士的真风采，影响了后世的文学、哲学与封建士人的行为准则。

"竹林七贤"中的嵇康与刘伶，原籍皆为皖北。

嵇康（224—263），字叔夜，三国魏著名文学家、思想家、音乐家。谯国铚县（今安徽宿州市西南）人。嵇康是魏宗室的女婿，任过中散大夫，世称"嵇中散"。

他崇尚老庄，讲求养生服食之道，著有《养生论》。与阮籍齐名，为"竹林七贤"的杰出代表人物。他的朋友山涛（巨源），后来投靠司马氏，当了吏部尚书，曾劝他出去做官，他遂写了一封《与山巨源绝交书》，加以拒绝。因"非汤武而薄周孔"，且不满当时掌握政权的司马集团，遭钟会诬陷，为司马昭所杀。

嵇康在政治思想上"托好老庄"，排斥"六经"，强调名教与自然的对立，主张决破礼法束缚。他的哲学思想基础是唯物主义自然观，坚持朴素的唯物主义的认识论。他认为"元气陶铄，众生禀焉"（《明胆论》），肯定万物都是禀受元气而产生的。提出"越名教而任自然"之说。嵇康自幼聪明好学，才思敏捷，其文"思想新颖，往往与古时旧说反对"（鲁迅《魏晋风度及文章与药及酒之关系》）。《与山巨源绝交书》《难自然好学论》等为其代表作。诗长于四言，风度清峻，《幽愤诗》《赠秀才入军》较有名。所撰《声无哀乐论》，认为同一音乐可以引起不同的感情，断言音乐本身无哀乐可言，而其目的则在于否定当时统治者推行的礼乐教化思想。善鼓琴，以弹《广陵散》著名，并曾作《琴赋》，对琴的奏法和表现力作了细致而生动的描述。鲁迅曾多次集校过其作品集。

刘伶（约221—300），字伯伦，沛国（今安徽宿县）人。曹魏末年，曾为建威参军。晋武帝泰始初年，召问对策，强调无为而治，遂被黜免。他反对司马氏的黑暗统治和虚伪礼教。为避免政治迫害，遂嗜酒佯狂，任性放浪。一次有客来访，他不穿衣服。客责问他，他说："我以天地为宅舍，以屋室为衣裤，你们为何入我裤中？"他这种放荡不羁的行为表现出对名教礼法的否定。唯著《酒德颂》一篇。

## 现实主义诗人李绅、张籍、杜荀鹤

　　诗歌到了中唐、晚唐时期，有了更多的烟火气息，现实主义佳作层出不穷。安徽籍诗人李绅、张籍、杜荀鹤是这一时期的代表性作家。李绅和张籍是"新乐府运动"的中坚人物，杜荀鹤是杜甫、白居易现实主义创作的继承者。

　　李绅（772—846），字公垂，祖籍安徽亳州，生于浙江湖州。六岁丧父，随母迁居无锡。李绅27岁时中进士，补国子助教，后历任中书舍人、户部侍郎、浙东观察使、淮南节度使等职。李绅是唐代第一个有意识、有组织地写作新题乐府的倡导者，与元稹、白居易交游甚密，对后来的"新乐府运动"起到了启发与推动的作用。元稹在《和李校书新题乐府十二首》里说："予友李公垂，贶予乐府新题二十首，雅有所谓，不虚为文。予取其病时之尤急者，列而和之，盖十二而已。"可见李绅的诗作多为针砭时弊、讽喻现实之作，但可惜这些诗已佚，但此种风格可在其传世之作《悯农》（又称《古风二首》）中窥见一斑。

　　春种一粒粟，秋收万颗子。四海无闲田，农夫犹饿死。

　　锄禾日当午，汗滴禾下土。谁知盘中餐，粒粒皆辛苦？

　　李绅一度介入"牛李党争"，仕途多舛，在"宦游"途中，均有诗记之，后收入诗集《追昔游集》，多为纪事、写景、吊古伤今之作，寓情于景，叹逝感时。李绅的诗歌以五言排律和歌行体为最佳，其长篇歌行《悲善才》，与后来白居易的《琵琶行》有异曲同工之妙。唐会昌六年（846），李绅逝于扬州。追赠太尉，谥号"文肃"。《全唐诗》存其诗四卷。

张籍（约767—约830）字文昌，祖籍江苏苏州，少时随父辈迁居和州乌江（今和县乌江镇）。唐贞元十五年（799），经韩愈举荐，张籍登进士第，声名大振。后历任太常寺太祝、水部员外郎、主客郎中、国子司业等职，世称"张水部"或"张司业"，今《全唐诗》存其诗400多首。张籍诗歌最突出的成就是新题乐府的创作，与王建齐名，并称"张王乐府"。他的乐府诗作继承并发扬了《诗经》和汉乐府"哀时托兴"的现实主义风格，成为杜甫与新乐府运动间的过渡人物。张籍身处安史之乱后的中唐乱世，目睹战乱带来的国土沦丧、家室分离之祸，因而所写战争题材的诗作较多，如《塞下曲》《征妇怨》，表达出期盼和平安宁的心声。同时，他还写有大量鞭挞当权者横征暴敛、欺压百姓的作品，如《野老歌》，对官府不管百姓死活、荒淫无耻进行了无情的揭露与指斥。张籍的诗歌创作格调清新，平淡中有余味，浅显中有深意，其所经常使用的对比、重笔等手法，后来被元稹、白居易等吸纳，成为新乐府诗的一种常用手法。张籍之诗，不仅内容充实生动，富有现实意义，而且语言质朴凝练，不事雕琢，被王安石誉为"看似寻常最奇崛，成如容易却艰辛"。

杜荀鹤（846—907，卒年一说904），字彦之，池州石埭（今安徽石台县）人。他出身寒微，屡应进士落第，后隐居九华山下十余年，自号"九华山人"。唐昭宗大顺二年（891），杜荀鹤再度出山，登进士第，但未授官，返乡闲居，后受到朱温赏识，表授翰林学士，未久病卒，有《唐风集》传世。杜荀鹤是晚唐后期的重要诗人，是继杜甫、张籍、白居易之后的现实主义诗歌的代表性作家。他主张"诗旨未能忘救物"，强调诗歌的教化功能，注重记录现实社会的动荡与黑暗，诗作闪耀着现实主义批判的光芒，如《旅泊遇郡中叛乱示同志》《乱后逢村叟》，对晚唐官府的腐败、百姓的苦难均有深刻的描绘与记录。杜荀鹤现存诗作300余首，全属近体（绝句和律诗），尤工七律，以律诗写世事，"既继承贾岛的寒瘦苦吟精神，又继承张籍的反映社会现实旨趣"，风格质朴明畅，语言通俗凝练，表意深刻尖锐，为唐代律诗开辟了新途径，自成一派，被宋代评论家严羽称为"杜荀鹤体"。

中晚唐时期的安徽籍诗人，诗作数量虽并不多，但却在主题立意站位、艺术表现手法、内容题材选择等方面做出了大胆的尝试与突破，尤其是表达了对现实社会的关注和对普通百姓的关怀。

## 诗坛盟主梅尧臣

发源于敬亭山独秀峰的梅溪，九曲环绕，东流至柏山，婉转而深沉。柏山原名双羊山，古柏蔽日，仿佛接续了敬亭山灵气，自从梅远及子孙移居柏山后，这里人文蔚起。

晚唐诗人梅远从老家吴兴（今湖州），来到宛陵（今宣城），做了节度使王懋章的幕僚。来宣城后的梅远或为此地山光水色所激发，写了许多诗文，其诗风素淡清雅，不事雕琢，对其后人影响极大。梅家以诗书传家，梅远的儿子梅超、孙子梅邈，梅邈的儿子梅让、梅询都能诗能文。梅让、梅询各有五子，其中七人入仕。梅让的儿子梅尧臣，史称"以诗名家"，在承继家学基础上，成为诗坛维新领袖，被誉为"宋诗开山之祖"。

梅尧臣（1002—1060），字圣俞，汉代宣城名为宛陵，故人称梅尧臣为"梅宛陵""宛陵先生"。梅尧臣父亲梅让耕读于乡，叔父梅询进士及第，官至翰林学士，很有诗才。梅尧臣一生做的都是小官，但在诗坛上却享有盛名。30岁那年，梅尧臣在河南洛阳主簿任内，与欧阳修、尹洙发动了一次声势浩大的诗文革新运动，对宋诗产生了巨大影响。而欧阳修、王安石、司马光、苏轼等，都受到梅尧臣诗风的熏陶，对他怀有深深的崇敬之情。欧阳修推其为诗坛盟主，始终称梅尧臣为"诗老"。南宋诗人陆游甚至认为梅尧臣是李杜之后的第一位作家。

梅尧臣乐于奖掖后进,王安石、苏轼等都曾受到他的提携。有一年,选拔进士,梅尧臣被举荐为考官,在评阅举子苏轼《刑赏忠厚之至论》文章时,读到"赏疑从与,罚疑从去"句子,大为赞叹,便向主考官欧阳修建议列为第一。不过,欧阳修发现文中有几句存在无典杜撰的可能,打算舍弃,梅尧臣却再三坚持,欧阳修只好将苏轼列为第二。

梅尧臣早年诗歌受"西昆派"影响,后来由于他关心现实,诗风逐渐变化,并提出了同西昆派针锋相对的诗歌理论,认为诗歌应因事因物而作,强调《诗经》《离骚》的传统,反对浮艳空泛的诗风,致力于创作反映社会矛盾和民生疾苦的诗文。其诗风格平淡朴素,意境含蓄深刻,领宋诗风气之先。

"风雪双羊路,梅花溪上村。鸟呼知木暖,云湿觉山昏。妇子来陂下,囊壶置树根。予非陶靖节,老去爱田园。"一个早春,漫步的梅尧臣,轻轻吟诵。柏山的景致,让他开怀之际总是诗情勃发。梅尧臣当年居住的梅氏草堂,坐西向东,梅溪环绕,前对响山、宛溪,后依柏山,占尽风水。53岁时,梅尧臣在这里兴建了一座会庆堂,供奉父亲梅让、叔父梅询的画像。会庆堂又名柏山祠,是宣城梅氏总宗祠。

公元1060年,受命编修《唐书》的梅尧臣,书成,尚未来得及上奏,即感染时疫,病逝在开封汴阳坊,其子梅增从开封运回父亲的灵柩,葬于柏山,时称"都官墓"。墓志铭为欧阳修所拟。梅尧臣的友人、会庆堂守祠僧人澄展,因为感念世受梅氏恩德,于柏山广植翠柏,日久天长,柏山柏树参天,郁郁苍苍。会庆堂旁还建有护祠寺,成为历代梅氏后裔和游人朝拜的地方。

自梅尧臣孙辈开始,宣城梅氏一支迁居到城东南70余里的柏枧山。明代中后期至清代前中期,这一支,即文峰梅氏,涌现了一大批杰出人才,如明代戏剧家、文学家梅鼎祚,编纂《康熙字典》蓝本《字汇》的明代文字学家梅膺祚,被誉为近代世界三大数学家之一的清代著名数学家、天文学家梅文鼎,画坛巨匠、诗人梅清,"诗书画三绝"

的梅朗中，数学家梅毂成、梅冲，画家兼诗人梅庚、梅磊、梅蔚等。此外，桐城文派后期重要作家、姚鼐四大弟子之一的梅曾亮，虽是江苏上元人，但其曾太祖就是梅文鼎。从柏山到柏枧山，梅氏族人走了70余里路，却繁衍了光芒四射的一批名家。

## 豪放派词人张孝祥

"国家不幸诗家幸，话到沧桑句便工。"南宋之后，赵家王朝苟安江南一隅，文坛词风随之一变，"从原来只是浅斟低唱、剪红刻翠的狭小范围，走向抒写国家沧桑巨变这一社会重大现实"。张孝祥便是这一时期承前启后的代表性词人之一。

张孝祥（1132—1169），字安国，号于湖居士，历阳乌江（今安徽和县）人，中唐诗人张籍之后裔。他生于赵家政权南渡之后，虽未经历"靖康之变"的奇耻大辱，但却跟随着父辈辗转迁徙，于南宋高宗绍兴十三年（1143）前后阖家迁居安徽芜湖。在此过程中，他深切感受到祖国分裂的痛苦，自幼便在内心萌发了抗金复国、重整河山的爱国情怀。绍兴二十四年（1154），张孝祥参加廷试，高宗亲擢为进士第一，授承事郎、签书镇东军节度判官、中书舍人、显谟阁直学士、建康（今南京）留守等职务。

张孝祥开始走向历史前台的年代，大体是宋高宗绍兴末年至宋孝宗隆兴、乾道年间，而这正是宋金矛盾斗争尖锐化的时期。在主和、主战两派之间,张孝祥是坚定的主战派,力主抗金,"扫开河、洛之氛祲，荡洗、泗之膻腥者，未尝一日而忘胸中"。当权者只贪图一时的安乐，患得患失，虽有几次北伐的尝试，但最终仍妥协退让，并为此不惜牺牲忠臣良将的性命或声誉。在15年的从政生涯中，张孝祥屡遭攻讦，两入中枢，六更州郡，报国无门，徒有伤悲，最终在郁郁不得志的情绪中不幸早逝，年仅38岁。

张孝祥诗、词、文兼擅，尤工于词，著有《于湖居士文集》四十卷，并有词集单行本《于湖居士长短句》五卷、《拾遗》一卷。其中，诗有 400 余首，文有 300 余篇，词有 220 余首。整体来说，张孝祥文不及诗，诗不及词。其词作"继承苏轼开创的词风，既有超旷飘逸之作，又有雄豪悲壮之声"，是南宋词坛的"豪放派"名家。

　　张孝祥的词作题材涵盖面广，像传统文人所偏好的登临、怀古、田园、酬答等，均有涉猎，但主基调却是力主抗金、匡复中原的爱国豪情，以及壮志难酬、怀才不遇的孤忠与悲愤。代表作有《水调歌头·闻采石战胜》《六州歌头》《浣溪沙·荆州约马奉先登城楼观塞》《念奴娇·过洞庭》等，皆是千古传诵的爱国名篇。

　　绍兴三十一年（1161）九月，金主完颜亮大举南侵，越淮河，陷合肥、和州，并企图从采石渡江，情势万分危急。当此关头，中书舍人虞允文到采石犒军，整顿散兵，拼力一击，大败金军。时张孝祥正因汪澈弹劾罢职闲居在家，闻此大捷，喜出望外，遂写下豪情激荡、纵横千古的词作《水调歌头·闻采石战胜》，以"剪烛看吴钩"，"忆当年，周与谢，富春秋"等句讴歌抗金将领击退悍敌的伟业，以"我欲乘风去，击楫誓中流"等句抒发内心请缨临战的激情。全词笔墨酣畅，雄浑奔放，有东坡"大江东去"之余韵。但在当时局势下，这样豪情恣肆、快意人生的时刻毕竟不多。宋孝宗隆兴元年（1163），新帝即位，起用张浚、胡铨、虞允文等主战派，主战北伐，并一度收复宿州，但不久符离兵败，主和派再占上风。大失所望之下，张孝祥一腔悲愤，奔涌而出，写下《六州歌头》，上阕感慨"长淮望断，关塞莽然平"，追想当年中原失陷给民众带来"弦歌地，亦膻腥"的灾难；下阕长叹"念腰间箭，匣中剑，空埃蠹，竟何成"，暗含对于统治者主和退让的愤慨与指斥。全词多用断句和三字句，音节铿锵，悲壮激昂，极富艺术感染力。

　　张孝祥的词在宋词史上具有重要地位。作为南宋初期的爱国词人，他以激情澎湃、坦荡真挚的情怀，将家国命运、宦海浮沉等题材写入词作，形成"骏达踔厉"的词风，前承苏轼，后启辛弃疾，为豪放词的发展做出了卓越的贡献。

## 文名天下"桐城派"

清乾隆四十二年（1777），身在扬州的姚鼐为其老师刘大櫆写了一篇寿序，在这篇著名的《刘海峰先生八十寿序》中，他转引歙县程晋芳和山东周永年二人的一句话："天下文章，其出于桐城乎！"正式打出了"桐城派"的旗号。

"桐城派"，即桐城文派，是清代文坛最大散文流派，因其主要代表人物方苞、刘大櫆、姚鼐，当时都属于桐城人，故而以桐城冠名。明清时期桐城以文化名邦著称，中进士举人近千人，一时"文章甲天下，冠盖满京华"。"桐城派"作家之多、播布地域之广、绵延时间之久，在中国文学史上十分罕见。

尽管方苞、刘大櫆、姚鼐被尊为"桐城派三祖"，而"桐城派"实则可上溯到明末清初，其时的方以智、钱澄之、戴名世等在古文理论和创作实践上，已初步体现出"桐城派"的某些特征，他们可以说是桐城文派前驱。方以智的《文章薪火》为桐城文派理论奠定了基石；钱澄之学识渊博，文笔雄健，质朴清新，一生著作丰富，对后来的"桐城派"影响很大；戴名世也可以说是"桐城派"的奠基人，后因《南山集偶钞》获罪被杀。

方苞，"桐城派"三祖之一，他的父亲方仲舒就是当时的大学者。方苞才气横溢，曾被誉为"江

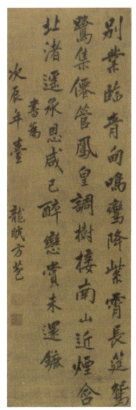

方苞手迹

东第一"，他的散文严谨雅洁，不事雕琢。其《左忠毅公逸事》《狱中杂记》《田间先生墓表》等都是名篇。方苞继承归有光"唐宋派"古文传统，提出"义法"主张。"义"指中心，即基本观点；"法"指表达中心或基本观点的形式技巧，包括结构、条理、修辞等。"义"与"法"相辅相成，即内容与形式须统一。"义法"论的创立，为桐城文派发展奠定了基础。其弟子刘大櫆为"桐城派"承前启后的中坚人物。

刘大櫆出身于耕读世家，祖、父都是秀才，他继承了归有光的精髓，补充发展了方苞"义法"论，提出"神气""音节""字句"理论，总结了我国诗歌韵律学说中的理论，将小说、戏曲描写手法用于散文写作。

刘大櫆弟子中以姚鼐为杰出代表。姚鼐又称惜抱先生，其高祖姚文然、曾祖姚士基等都是朝廷命官。他跟随伯父姚范学经学，又随刘大櫆学古文，一生著述极丰，曾任《四库全书》馆纂修官。他发展了方苞的"义法"论，提出了"义理、考据、辞章"三者合一的主张，使桐城派文论具有更完整的体系和周密的理论性。他用阴阳刚柔这一哲学概念解释文章风格来源和散文风格特点，此乃一大创举。代表作有《登泰山记》，选辑有《古文辞类纂》。

姚鼐之后，"桐城派"有"姚门四杰"梅曾亮、管同、方东树、姚莹，曾国藩及"曾门四弟子"张裕钊、吴汝纶、薛福成、黎庶昌，以及林纾、姚永朴、姚永概等卓立文坛。新文化运动兴起后，白话文诞生，"桐城派"就此终结。

"桐城派"杰出代表基本为教书先生出身，他们"人讲人品，文讲文法"，崇尚气节，束身检行，为人师表。方苞二十几岁就开始执掌教鞭，出狱后仍然不离讲台。刘大櫆、姚鼐也都是以教书为业。清末的吴汝纶、马其昶、姚永朴、姚永概，以及近世的张裕钊、林纾等人，终生诲人不倦。姚鼐在40年的教书生涯中，逐渐厘清了"义理、考据、辞章"三结合的思路，以求"文质并举，理文兼至"，最重要的是，他在书院中实践了他对儒家传统的理解。

煊赫腾焰的"桐城派"已属于历史，但"桐城派"对中国文学的贡献却无法磨灭，"桐城派"作家留下的人生情怀、诗文佳作也值得后人学习品味。

## 寄情安徽的文化名人

安徽的山山水水，吸引着众多文人墨客。他们或泛舟而下，或从崎岖山路进入安徽境内漫游放歌，灵山秀水因为他们的诗文歌赋而更加光彩夺目。李白的《望天门山》、杜牧的《清明》、刘禹锡的《陋室铭》、欧阳修的《醉翁亭记》、王安石的《游褒禅山记》、李清照的《夏日绝句》，等等，都令人耳熟能详，滋润着一代又一代人的文化心灵。

公元725年，李白仗剑远游，来到马鞍山当涂，苍茫壮丽的长江之水，激荡着诗人心胸，著名的七绝《望天门山》就此诞生，诗人脱口而出：

天门中断楚江开，碧水东流至此回。

两岸青山相对出，孤帆一片日边来。

据考证：从李白25岁时第一次来马鞍山，到62岁终老于此，37年间先后7次来到马鞍山，留下50多首诗、20多处遗迹。而且，李白最后的诗篇《临终歌》就是在马鞍山写的。在晚年，李白对安徽沿江、皖南这一带情有独钟。他也曾7次到宣城。公元761年，已届花甲的李白独坐敬亭山，留下"相看两不厌，唯有敬亭山"的千古绝句。李白曾"五到秋浦"，留下45首诗篇和众多传说，其中《秋浦歌十七首》，已化为秋浦仙境之魂。唐天宝十四年（755），李白从秋浦来到泾县，游览桃花潭后，写下的又是千古名句：

李白乘舟将欲行，忽闻岸上踏歌声。

桃花潭水深千尺，不及汪伦送我情。

从地域范围上看，一生喜欢游山历水的李白，曾到过唐时皖北的亳州，皖中的和州、庐州，皖西的舒州，皖南的宣州和歙州等地，几乎遍及安徽全境。李白一生中写有大量诗歌，流传至今的只有900多首，其中在安徽写的就有200多首。

被誉为"江南诗山"的宣城敬亭山，山岚暮霭，秀中有慧，谢朓、李白来访后，白居易、杜牧、韩愈、刘禹锡、汤显祖等也都慕名来访，吟诗作文。

白居易11岁时随父亲、族兄定居在符离（今安徽宿州）城东的毓村，此后22年基本在东林草堂度过。其成名作是他16岁时在符离的神来之笔《赋得古原草送别》："离离原上草，一岁一枯荣。野火烧不尽，春风吹又生。远芳侵古道，晴翠接荒城。又送王孙去，萋萋满别情。"白居易在符离生活时，还与当地青年才俊结下厚谊，时称"符离五子"。

公元824年，刘禹锡从长江上游的夔州顺江而下，来到和州任刺史，尽管贬谪转任多地，但他文思不减，佳作迭出，在和县写就的《陋室铭》，影响尤为深远。"山不在高，有仙则名，水不在深，有龙则灵。"简洁明了的句子，力透时空人心。

宿松小孤山，为长江中的绝妙胜地。宋代苏轼，明代刘基、解缙等均来此游览，留下了许多脍炙人口的诗文和石刻。苏轼吟咏道："舟中贾客莫轻狂，小姑前年嫁彭郎"。苏诗中所言的"小姑"，即小孤的谐音。

东晋时，往首都建康（今南京）赴任的陶渊明，途经钱溪（今池州梅龙镇）小憩，即有感而发：

> 我不践斯境，岁月好已积。
>
> 晨夕看山川，事事悉如昔。
>
> 园田日梦想，安得久离析。
>
> 终念在归舟，谅哉宜霜柏。

杜牧在池州任刺史期间，留下几十篇脍炙人口的诗文，其中最有名的是中国人再熟悉不过的《清明》：

> 清明时节雨纷纷，路上行人欲断魂。
>
> 借问酒家何处有，牧童遥指杏花村。

齐山北接太平湖，南连九华圣地。北宋嘉祐年间，改革家王安石与好友一同到访齐山，并写有《和王微之秋浦望齐山感李太白杜牧之》一诗。当时与王安石同游的，不是别人，正是大史学家司马光。尽管两人政见不同，但惺惺相惜。小小齐山或有幸，竟得两位大贤垂青。另一位历史名人，为这座青山增添了英雄气息。南宋绍兴年间，爱国名将岳飞率师抗击金兵，解庐州之围，途经池州，扎营齐山翠微寨，戎装未解，登上翠微亭，铿锵而诵：

> 经年尘土满征衣，特特寻芳上翠微。
>
> 好水好山看不足，马蹄催趁月明归。

江南美景，诗酒风流。写过《岳阳楼记》的范仲淹，置身秀美池州，蘸满笔墨，写下了《尧庙》。范仲淹在池州青阳度过了童年时代，并在池州许多地方留下足迹。

诗书画俱通的文豪苏轼，也曾来到池州。他泛舟秋浦，横渡清溪，留下《清溪词》："大江南兮九华西，泛秋浦兮乱清溪……"写景怀古，豪情逸飞。

也许是人文地理的迥异和情境使然，南宋词人李清照与晚唐诗人杜牧在江南池州，写的诗都比较委婉清丽，而在题写江北和县霸王祠的诗句时，李清照的《夏日绝句》与杜牧当年所作的《题乌江亭》，有异曲同工之妙，都是字字千钧，令人荡气回肠。

眼望着城西门外的湖山胜景，心里却是愁绪多多，加之风吹帽落，理学家朱熹的思乡怀古情绪浓烈，其《九日登天湖》里描写的就是他在池州登高所见所感。

与朱熹同时代的诗人杨万里，首次到皖南，经宣城到青阳，乘舟而行时，眼望着九华，口占五律二首。宋孝宗淳熙年间的一个暮春，杨万里被调回江西漳州任职,路经宁国延福乡杜迁市(今港口镇),吃到鲜嫩酥脆的春笋,兴之所至写下《晨炊杜迁市煮笋》。杨万里在宁国留下的诗作多达几十首,保存下来的有20余首。通过他的诗歌,可一窥千年之前的宁国风貌。

写下《醉翁亭记》时,40岁的欧阳修正任滁州太守。任职期间,欧阳修还撰有《丰乐亭记》等100多篇有关琅琊胜景的诗文。在欧阳修之前,唐代诗人顾况、韦应物都有描绘琅琊山诗文,同时代的曾巩、王安石、王禹偁以及南宋的辛弃疾,明代的宋濂、文徵明、王守仁等文人墨客,也都作诗文以记其胜。

43岁那年,欧阳修调任淮河之畔的颍州(今阜阳境内),疏浚了颍州西湖,扩建了当地书院等。欧阳修前后8次来颍州,并终老于此,写下130多首吟咏颍州西湖的诗篇。不仅仅是欧阳修,北宋晏殊、苏轼、苏辙、梅尧臣,以及南宋的杨万里都曾驻足这里。从杭州来颍州任职的苏轼,感叹道:"大千起灭一尘里,未觉杭颍谁雌雄。"历史上的颍州西湖,与杭州西湖相媲美,可惜因为黄河屡次决口而逐渐改变了模样,乃至湮没无闻。

欧阳修还曾造访枞阳境内的浮山。浮山,名列安徽五大名山,唐宋时期的孟郊、白居易、范仲淹、王安石、欧阳修、苏轼、黄庭坚,明代的袁宏道、袁宗道等曾来此游览唱和。欧阳修到浮山时,浮山临济宗的开山祖师远禄和尚接待了他,并以下围棋作比方,阐明佛学哲理,使得欧阳修大为折服,"因棋说法"被传为佳话。

宋代文坛的三位巨匠都在安徽留下游记名篇,除了欧阳修的《醉翁亭记》,还有王安石的《游褒禅山记》,以及苏轼的《灵璧张氏园亭记》,后者被姚鼐收入《古文辞类纂》。

北宋至和元年(1054)四月,34岁的王安石从舒州(今安徽潜山县)辞任通判一职,回家途中,与他的两个胞弟和两位朋友同游含山、褒禅山。同年七月以追记的形式,写下脍炙人口的《游褒禅山记》,

以其亲身经历告诉世人：

世之奇伟、瑰怪、非常之观，常在于险远，而人之所罕至焉，故非有志者不能至也。

20 出头的南宋词人姜夔，是在一个冷风飕飕的时节来到合肥。彼时战争硝烟刚刚散去，巷陌依旧凄凉，唯有柳色可人。

空城晓角，吹入垂杨陌。马上单衣寒恻恻。看尽鹅黄嫩绿，都是江南旧相识。

正岑寂，明朝又寒食。强携酒，小桥宅。怕梨花落尽成秋色。燕燕飞来，问春何在，唯有池塘自碧。

这就是姜夔逆旅之中的佳作《淡黄柳》。客居合肥赤阑桥畔的他，与两位歌女互生怜惜之情。10 多年后，姜夔再次客居淝水之滨，当初的两位佳人已不知所踪。愁怨绵绵的姜夔，感叹"淝水东流无尽期，当年不合种相思"。

天柱山的"山谷流泉摩崖石刻"，是一处闻名于世的胜迹。300来米的河谷间，东侧崖壁和河床巨石上，镌有唐代至民国年间的各种石刻近 300 方。其中，唐代李翱、宋代王安石、黄庭坚等人的手迹题刻，尤为珍贵。

瑰丽山河中流淌着郁郁文气，传诵千古的诗文中氤氲着山水清气。这是安徽大地上充满魅力的人文景象。

# 第三节　现代文坛

### "通俗文学大师"张恨水

他有着"中国大仲马""民国第一写手"之称，一生创作 120 余部中长篇小说，加上散文、杂文和诗词等创作，总字数达 3000 余万言，现代作家群体中无出其右者；但另一方面，他又被视为"鸳鸯蝴蝶派"或"礼拜六派"的代表人物，长期遭遇评论界的冷落与贬损，其"半章回体"小说一度被评价为"在文学上的价值等于零"。

时间，永远是最公正的评判者。客观地说，作为一个生活在旧社会的作家，他有着自身的阶级局限性，许多作品未能完全洗脱"鸳鸯蝴蝶派"等旧小说的痕迹，但从他创作的主流来看，却能在思想性和艺术性上不断突破自我，从趣味主义到现实主义，实现了"章回体小说体制现代化的文学使命"。

他，就是中国现代通俗文学大师、现代言情章回体小说的集大成者——张恨水。

张恨水（1895—1967），原名张心远，谱名芳松，原籍安徽潜山，出生于江西景德镇。"恨水"这个笔名，取自李煜《乌夜啼》"自是人生长恨水长东"之句。除此之外，其笔名还有旧燕、哀梨、藏稗楼主、我亦潜山人、天柱峰旧客等。

由于父亲早逝，张恨水过早地承担起家庭的重担，经友人郝耕仁推介，他于 1918 年 2 月到安徽芜湖《皖江日报》任总编辑兼编文艺副刊。

这是他新闻生涯的开端，也是他言情小说写作开始受到报界关注的开端。1919 年，张恨水到北京谋职，先后担任北京《益世报》助理编辑、天津《益世报》驻京记者、芜湖《工商日报》驻京记者、北京《今报》编辑等职。1924 年，因著名报人成舍我的引荐，张恨水出任《世界晚报》新闻编辑，后又主编该报副刊《夜光》，萌生写长篇小说《春明外史》的打算，并一发而不可收。他"经常一天同时在报刊上连载六七篇小说"，有的小说刚出来就被改编成戏曲、电影，由此奠定了在现代通俗文学史上的地位。

以 1931 年抗战爆发为界，可将张恨水的小说创作分成两个阶段：前期以社会言情小说为主，以《春明外史》《金粉世家》《啼笑因缘》为代表性作品；后期以抗战讽刺小说为主，以《八十一梦》为代表性作品。

《春明外史》是张恨水的成名作。小说以记者杨杏园的恋爱经历为主线，对当时官场和上层社会的黑幕进行了深刻的揭露、嘲讽和谴责。嗣后不久，《金粉世家》开始连载于《世界日报》副刊，借用"六朝金粉"的典故，描写七少爷金燕西与出身书香家庭的美少女冷清秋的爱情悲剧，进而展现封建豪门贵族大家庭的荒淫无耻与纸醉金迷。《啼笑因缘》融言情、武侠和社会于一体，对下层人民的疾苦给予了深切的关注和同情，使得张恨水的影响由北而南，遍及全国，真正成为妇孺皆知的全国性小说名家。

"九一八"事变后，全民族同仇敌忾，张恨水决心以小说"唤醒国人"，先后写了 30 多部"国难小说"，如长篇小说《太平花》、短篇小说集《弯弓集》等，甚至还书写了《潜山血》《前线的安徽，安徽的前线》《游击队》等一系列反映抗日游击战争的作品。无情鞭挞醉生梦死的贪官污吏，讽刺矛头直指以四大家族为首的国民党反动统治。《八十一梦》让张恨水"得到写作的新方向"，即现实主义讽刺小说，但也因此受到特务的严密监视，被迫只写了十四个梦便停了笔。此书后来受到周恩来的高度赞誉："同反动派斗争，可以从正面斗，也可以从侧面斗，我觉得用小说的体裁揭露黑暗势力，就是一个好办法，也不会弄到'开天窗'，恨水先生写的《八十一梦》，不是就起了一定作用吗？"

颇为遗憾的是，新中国成立不久，张恨水即中风偏瘫，后虽有所康复，但创作激情和才情已不复当年，更多从事于《梁山伯与祝英台》《白蛇传》等民间故事和古典名著的改编、传播工作，直至1967年2月15日逝世于家中。

## 革命文学拓荒者蒋光慈

蒋光慈（1901—1931），原名蒋如恒，笔名华西里等，安徽霍邱（今安徽金寨县）人。曾用名宣恒、侠生、侠僧，诗人、作家，中国共产党早期党员之一。被誉为"中国革命文学的拓荒者""革命的诗人、人类的歌童""革命时代的前茅""革命文学之师"。蒋光慈的一生，都与革命文学息息相关。

1920年，蒋光慈来到上海，经人介绍在上海外国语学社学习俄语，并通过陈望道、陈独秀、李汉俊的关系，加入上海社会主义青年团。1921年4月转道日本，入莫斯科东方共产主义大学中国班学习。在苏联求学期间，他即开始诗歌创作，出版有诗集《新梦》《哀中国》，其中大多是政治抒情诗，具有豪放的气势和强烈的政治鼓动性。《新梦》是中国现代第一部为十月革命和社会主义新生活放声歌唱的诗集；《哀中国》中的政治宣讲取代了早期的天真理想，渗透着作者特有的感受和体验，显示了诗的"大众化（非诗化）"的发展趋向。

蒋光慈在苏联学习期间，用心钻研苏联革命文学，创作了大量的新诗。他与瞿秋白来往密切。瞿秋白将自己撰写的《俄国文学史》书稿交与蒋光慈删改，再加上蒋光慈自己撰写的《十月革命与俄罗斯文学》，合并为《俄罗斯文学》。他还曾翻译、撰写多篇宣传革命文学的文章寄回国内，在《新青年》《向导》等刊物上发表。

学成回国后，蒋光慈辗转北京、河北、河南、江苏、上海等地，一边参加革命活动，一边从事革命文学创作。在上海大学、上海法政大学任教期间，蒋光慈与沈泽民组织了"春雷文学社"，倡导革命文学。

1927年，蒋光慈与孟超、阿英等人发起成立了共产党领导下的第一个革命文学团体——太阳社。当时的中共临时中央政治局负责人瞿秋白到会祝贺。1929年，蒋光慈与鲁迅、柔石、冯雪峰等12人组成中国左翼联盟筹备小组。1930年，中国左翼作家联盟在上海成立，蒋光慈虽因病未参加，但仍当选为"左联"常委会候补委员，负责主编"左联"机关刊物《拓荒者》，并与殷夫、郭沫若等成为《拓荒者》的主要撰稿人。

作为"普罗文学"的代表，蒋光慈革命立场鲜明，作品以现实革命斗争为题材，着力表现了无产阶级与其他劳苦大众生活的痛苦不幸和走向革命的必然历程，并将一些重大的历史事件和真实的历史人物摄入创作视野。"普罗"是法语"普罗列塔利亚"的简称，意思是无产阶级的。"普罗文学"来源于20世纪现实主义文学，强调文学为政治服务。蒋光慈第一部中篇小说《少年漂泊者》写于五卅运动后，其自称这是"花呀，月呀"声中的"粗暴的叫喊"。1927年完成的中篇小说《短裤党》正面描写了上海工人第二、三次武装起义，并且刻画了以瞿秋白、赵世炎为原型的人物形象。大革命失败后，蒋光慈又写出了《冲出云围的月亮》等作品，控诉反动派屠杀革命者的暴行，反映了大革命失败后知识分子的分化。这些小说，蒋光慈以爱憎分明的态度反映了重大社会历史事件，具有强烈的政治鼓动性。蒋光慈另一部重要作品《丽莎的哀怨》，从人性的角度描写了白俄贵族丽莎在十月革命后流亡中国、被迫卖身的痛苦经历，对人物表达了一定的同情，不料却遭到左翼批评界的严厉批评。1930年3月，他发表了普罗小说中的重要作品《咆哮了的土地》，也是其代表作。小说在广阔的背景下表现了一个开创性题材，反映了大革命前后湖南农村中尖锐的阶级矛盾和阶级斗争，表现了当地农民在中国共产党领导下开展武装斗争，最后奔向井冈山的过程。这部作品认识价值远远超越其艺术价值，它不仅开启了中国革命文学政治启蒙的全新思维模式，在主题思想、故事情节、人物塑造、叙事方法和语言风格上，也对左翼文学、解放区文学和"十七年文学"产生了重要影响。

天妒英才。1931 年 8 月 31 日清晨，因肺病加重，还未迎来 30 岁生日的蒋光慈病逝于上海。中华人民共和国成立后，上海市人民政府为他举行隆重葬礼，陈毅亲笔题写墓碑。1957 年，安徽省民政部门追认他为革命烈士。

## 未名社"六安四杰"

中国现代史上，皖西出现了抱团发展的作家群，其中以"未名社四杰"为代表。

对于"四杰"的提法，也有人认为不妥，大意是"未名社"成员有 6 人。但除鲁迅和曹靖华外，韦素园、韦丛芜、李霁野、台静农四人，都是六安叶集人，所以他们被称为"未名社四杰"。"未名社四杰"，确切地是指六安"四杰"。

1924 年的秋天，韦素园、台静农、韦丛芜、李霁野、张目寒先后到达北平，边求学边谋生。因为是老乡，几人过从甚密。当时鲁迅在北京世界语专门学校授课，张目寒是鲁迅的学生，深得信任。引荐韦素园等好友拜见鲁迅先生，渐渐在鲁迅身边形成了一个活跃的文艺小圈子。

1925 年 8 月 30 日，以这些人为骨干的进步文学团体"未名社"在鲁迅倡导下得以创建。成立这个文学团体初衷，源于鲁迅不满于当时一些书店不肯印行青年人译作，建议韦素园、李霁野、台静农等人成立一个出版社。在鲁迅支持下，这个文学团体译介、出版了不少文学作品，在中国现代文学史上影响很大。

"未名社"成立不久，鲁迅到厦门任教，曹靖华参加北伐战争，后出国留学。"未名社"的骨干就只有韦素园等人了。韦素园（1902—1932），乳名"文魁"，少时即多才多艺，曾在北大旁听过鲁迅的讲课，受鲁迅荐举担任《民报》副刊编辑，创办过《莽原》半月刊，最终成长为现代翻译家、散文家、诗人。出版有散文小品集《西山朝影》、诗集《山中之歌》，翻译了我国最早介绍北欧的诗歌小品集《黄花集》、俄国短篇小说集《最后的光芒》、果戈理的《外套》、屠格涅夫的《门槛》等外国文学作品。1932 年，30 岁的韦素园病逝于北京，鲁迅得知后非常痛心，说"这是中国的一个损失"，还专门写了文章《忆韦素园》予以追念。

韦素园的弟弟韦丛芜是具有世界影响的翻译家。韦丛芜紧随哥哥韦素园参加了"未名社"，并从 1931 年 1 月起主持"未名社"经营出版事项，直到"未名社"解散。韦丛芜曾在天津河北女子师范学院任教，新中国成立后任上海新文艺出版社英文编辑，主要作品有诗集《君山》《冰块》等，译著有陀思妥耶夫斯基的长篇小说《穷人》《罪与罚》《卡拉玛卓夫兄弟》、美国杰克·伦敦的《生命》等 57 部作品 1000 多万字，是现代文学的"燃灯者"。

同是"未名社"成员的台静农（1902—1990），是 20 世纪 20 年代乡土文学的代表作家之一，他以创作短篇小说为主，兼写诗歌、散文。短篇小说集《地之子》《建塔者》，分别于 1928 年、1930 年由未名社出版。他比一般作家更自觉地从乡土取材，又能加以深刻开掘，手法质朴，风格沉郁，悲剧色彩比较浓厚。《烛焰》《拜堂》《天二哥》《红灯》等篇，颇带鲁迅之风，对旧的中国病态农村社会进行了解剖，集中体现了农民精神痛苦。另外，台静农编有《关于鲁迅及其著作》

一册，内收有关《呐喊》的评论和鲁迅访问记等文章，为最早的鲁迅研究资料专集。抗日战争胜利以后，台静农应时任台湾省编译馆馆长许寿裳的邀请，赴台到该馆任职。后又随许寿裳转至台湾大学中文系任教，参与编纂了台湾出版的《中文大学典》。文学之外，台静农在书画和篆刻上也造诣颇深，以境界别开、格调生新驰名。

李霁野是"未名社四杰"中离世最晚的一位，对于"未名社"的前前后后，留下了许多翔实的资料、文稿，为后人研究"未名社"提供了便利。他从小熟读古典名著，与韦丛芜、李何林等人是同学，合办过《新淮潮》等，先后在台湾大学、南开大学等院校教书，担任过全国作协理事、天津市文联主席等。1997 年，93 岁的李霁野在天津逝世，3 年后他的骨灰归葬故里。李霁野的同学李何林，1928 年参加革命被通缉时，直奔"未名社"，在李霁野帮助下，做一些校对、发行和售书工作，后来成为中国现代文学研究奠基者，鲁迅博物馆首任馆长，曾编辑、出版第一部关于中国现代文艺思想论战的史料集《中国文艺论战》。

新中国文物事业奠基人王冶秋和王青士曾参与"未名社"后期工作，所以有的研究者也把他们列为"未名社"后期成员。

## 乡土文学大家吴组缃

吴组缃（1908—1994），原名吴祖襄，安徽泾县人，著名作家。与林庚、李长之、季羡林并称"清华四剑客"。中学阶段先后就读于宣城安徽省立八中、芜湖省立五中、南京新民中学、上海持志大学高中部。大学阶段先后就读于上海持志大学英文系、清华大学经济系、清华大学中文系。1933 年升入清华研究院，专攻中国文学。曾任冯玉祥国文教师、秘书长达 13 年，后任中央大学国文教师、四川省立教育学院教授、金陵女子文理学院教授、清华大学中文系主任，1949

年后为清华大学教授、《人民文学》主编、北京大学教授、中国作协书记处书记、北京市文联副主席、《红楼梦》研究会会长、中国散文学会会长。作品结集有《西柳集》《饭余集》《说稗集》《宿草集》《拾荒集》《苑外集》等。作品被翻译成英、俄、日等多种语言出版。

吴组缃开始创作的时代，正值清末民初时局动荡、社会嬗变。新旧思潮的碰撞，传统与现代的交织，构成了一幅波谲云诡的画卷。大变局之下的众生相，为他提供了丰富的素材。他将笔触划向了最熟悉的皖南乡村。

吴组缃早期的作品基本都取材于家乡泾县，呈现鲜明的写实主义的特征。胡乔木评价吴组缃为"五四以来乡土方言小说第一人"。他涉猎文体颇多，新诗、古体诗、散文、文艺评论等都有所涉及，但成就最大的还是小说。著名文学评论家夏志清给予吴组缃高度评价，认为他是"左翼作家中最优秀的农村小说家"。

1934 年元旦，吴组缃的成名作《一千八百担》刊于郑振铎、靳以主编的《文学季刊》创刊号上。小说以皖南一个家族的宗族集会为背景，通过鲜活的对话、生动的场景描述，形象地再现了阵痛期中国农村社会、经济、文化、宗族等领域濒临破产的惨状。小说发表后，很快流传开来。茅盾评论称：这篇小说很有力地刻画出了崩坏中的封建社会的侧影，作者已经证明了"他是一位前途无限的大作家"。他的《箓竹山房》《天下太平》《官官的补品》《樊家铺》《鸭嘴涝》等作品，均以鲜明的写实主义风格享誉文坛。

吴组缃的作品风格明显，语言朴素细致，行文结构严谨，特别擅长描摹人物的语言和心态，有着浓厚的地方特色，被称为"中国写皖南农村风俗场景第一人"。

随着风格的逐渐成熟，吴组缃作品中的社会批判意识越来越鲜明。他将目光投向"整个时代与社会"，成为中国社会剖析小说的代表人物之一。他集中精力于表现当时社会的种种深层问题，在典型环境中挖掘人物的时代性格，生活气息浓郁，注重细节的呈现，且带有鲜明的理性色彩。吴组缃走上社会剖析小说创作之路，与他深层观察皖南乡村、"左翼"创作氛围熏陶、大学社科素养以及"导师"茅盾的引导有关。

晚年的吴组缃，将重心转向了古典文学尤其是宋元明清小说的研究、教学，除了偶尔写写随笔，基本上没有再进行小说创作。

吴组缃的墓碑上，镌刻着两句铭语："竟解中华百年之恨，得蒙人民一世之恩"。

## 民国才女苏雪林

"五四"时期，伴随着女性觉醒的呼声，一批女性新文学作家开始走向历史前台。其中，以"绿漪女士"为笔名蜚声文坛的皖籍女作家苏雪林，与当时活跃于文坛的冰心、丁玲、凌叔华、冯沅君并称"五大女性作家"。

苏雪林，原名苏小梅（苏梅），字雪林。1897年3月26日生于浙江瑞安，祖籍安徽太平县（今黄山市黄山区）永丰乡岭下苏村。1913年，苏雪林随父母迁居安庆，进入安庆培媛女学读书，1914年考入安徽省立第一女子师范学校。在此期间，苏雪林崭露头角，屡获总分第一，并因擅长古体诗词、山水画创作而名播远近，毕业后得以留校任教。1919年，苏雪林踏入北京女子高等师范学堂的大门，做了国文系的旁听生，不久转为正科生，开始了由旧式知识女性向新式知识女性的蜕变。

进入女高师后，她自定学名为"苏梅"，并取明初诗人高启咏梅诗"雪满山中高士卧，月明林下美人来"之意，自号"雪林"。其间，出任《益世报·女子周刊》编辑，尝试以犀利、泼辣、生动的笔触大胆讨论妇女、人口、学潮、白话诗创作等各种话题，"渊雅清逸，名满一时"。

苏雪林真正在文坛奠定地位，是在 1925 年留法归来之后。从 20 世纪 20 年代中期到 30 年代末期的十年，她先后任教于苏州东吴大学、上海沪江大学、省立安徽大学、国立武汉大学，一边教学，一边写作，呈现学术研究与文学创作的"井喷"状态。这是她一生中成果辉煌、创作旺盛的巅峰阶段。她的成名作散文集《绿天》、小说《棘心》就创作于这一时期。

这两本书是带有强烈"自叙传"色彩的作品。苏雪林出身封建官宦家庭，从小目睹母亲深受传统礼教的束缚，而她自己成年后又遭遇无爱婚姻的不幸，却无力逃脱。这两种难以言状的痛楚，无可避免地浸润在她早期的文学创作之中。散文集《绿天》共有六篇散文，以率真、清新、隽丽的寓言般的文字，写出女主人公婚恋前后的生活状态，"用华美的外衣把一个个悲情的故事进行包裹"。一时间，苏雪林声名大噪。她对于自我命运的觉醒与回归，更多体现在小说《棘心》中。这本小说共十五章，以自传体的写法，借女主人公杜醒秋之口，写自己留学法国的生活及心路历程，从异国青春激情的寂灭到重归母亲怀抱的纠结，展现出在传统伦理与个性解放之间的彷徨、迷茫和无奈，成为那个时代最真实、最透彻的记录，引发无数读者共鸣，"京沪爱好文艺的青年，莫不争相购买，有人结婚，送《棘心》是很时髦的礼品"。

除了散文和小说，这一时期的苏雪林还尝试了戏剧创作，先后写出独幕童话象征剧《玫瑰与春》、三幕话剧《鸠那罗的眼睛》，成为当时水平相当高的唯美舞台剧。她还对二三十年代活跃于新文学殿堂的众多作家及其作品进行了深入的观察与全面的评论，如胡适、鲁迅、徐志摩、郁达夫、沈从文等，"注意将作家的生活经历、所处环境、艺术风格与所属流派作综合观察"，笔墨犀利，精当谨言，表现出别具一格的文艺批评眼光，"使'作家论'具有了一种学术力度和品格"。这些专论大多收入《中国二三十年代作家》一书。

二十世纪三四十年代，在全民族抗战激情的感召下，苏雪林的文学创作开始走出个人命运情感的书写局限，转而关注现实的社会生活，钩沉历史，讴歌英雄，写出传记文学《南明忠烈传》、短篇历史小说集《蝉蜕集》以及战时随感录《屠龙集》，具有了一定的现实批判意识。

1949年初，苏雪林赴香港真理学会任编辑，后又再度赴法，直至辗转定居台湾，任教于台湾省立师范学院、台南成功大学等校。在孜孜于"屈赋新探"系列、《玉溪诗谜正续合编》《诗经杂俎》等学术著作写作的同时，她又陆续出版散文随笔集十多部，如《归鸿集》《我的生活》《人生三部曲》《浮生九四》等。

苏雪林一生出版著作60余部，达2000万言，横跨小说、散文、诗歌、戏剧、翻译、文艺批评、学术研究等领域。1999年4月21日，苏雪林病逝于台湾。遵其遗嘱，骨灰归葬徽州故里，永远陪伴在母亲的身旁。


## 文学战士阿英

1928年3月，一篇战斗檄文般的文艺评论《死去了的阿Q时代》作为太阳社《太阳月刊》的头条文章刊出，剑锋直指中国新文艺运动的领军人物鲁迅。文章署名"钱杏邨"。

钱杏邨（1900—1977），笔名阿英，出生于安徽芜湖——这座有着"长江巨埠，皖之中坚"之称的城市，因较早被辟为通商口岸，而成为革命星火悄然兴起的地方。阿英在这里接受了最早的私塾教育，后又转入芜湖安徽公学附属小学、萃文中学两所新式学校读书，接触到了蒋光慈、高语罕等进步青年。在他们的影响下，阿英决心以笔作枪，"与这黑暗的世界拼杀一番"。在1919年五四运动到1927年"四一二"反革命政变期间，阿英以家乡芜湖为根据地，积极开展革命活动，参加芜湖外交后援会，创办民生中学，编辑出版进步杂志《苍茫》等，成为芜湖现代革命运动的领袖之一。1926 年 10 月，阿英光荣地加入了中国共产党。

阿英是以坚定的战士姿态出现在中国革命大舞台之上的。1927 年 11 月，遵照当时主持党中央工作的瞿秋白等人的指示，阿英和蒋光慈等人先后抵达上海，"大家深感唤起民众觉醒的重要，决心从血线上退下来，开创另一面的战斗：用纸与笔，为无产阶级革命呐喊扬威"。同年，中国共产党领导下的第一个无产阶级文学组织——太阳社正式成立，发行机构为春野书店，机关刊物为《太阳月刊》。"太阳社从成立那天起，就以所向披靡的精神横扫封建主义的道统文学、资产阶级的享乐文学。"

阿英一马当先，冲杀在文艺斗争的最前沿。1928 年到 1929 年间，阿英共出版小说集、诗集和文艺评论集 13 部，近 200 万字，其中最著名的是《力的文艺》和《文艺批评集》。在阿英看来，只有表现了革命时代的斗争生活，如工农暴动、反抗、复仇、罢工等活动，才能体现文学作品的"反抗的心思"和"伟大的意志"，才能成为"力的文艺"。因而，他首先选择了鲁迅的三部重要著作（《呐喊》《彷徨》《野草》）作为批判的导言，并结合《阿 Q 正传》，认为"这个狂风暴雨的时代，只有具着狂风暴雨的革命精神的作家才能表现出来，只有忠实诚恳情绪在全身燃烧，对于政治有亲切的认识，自己站在革命的前线的作家才能表现出来"。按照这个逻辑，阿英对茅盾、叶圣陶、郁达夫、冰心、徐志摩等众多现代作家逐一作了评判，"他们对于文学，是注意小资产阶级的美，而否认劳动阶级的美"。这与阿英对于"新兴文学"的定义是完全背道而驰的："新兴文学是新兴阶级革命的战斗的鼓号，是新兴阶级的战斗的武器，是新兴阶级的战斗的檄文。"他甚至认为，革命文学内容与形式的统一，在无产阶级革命斗争阶段，最恰当的表现即"暴动就是艺术"。

在充分肯定阿英对于早期无产阶级文学理论拓荒、传播意义的同时，也不能不看到：由于受到当时"革命继续高涨论"的影响，阿英所主张的"力的文艺"理论，机械地理解了文学与时代的关系，把文学的阶级性和工具性强调到了极致，片面强调"力"的作用，不惜为此牺牲文学作品的艺术性、丰富性。

在党中央和江苏省委的干预下，关于"革命文学"的论战于1929 年秋正式停止。双方握手言和，开始联手筹备中国左翼作家联盟。1930 年 3 月 2 日，左联正式成立，夏衍、鲁迅、田汉、阿英等七人当选为常委。在此期间，阿英的文学思想出现了革命性的转变。在坚持文艺必须反映人生、表现时代的同时，他抛弃了早期的偏见和误识，"不再一味强调文学的共性，转而比较看重文学创作的个性表现"，比较科学地按照艺术规律考察文学现象、分析作品得失、总结创作经验，"左"的错误有所纠正。这一时期的文学评论主要体现在《夜航集》中。

阿英不仅是革命文学理论的倡导者，还是身体力行的践行者，"把写作当作战斗，以战士的身份挥笔作戈，意在唤起民众觉醒，掀翻吃人的宴席"。其中，表现最突出的是创作于抗战时期的 5 部历史剧，分别是孤岛时期的《碧血花》《海国英雄》《杨娥传》《洪宣娇》，以及在苏北新四军根据地写的《李闯王》。阿英以犀利的笔触，"借历史的题材，对现实有所启发"，塑造了多位铮铮铁骨、热血沸腾的民族英雄，如《碧血花》中秦淮名妓葛嫩娘在抗清信念的支持下视死如归，《海国英雄》中的郑成功"不为威逼，不为利诱"始终如一精忠报国，在很大程度上鼓舞了民众的士气，激发了全民族同仇敌忾的豪情。阿英的历史剧尽管还存在仓促收场、铺垫不够等缺憾，但却是20 世纪三四十年代中国文学史上浓墨重彩的一笔，真正用手中的笔和心中的血，写出了不朽的民族魂。

阿英一生著作等身，涉足文学创作的多个领域，除文学批评和历史剧外，还在散文、诗歌、小说、杂文等方面颇有建树。晚年，他转身学术研究，投入大量精力从事近代中国文学资料的整理与出版、编写书目和研究论著等工作，还撰写了不少美术论文。据统计，他生前出版著作 70 余种，1000 余万字，堪称一位"百科全书式"的作家。

"笔阵纵横五十年，书香文采留人间"，这是阳翰笙在 1987 年阿英逝世十周年时写下的诗句。这一年，阿英的骨灰回到了故乡芜湖，安置在美丽镜湖的烟雨墩上。陪伴着他的，还有他生前搜罗的一万两千册珍贵藏书。

## 美学三大家朱光潜、邓以蛰、宗白华

美是什么？这是美学这门学科所要探讨的基本问题。

相对于中国古代对于美的散论，西方美学史源远流长，从古希腊罗马、中世纪、文艺复兴到现代欧美，美学家和美学流派层出不穷。清末民初，以王国维先生为代表的知识分子，将西方美学的思想方法、学科体系引入中国。王国维先生修订的教学大纲将《美学》列入教学计划，标志着美学在中国的确立。

之后，以朱光潜为代表的一批美学家，则进一步将西方美学理论系统地介绍到中国。这种将引进的美学理论中国化的学科建设，大大促进了中国现代美学的萌芽、发展与创新。早期的这些移植者与传播者，也都成为中国现代美学的奠基者。

在中国现代美学奠基者的名单里，朱光潜、邓以蛰、宗白华这三个名字熠熠生辉。

朱光潜（1897—1986），字孟实，安徽桐城人。现当代著名美学家、文艺理论家、教育家、翻译家。曾任中国美学学会会长、中国社会科学院学部委员。1924 年，27 岁的朱光潜写了第一篇美学论文《无言之美》，美学主张初露端倪。1930 年在法国斯特拉斯堡大学，他完成《文艺心理学》初稿，并以《悲剧心理学》获博士学位。朱光潜熟练掌握英、法、德语，翻译了 300 多万字的作品，如爱克曼的《歌德谈话录》、莱辛的《拉奥孔》、克罗齐的《美学原理》、路易·哈拉普的《艺术的社会根源》和《柏拉图文艺对话集》等，其中黑格尔《美学》的译著，受到中国美学界广泛推崇。他在花甲之年自学俄语，更在八十高龄之际写出《谈美书简》和《美学拾穗集》，翻译了维科的社会科学著作《新科学》。

朱光潜早年受康德、黑格尔特别是克罗齐的主观唯心主义思想的影响。《文艺心理学》是我国第一部比较系统地从心理学观点研究文艺的理论著作，其中还介绍了西方美学史上的各家学说，产生过广泛的影响。他稍后写成的《谈美》一书，在青年中曾风行一时。

20 世纪 40 年代末，朱光潜的美学思想开始发生变化，他的《克罗齐哲学述评》一文就是澄清克罗齐思想影响的产物。新中国成立后，经过思想界的多次讨论，他的美学思想发生了转变，此后写成的《西方美学史》一书是这方面的重要著作，也是我国研究西方美学史的重大成果。朱光潜的美学思想以人文主义为核心，结合西方艺术心理学，将现代人文主义心理学的美学思想运用于文艺研究，运用于现代中国人世界观与人生观的建构。有论者认为，朱光潜的学术路径其实是以西方美学之花来接中国传统思想之木，他终极的美学主张是人生艺术化。可以说，在中国现代美学的发展史上，朱光潜是一个承前启后、举足轻重的人物。

如果说，朱光潜是以传播西方美学思想成为中国现代美学的奠基者，那么，另外两个安徽美学家邓以蛰和宗白华则是延续了王国维的美学建设路径，即以西方美学的观念来解读中国艺术现象和理论。

邓以蛰（1892—1973），怀宁（今安庆市宜秀区）人。他出生于翰墨世家，是清代大书法家邓石如的五世孙，"两弹元勋"邓稼先之父。邓以蛰将画史与画学、书史与书学紧密联系起来研究，把中国书画理论提高到哲学的高度，进而提出相对完整的书画美学理论。这是他对中国现代美学的独特贡献。

宗白华（1897—1986），江苏人，出生于安庆市小南门，常自称是"半个安徽人"。宗白华是中国现代新道家代表人物，也是中国现代美学的先行者和开拓者，被誉为"融贯中西艺术理论的一代美学大师"。他的代表作《美学散步》充满行云流水的诗化语言，在宗白华那里，艺术问题首先是人生问题。艺术化的人生才是有意义的人生。他将意境称为中国古代画家、诗人"艺术创作的中心之中心"，丰富了中国艺术的意境说，彰显了中国美学的独特性。同时，作为一个审美悟道者，他教人们如何建立审美的态度，直至形成艺术的人格。在审美实践上，宗白华以他艺术化的人生，丰富了朱光潜"人生艺术化"的美学主张。

三位美学大家，在同一个时空各自发光又相互辉映，成为中国现代美学标志性的人物。他们的美学理论和美学主张，迄今仍是航向标，引领着国人的人生设计和美学实践。

## 开创安徽文学新范式的陈登科、鲁彦周

陈登科（1919—1998），当代著名作家，江苏涟水人，长期工作于安徽。曾任安徽省文联副主席、安徽省作家协会主席等。

新中国成立后，为安徽文学在全国打响第一炮的就是陈登科。他的长篇小说《活人塘》一经推出，即产生巨大影响。赵树理为书中四个主要人物题写了热情洋溢的四首赞美诗。时任中宣部副部长的周扬也在《人民日报》发表《陈登科和他的小说》一文，对他的大众化文艺创作给予充分肯定和热情鼓励。《活人塘》不仅轰动了新中国文坛，还被译成英、日、法等 10 多种文字出版，从而奠定了陈登科在当代文学史上的地位，标志着他正式迈入新中国第一代优秀工农作家群体。

陈登科出生于江苏涟水县一个贫苦农民之家，加入家乡的抗日游

击队后，一边打仗一边学文化。1944年，他发表了第一篇作品《鬼子抓壮丁》，后被《盐阜大众报》聘为"特约工农记者"。新中国成立后，他又先后任新华社安徽分社、《皖北日报》、《安徽日报》记者。

赵树理和田间两人联名推荐，选送陈登科到丁玲任所长的中央文学研究所（现为鲁迅文学院）学习深造，得到丁玲、冯雪峰、何其芳的指导。长篇小说《淮河边上的儿女》在《人民文学》发表后，丁玲发表《给陈登科的信》，高度评价该小说"是一部有内容的结实的作品"。

长篇小说《风雷》是陈登科最为大家所知的代表作，发行量达100万册以上，是继柳青的《创业史》之后，又一部享誉全国的作品。

"文革"后，陈登科的创作生命焕发了第二春，先后创作了《破壁记》（合作）、《赤龙与丹凤》《顾祝同外传》《三舍本传》《柳暗花明》（合作）、《暴尸滩》等作品，涉及小说、散文、报告文学、电影剧本等多种文体。特别是长篇小说《破壁记》，系"文革"结束后中国第一部用长篇小说的形式记录"四人帮"罪行的作品。

他的经历被描绘成"陈登科现象"：由斗大的字不识一箩筐的农民，成长为蜚声海内外的著名作家。他既是安徽新文学事业的开拓者、奠基者之一，又是文学艺术界很有影响的重要领导人，为安徽文学艺术事业的繁荣发展做出了重要贡献，在我国当代文学史上占有独特的地位。

鲁彦周（1928—2006），当代著名作家、戏剧家。安徽巢湖人。曾任中国作协理事、中国电影文学学会副会长、安徽省文联名誉主席、安徽作协副主席等。

"安徽最知名的山有两座，一个是黄山，一个是天云山——这座只存在于鲁彦周的艺术虚构里的充满苦难和正气的山岭。"著名作家王蒙曾这样评价鲁彦周。这里的"天云山"，即出自鲁彦周的代表作《天云山传奇》。《天云山传奇》是改革开放以后"反思文学"的开山之作。

1928 年秋，鲁彦周出生于巢湖北岸的鲁集村。20 世纪 50 年代初，他迷上了文学创作。一出手，就写出 30 多万字的《丹凤》。

真正让鲁彦周一炮打响的是话剧《归来》。《人民日报》《光明日报》刊发长篇评论进行推介，全国轰动。短篇小说《找红军》发行上百万册，成为儿童文学中的畅销书。

在《凤凰之歌》《风雪大别山》等作品中，鲁彦周既注重描写新中国成立后的种种新景象，更注重在作品中倾注自己的独立判断与思考，独树一帜。

1979 年，鲁彦周完成了中国新时期文学史上的经典作品《天云山传奇》。作为最早抨击反"右"派斗争扩大化的小说，《天云山传奇》产生了巨大影响。鲁彦周又将其改编成电影，引起广泛关注。中国电影评论界曾用 6 个"第一"来概括《天云山传奇》的分量。这部影片成为当代中国电影的经典之作。

新时期，鲁彦周在小说、散文、电影、电视剧等领域四处开花，佳作频出。在责任感和使命感的驱使下，一系列作品精彩纷呈。

作为安徽文学艺术界的一面旗帜和领军人物，鲁彦周的很多作品都具有开拓意义。2012 年，"鲁彦周文学奖"正式设立，这是安徽省第一个以个人名字命名的文学奖。

## 诗坛璀璨之星汪静之、朱湘、田间、海子

目前学界公认的中国第一首白话诗《蝴蝶》，发表于 1917 年 2 月的《新青年》，作者是来自安徽绩溪的胡适。胡适的《尝试集》是中国现代文学史上第一部白话诗集，也是中国第一部个人新诗集。

安徽是中国新诗的策源地，皖籍诗人在新诗百年历史上占有突出的位置，从新诗诞生之初的陈独秀、胡适、宗白华、朱湘、蒋光慈、汪静之，到新中国成立前后的田间、严阵、公刘，再到海子、梁小斌……

在新诗发展的每一个重要节点，都出现了不可替代的"皖军"身影。

### 一、汪静之：做个纯粹的诗人

胡适之后，他的绩溪老乡汪静之携《蕙的风》，吹拂整个中国诗坛。

汪静之（1902—1996），著名诗人、作家。17岁时受"五四"新思潮的影响，开始新诗的写作。20岁不到，他就开始在当时全国最有影响的《新潮》发表诗作。1921年，汪静之写出中国最早歌颂中国共产党的诗《天亮之前》。

1921年，汪静之与潘漠华、柔石、魏金枝、冯雪峰等组建"晨光文学社"。1922年3月，与潘漠华、应修人、冯雪峰等组织了中国现代文学史上最早的新诗社团——湖畔诗社。胡适评价"湖畔诗人"是"五四运动后第二代的少年诗人"、汪静之为"彻底解放的少年诗人"。

1922年，汪静之出版《蕙的风》，由鲁迅修改、胡适作序，这是中国第一部爱情新诗集，内容多为对人生价值、友谊和大自然的探索与追求，对新思潮的赞颂，而更多的则是抒写对爱情的渴望。汪静之以"爱情诗人"赢得大名。鲁迅说："《蕙的风》的内容对于当时封建礼教具有更大的冲击力，它的出版，无疑是向旧社会道德投下了一颗猛烈无比的炸弹，在我国文艺界引起了一场'文艺与道德'的论战。"

汪静之先后创作出《寂寞的国》《翠英及其夫的故事》《耶稣的吩咐》《父与女》等作品。特别是诗集《寂寞的国》，标志着他的诗歌创作已经由自发阶段到了自觉阶段。诗歌之外，汪静之还潜心从事理论研究，创作有《作家的条件》《诗歌的原理》《李杜研究》等。

### 二、朱湘：中国的济慈

朱湘（1904—1933）是中国现代文学史上被低估甚至是被忽视的天才诗人。

他原籍安徽太湖，自幼受家学浸润，再加上天分颇高，新、旧体诗皆能作，少年时即得大名。1919 年，15 岁的朱湘考入清华，加入了闻一多、梁实秋等组建的"清华文学社"。1922 年开始在《小说月报》等刊物上发表作品，并参加当时著名的新文学团体"文学研究会"，和另外三个学生诗人饶孟侃、孙大雨、杨世恩并称"清华四子"。

1925 年朱湘出版第一本诗集《夏天》，奠定了在中国文学史上的地位。1926 年，朱湘自费出版刊物《新文》，全部由他一个人撰稿、编辑、发行，只刊载自己创作的诗文及翻译的诗歌。

在中国新诗发轫之时，朱湘和郭沫若、徐志摩、闻一多并驾齐驱。初期，他的新诗从传统诗词幻化而出，在思想内容和艺术技巧等方面，将民族性和创新性发挥到极致，唯美、自然、清新。这一特点，以诗集《夏天》《草莽集》为代表。而在以《石门集》等为代表的后期作品中，朱湘对外国诗体进行了突破性的尝试。特别是大量的十四行诗，运用象征、暗喻等手术，以音乐性的语言、新颖的词语和奇特的联想，构成鲜明的意象，筑起中国象征派诗作的高峰。

沈从文在《论朱湘的诗》中写道："使新诗与旧诗在某一意义上，成为一种'渐变'的联续，而这种形式却不失其为新世纪诗歌的典型，朱湘的诗可以说是一本不会使时代遗忘的诗。"

### 三、田间：时代的鼓手

田间（1916—1985），安徽无为人，17 岁时考入上海光华大学。1934 年，加入中国左翼作家联盟，参加《文学丛报》《新诗歌》的编辑工作。1935 年田间任《每周诗歌》主编期间，出版了处女诗集《未明集》。

次年，田间又连续出版了短诗集《中国牧歌》和长篇叙事诗《中国·农村的故事》。这两部作品经胡风、茅盾等人的推荐，引起广泛关注。

田间早期的诗歌具有鲜明的特点，语言质朴，情绪饱满，感情真切，大多数内容基于现实，有感而发，表达了对底层民众的爱与对压迫势力的反抗，被视为"七月派诗人"的代表。

"七七"事变后，田间从日本回到国内，积极参与抗战，以笔作武器创作了大量的政治抒情诗，如《中国底春天在号召着全人类》《棕红色的土地》《自由，向我们来了》等。其中最具代表性的是《给战斗者》，被称为抗战时期最优秀的政治抒情诗。1938年春，田间来到延安发起"街头诗运动"，把诗写在街头、墙上、树上，对军民进行最广泛的宣传。毛泽东评价道："你们搞的'街头诗'运动影响很大，各解放区都写'街头诗'，对革命起了很大作用，文艺配合革命是我们的光荣传统……"

其间，《假使我们不去打仗》问世，成为田间最为知名、传播最广的作品。全诗仅六行，却极大地激发人民抗战的热情。也因此，田间被称为"擂鼓诗人""时代的鼓手"。

**四、新时期的安徽诗歌**

新时期的安徽是全国诗歌创作最活跃的地区之一。

"朦胧诗"代表诗人梁小斌的诗《中国，我的钥匙丢了》《雪白的墙》被誉为新时期"朦胧诗"代表诗作。而海子，则成为中国当代诗坛一个里程碑式的人物。

海子15岁考入北大，19岁任教于中国政法大学。从1984年开始创作《亚洲铜》，到1989年3月自杀前创作最后一首诗《春天，十个海子》，海子共创作了近200万字的诗歌、诗剧、小说、论文和札记。"面朝大海，春暖花开"，海子的这句诗可能是当代中国诗歌中被引用次数最多的诗句。

有人称海子为"中国当代诗歌改革的第一人"。他的诗歌"不但影响了一代人的写作，也彻底改变了一个时代的诗歌概念"。

# 第四章 艺海神韵

安徽是艺术的摇篮，各种艺术门类在这里生成、发展，郁郁勃勃。

戏曲丰富多彩，曲艺姹紫嫣红。徽班进京，成为京剧鼻祖；黄梅戏梅开三度，新人辈出；庐剧三路竞艳，泗州戏风情万种，皖南花鼓戏清新质朴。除此以外，戏曲活化石贵池傩戏、古老的目连戏、青阳腔，曲苑之花凤阳花鼓、渔鼓道琴、淮河琴书、淮北大鼓……共同组成了安徽戏曲和曲艺的百花园，争奇斗艳，融陈出新。

音乐源远流长。曾有千古绝唱《广陵散》、传世名曲《梅花三弄》……如今，巢湖民歌、当涂民歌、五河民歌、凤阳民歌、大别山民歌、徽州民歌……南腔与北调此起彼伏，婉转和高亢交相辉映，汇成安徽民歌的海洋。

舞蹈"风谣歌舞，各附其俗"。北方舞蹈粗犷热烈、技巧超群；南方舞蹈风格柔美、情感细腻。流传于淮河流域的花鼓灯作为汉民族的代表性舞蹈，在舞林独树一帜。各地的民俗舞蹈，更是流光溢彩，不一而足。

美术俊杰竞辉，流派纷呈。"宋画第一人"的李公麟、"黄山巨子"梅清、"新安画派"、"姑孰画派"、徽派版画、徽派篆刻、"布衣书圣"邓石如、山水大师黄宾虹、民国传奇女画家潘玉良、现代雕塑家刘开渠、"当代草圣"林散之……从古至今，峰峦迭起，令人目不暇接。

传统工艺绵延至今。宣纸纸寿千年，徽墨万载存真，宣笔享誉士林，歙砚冠绝天下。万安罗盘被视为周易文化的天才演绎，芜湖铁画被誉为"中华一绝"。徽州漆器古为"宋嵌"，今为新中国漆器工艺的高峰之一。"徽州三雕"匠心奢华，精美绝伦。徽派传统民居建筑诗情画意，成为中国传统木结构建筑技艺的典型代表……安徽工艺精彩荟萃，独领风骚。

　　"艺"彩纷呈的安徽艺术，传递着历代安徽人的审美认知与审美表达，滋养着我们的精神世界，也激励着我们感知美、弘扬美并继续创造美，为美好安徽续写艺术的辉煌。

# 第一节　古韵新腔

## 千古流传《梅花三弄》

东汉后期至三国魏晋之际，原来西汉乐府中的民间音乐——相和歌、鼓吹等有了新的发展，乐器的演奏艺术也达到相当高的水平，产生了《广陵散》《胡笳十八拍》《梅花三弄》等著名乐曲，迎来了音乐的春天。

笛曲《梅花三弄》的创作者和演奏者桓伊，生卒年不详，字叔夏，小字子野（一作野王），谯国铚县（今安徽濉溪县临涣镇）人。他不仅是东晋著名的音乐家，还是著名的将领和名士。

桓伊出身于将门之后，其族叔桓宣、其父桓景都是跃马横刀、威震四方的将军，为东晋王朝的江山立下汗马功劳。因此他顺理成章地子承父业，成为一名叱咤风云、战功显赫的将军。他极富军事才干，多次参与了与前秦的边境战事，在史上有名的淝水之战中曾立下赫赫战功，因此受到朝廷重用，历任淮南太守，升建威将军、历阳及淮南二郡太守、永脩县侯，并进号右军将军等。太元九年（384）桓伊奉命镇守江州，假节都督江州、荆州十郡及豫州四郡军事、江州刺史。为官期间，他忧国忧民，常念战后黎民之苦，并上疏免税，给他们以充分的休养生息时间，因此获得了当地百姓的拥戴，亦深得统治者的垂青，遂拜为"护军将军"。桓伊后来在任内去世，朝廷追赠右将军，加散骑常侍，谥号"烈"。葬于南昌城南蔡家坊石马街（今青云谱石马村）。

桓伊不仅功绩卓著，而且还是一位修养极深、技艺绝伦的音乐家。其笛曲《梅花三弄》给渊远的中国音乐文化史添上了一份不灭的光彩。他善吹笛，笛声奇妙，名满天下，有"江左第一"之美誉。桓伊因吹笛与东晋著名书法家王羲之的儿子王徽之留下了一段佳话。《晋书·列传五十一》和《世说新语·任诞第二十三》里都记载了这段典故。

据记载：王徽之进京时，途泊青溪，正值桓伊从岸上经过。二人素不相识，恰好船中有人认出桓伊，王徽之即请人对桓伊说："闻君善吹笛，试为我一奏。"此时桓伊已是有地位的显贵人物，但仍然十分豁达大度，即刻下车，蹲在胡床上"为作三调，弄毕，便上车去"，而两人却没有交谈过一句话。晋人之旷达不拘礼节、磊落不着形迹，由此事可见一斑。后来，宋人程大昌的《演繁露》中，记有"桓伊下马踞胡床取笛三弄"之事，人们由此引申理解为桓伊演奏、创作了《三弄》笛曲。

明代朱权《神奇秘谱》中辑有《梅花三弄》琴曲，曲前有小序："桓伊出笛作《梅花三弄》之调，后人以琴为三弄焉。"由此可见桓伊的三支笛曲演奏变成了后来的古琴名曲《梅花三弄》，亦称《青溪三弄》《桓伊三弄》《梅花引》和《玉妃引》。此曲以泛音演奏主调，并以同样的曲调在不同徽位上重复三次，故称"三弄"。乐曲拟物抒怀，以乐曲呈现梅花的坚韧苍劲的气质，比拟与赞美了清正刚毅的精神。

桓伊音乐造诣很深，对音乐痴心一片，还曾留下以音乐进谏皇帝和对音乐"一往情深"的佳话和典故。后人的诗句里也多有追溯：杜牧《润州》诗中有"月明更想桓伊在，一笛闻吹出塞愁"之句；苏轼在词《昭君怨·送别》中也有"谁作桓伊三弄，惊破绿窗幽梦"之叹。

## 古韵遗响傩戏、目连戏

贵池傩戏和皖南目连戏历史悠久，被称为"戏曲活化石"，在中国戏曲发展史上有着重要的地位。

### 贵池傩戏

贵池傩戏源于原始宗教意识和图腾崇拜意识，主要流传于中国佛教圣地九华山麓方圆百公里的池州、石台和青阳等县（区），尤其集中于池州市贵池区的刘街、梅街、茅坦等乡镇几十个大姓家族，史载"无傩不成村"。贵池傩戏是一种以请神祭祖、驱邪纳福和娱神娱祖娱人为目的，以戴面具为表演特征的古老艺术形式。无职业班社和专业艺人，至今仍以宗族为演出单位，演员由本宗族男丁担任。

贵池傩戏《五星会》剧照

贵池傩戏一般只在每年农历正月初七至十五祭祀时择日演唱。贵池傩源于"乡人傩"，即《论语》云："乡人傩，朝服而立于阼阶。"其萌发，始于对昭明太子（萧统）的祭祀活动。《杏花村志》载："池故事八月十五为梁昭明千秋……是日，诸家扮会迎神者，所扮为关壮缪，为城隍，为七圣、二郎，为玄坛。其扮也，则各骑乘、奉面具……薄莫（暮）而毕，面具交还明年之扮演者。"晚唐诗人罗隐《文孝庙》云："秋浦昭明庙，乾坤一白眉，神通高学识，天下神鬼师。"说明这种祭祀昭明太子的活动至少在晚唐时期就有了。

贵池傩真正形成为戏曲，是在明代。史载明嘉靖刊本《贵池府志》："凡乡落自（正月）十三至十六夜，同社者轮迎社神于家，或蹋竹马，或肖狮像，或滚球灯，妆神像，扮杂戏，震以锣鼓，和以喧号，群饮毕，返社神于庙。"

贵池傩戏演出为三段体，即傩仪、傩舞——正戏——傩舞、吉祥词。也就是在正戏的前后，必须有"请神"和"送神"仪式，如"迎神下架""送神上架""请阳神""朝庙"等。演出剧目有两类：一类是以舞蹈为主，以"悦神"为目的的傩舞与吉祥词。另一类是有唱、有白、有故事情节的正戏（又称"本戏"），剧目有《刘文龙赶考》《孟姜女》《张文显》《摇钱记》《陈州放粮》《花关索》和《薛仁贵征东》等。最后一场结束之前，必演《关公斩妖》，以逐邪、祈福。

### 皖南目连戏

目连戏的内容来自《佛说盂兰盆经》中目犍连救母故事。明清时期徽州祁门人郑之珍取当时民间流行的各种本子，重新编撰成《目连救母劝善戏文》，开始在皖南民间演唱，随后影响几遍全国。

目连救母的故事最早起源于西晋三藏竺法护所译《佛说盂兰盆经》。现存敦煌卷子写本《大目犍连变文》《大目连变文》和《大目连缘起》，故事情节已较完备。宋孟元老《东京梦华录》卷八《中元节》说："勾肆乐人，自过七夕，便般目连救母杂剧，直至十五日止，观者增倍。"可见北宋时已有连演七天的"目连救母杂剧"。元明间有《行孝道目连救母》杂剧，无名氏撰，已佚。元末有《目连救母出离地狱升天》宝卷。郑之珍的《劝善记》传奇就是在这些变文、杂剧基础上整理、加工、系统创作而成。

《劝善记》全剧 100 出，分上、中、下三卷。叙述了善人傅相广济孤贫，斋僧布道，升天后受封"天曹至灵至圣劝善大师"。其妻刘青提受人怂恿，违誓开荤，不敬神明，杀害生灵，触怒上苍，被鬼使捽入丰都地狱，备受折磨。其子傅罗卜夙具孝心，甘冒艰险往西天恳求佛祖超度。佛祖嘉其孝义，允许皈依沙门，改名"大目犍连"。目连为寻母去地狱，遍经十殿，百折不回，终于感动天帝，实现了母子重逢、阖家升天的愿望。

目连戏宣扬了佛教因果轮回的宗教观念，同时包含了儒家文化的忠孝和节义精神。除此以外，各类民间小戏和世俗闹剧，如《尼姑下山》《和尚下山》《拐子相邀》《匠人争席》《王婆骂鸡》《哑子背疯》《赵花打老子》《行路施金》等连缀其中，在民间可谓常演不衰。皖南目连戏在上演过程中还渗透添加了一些人民群众的生活和情趣，有的还在演出中穿插了筋斗、蹬坛、跳索、跳圈、窜火等杂技表演，场面热闹火爆，受到广泛欢迎。

皖南目连戏在中国民间戏曲舞台上久演不衰，产生了重要影响。明末清初的张岱在《陶庵梦忆》中记叙了"徽州旌阳戏子"搭台演出《目连救母》三日三夜的盛况。近世乡间也多有目连戏的演出，或三日三夜，或"两头红"（从太阳落山演至次晨日出），也有连演七夜或九夜的。皖南目连戏后来伴随徽商流寓大半个中国，对徽剧、川剧、汉剧、豫剧、昆曲等诸多剧种产生过一定的影响。

## 徽班进京铸辉煌

早在唐宋时期，徽州人已经开始出外经商，用境内的茶叶、木材等特产，到外地去换取粮食和其他必需品。明代开中法（给予贩盐专利的制度）的实行，大大刺激了商业经济的发展，使徽州人的商业活动更为便利，逐渐形成徽商集团。

徽商在商贾之余不失儒雅风度，大多儒贾不分，具有较高的文化修养，突出表现之一就是嗜好戏曲。于是，徽商蓄养戏曲家班的风气于明代后期骤然兴起，特别是扬州、苏州一带的徽州富商，蓄养的家班水平较高。与此同时，徽州本地的戏曲班社也有了长足发展，主要演唱当地流行的徽州腔和青阳腔。入清以后，安徽境内的戏曲声腔有了很大演变，安庆一带相继出现了俗称"吹腔"的石牌调，俗称"高拔子"的安庆梆子，以及由吹腔和高拔子演化而成的"二黄腔"，这些声腔共同构成"徽调"。徽调的流行，对当地和外地的徽班都有很大影响，使得徽班含义有所扩展，成为徽商出资经营、徽调为主要声腔的戏曲班社。当然，徽调不排斥其他声腔，清代徽班除了演唱徽调，也唱昆腔和梆子腔等乱弹诸腔。

清代的徽班活动范围较明代更加广泛，至乾隆中期，徽班足迹遍及大江南北。乾隆五十五年（1790），朝廷为庆祝皇帝八十寿辰，征召江南徽班进京演出。在官府和盐商的大力资助下，扬州的高朗亭徽班捷足先登，率先入京，赶上庆寿大典，受到朝野的普遍欢迎。高朗亭以演唱"二黄腔"著称，他率领的徽班以演唱徽调为主，进京后融合当时京城流行的京腔和秦腔，根基更加稳固，定名"三庆班"。高朗亭艺术精湛，功力深厚，成为京城戏曲舞台上的风云人物。

由于"三庆班"在北京叫响，乾隆、嘉庆之交又有"春台班"和"四喜班"相继北上。至嘉庆八年（1803），由庄亲王出资，邀集安徽艺人组成"和春班"，时称"王府大班"。与此先后，还有"启秀班""霓翠班"等徽班在京城活动。通过一段时间的演出实践，诸多徽班逐渐并入"三庆班""四喜班""春台班""和春班"，形成闻名遐迩的"四大徽班"，颇有压倒一切剧种、戏班之势，占据京城舞台的主导地位。就艺术风格而言，四大徽班各擅其长，表现为"三庆的轴子、四喜的曲子、和春的把子、春台的孩子"。也就是说，"三庆班"以连演整本大戏见长，"四喜班"以演唱昆腔戏著称，"和春班"以演出武戏取胜，"春台班"以童伶出色。各个班社还根据演出特长，丰富了徽调剧目，在继承"荆、刘、拜、杀"四大南戏以及《义侠记》《雷峰塔》《鲛绡记》等昆曲剧目的基础上，直接从观众喜闻乐见的《三国演义》《水浒传》《封神演义》《隋唐演义》《杨家将》等故事中改编了大批剧目，适应不同观众的需求。四大徽班威震京师，吸引了许多来自各地戏班的艺人，其中汉调艺人加入徽班演出，推动了徽调的"二黄腔"与汉调的"皮黄腔"的合流并奏，逐渐向着新的戏曲声腔——"皮黄腔"过渡，为京剧诞生奠定了基础。

到了道光年间，京城戏曲舞台仍是四大徽班的天下。"三庆班"因程长庚、徐小香、卢胜奎等人的加入而显得阵容整齐强大；"春台班"因余三胜、胡喜禄的加入亦有上乘表演；"四喜班"和"和春班"因张二奎、王九龄的加入也是不甘示弱。程长庚是安徽人，来自徽戏的发源地；余三胜是湖北人，来自汉戏的故乡；张二奎自幼在北京长大，熟悉京字京音，三人在表演上各有深厚造诣和卓越贡献，并称"老三生"、"老生三鼎甲"。他们与其他优秀艺人之间相互影响，共同创新，使徽调与汉调熔于一炉，再与北京的语言特点相结合，形成旋律丰富、风格独特，同时能使北京观众听懂和喜爱的京剧唱腔，完成了京剧定型大业。其中，誉满京城的程长庚（1811—1880）后任三庆、四喜、春台三大徽班的总管，并出任"精忠庙"庙首，成为"徽班领袖""京剧鼻祖"。

清末宣统二年（1910），"四大徽班"相继散落。留在南方的徽调依然扎根于安徽、江苏、浙江、江西等广大地区，受各地方言和民间艺术的影响，形成不同的派系，后因历经战火而几近消亡。新中国成立后，拥有300多年发展历史、曾经孕育了京剧并且影响了中国南北数十个地方戏曲剧种的徽调，在党和政府的重视下开始复苏，获得新生。1956年安徽省徽剧团成立，徽调从此正式定名为"徽剧"。1959年，以小演员为主的安徽省徽剧团进京演出，受到首都文艺界的盛赞。1961年，安徽省徽剧团赴沪公演，上海各大报刊争相报道。1990年，安徽省徽剧团赴京参加纪念徽班进京200周年的演出盛会，以其特有的艺术风格再次轰动京城。

## 融陈出新黄梅戏

清朝末年，以"戏窝"著称的安庆，在民间小调的基础上，在青阳腔、徽戏的滋养下，产生了一个新的戏曲剧种——黄梅戏。谁能料到这个带着泥土芬芳和青春气息的小剧种，在新中国成立后会迅速发展，影响遍及全国！

黄梅戏是在"采茶调"基础上，结合安徽当地的民间艺术及安庆方言唱念发展而成，光绪年间已经有了正式班社。蔡仲贤、胡普伢、洪海波、叶柄池、丁永泉等黄梅戏早期知名艺人实现了黄梅戏职业化班社的转换。其中丁永泉促成了黄梅戏发展史上的重要事件：他带领丁家班把黄梅戏唱到了当时的省城安庆和上海，京剧、越剧、扬剧、淮剧、评剧等兄弟剧种给予了黄梅戏重要的影响，尤其是与京剧合班演出，不仅规范了黄梅戏的程式表演，在演出内容与形式上也取得了质的飞跃。

黄梅戏产生全国性的影响是在新中国成立以后。当时一批年轻的知识分子和有志于从事黄梅戏创作的民间艺术家们投身于黄梅戏事业，他们从剧本、音乐、舞台各个方面着手，整体拓展了黄梅戏的表现领域，提升了黄梅戏的美学品格。1954年，凝聚着这批艺术家心血的《天仙配》参加了华东戏曲观摩演出大会，获得巨大成功。随后，《天仙配》《女驸马》《牛郎织女》相继被搬上电影银幕，轰动海内外。湖北、江西、江苏、福建、浙江、吉林、西藏等

黄梅戏《天仙配》剧照

省区也相继成立了黄梅戏剧团，香港、澳门还出现了用粤语演唱的形式，黄梅戏一时风光无限。

黄梅戏以明快抒情见长，韵味丰厚，唱腔纯朴细腻，具有丰富的表现力，且通俗易懂，易于普及。其传统唱腔有花腔、彩腔、主调三大腔系。在音乐伴奏上，早期黄梅戏形成了"三打七唱"的格局，直到新中国成立以后，黄梅戏才正式确立了以高胡为主奏乐器的伴奏体系。黄梅戏的行当体制建立在小生、小旦为主的"二小戏"和以小生、小旦、小丑为主的"三小戏"基础上，现在发展成为正旦、正生、小旦、小生、花旦、小丑、老旦、老生、花脸、刀马旦等行当齐全的剧种。黄梅戏的角色虽有分工，但不像京剧要求那么严格，演员常可兼扮他行。

黄梅戏传统剧目号称"36 大本，72 小本"，其中大戏主要表现当时人民对阶级压迫、贫富悬殊的现实不满和对自由美好生活的向往，如《荞麦记》《告粮官》《天仙配》等。传统小戏主要是反映普通老百姓的日常生活和对爱情的向往与追求，或者对丑恶现象的揭露和鞭挞，大家所熟知的《打猪草》《夫妻观灯》《打豆腐》等小戏，可谓长演不衰。20 世纪 80 年代以来，黄梅戏剧目得到了丰富与发展，《红楼梦》《徽州女人》等作品拓宽了黄梅戏表现新领域。

黄梅戏培养了一大批优秀演员，除了对黄梅戏表演艺术有突出贡献的严凤英、王少舫等老一辈艺术家外，马兰、黄新德、韩再芬等在舞台上也展现出了他们精湛的技艺，为黄梅戏的传承、传播做出了重要贡献。

其中，严凤英（1930—1968）是黄梅戏发展史上具有里程碑意义的一代表演宗师。她以天赋的嗓音、超强的艺术感悟力和虚心学习的精神，为黄梅戏开创了一个崭新而辉煌的时代。

严凤英 10 岁左右跟随艺人严云高学艺，1946 年在安庆拜师求艺于丁永泉、查文艳等黄梅戏艺人，在安庆声名鹊起。

新中国成立后，严凤英排新戏、改旧戏，配合土改、反霸、抗美援朝、宣传婚姻法等；演出了《江汉渔歌》等新创作品。1952年，她主演的现代戏《柳树井》和传统小戏《蓝桥会》《打猪草》在上海演出，大获成功，使黄梅戏首次有了全国性影响。

　　1954年，严凤英在《天仙配》《打猪草》《砂子岗》三剧中塑造了三个性格各异的女性形象，以出色的表演荣获华东区戏曲观摩演出大会演员一等奖和金质奖章，使黄梅戏再次名扬大上海。

　　她的表演艺术水平不断增进，形成了独特的艺术风格。从1953年到1965年的13年间，严凤英演出了50多个剧目，尤其在《天仙配》《女驸马》中成功塑造了七仙女、冯素贞两个艺术形象，已成为她的代表作，也是黄梅戏中的珍品。

　　黄梅戏声名远播是与严凤英的名字密不可分的。从某种意义上说，观众对黄梅戏的熟悉，是从对严凤英的熟悉开始的；对黄梅戏的喜爱和痴迷，也是从对严凤英的唱腔、表演的欣赏开始的。

## 乡土乡情庐剧

　　1957年，安徽省庐剧团赴京汇报演出，引起首都文艺界的高度关注，《人民日报》《光明日报》《戏剧报》《北京晚报》等报刊撰文赞扬了其艺术改革上取得的成就；在怀仁堂演出时，剧团全体演职人员受到了毛泽东、周恩来、刘少奇、朱德等党和国家领导人接见；庐剧演员丁玉兰应邀参加了庆"五一"国宴，并登天安门观礼台。这接二连三的荣耀是庐剧鼎盛时期创造的奇迹。

　　流传于安徽中西部的庐剧原名"倒七戏"，滥觞于大别山区。大别山丰富多彩的民歌、山歌，具有载歌载舞、徒歌帮腔、锣鼓助节表演特征的花鼓、地灯踩跷、挑花篮等多种民间歌舞给了"倒七戏"重要的滋养。至清初，逐渐形成了有当地山区风格的生活小戏。清朝中期，这个山区小戏渐渐走出大别山区。艺人们每到一个地方，摆开地摊，待观众聚集到了一定程度即开演，类似于市场上的杂耍卖艺。此时的"倒七戏"艺术风格尚未成形，艺人们在各地流浪演出中，不断吸收当地的民歌俗曲及其他戏曲材料以丰富自己。

晚清时期，广泛吸纳大别山子弟参与的淮军在安徽大地崛起，给"倒七戏"的发展创造了契机。大别山的乡音、乡调随着淮军的战斗流遍皖北、皖中及东南地区。许多淮军士兵都会哼几句倒七小调，用以点缀枯燥的军营生活。

庐剧在流行发展中，由于受到其生长环境和流行地区的生活、语言、风俗、民情及当地民歌小调的影响，逐渐形成了不同风格的西路、中路、东路（亦称上路、中路、下路）艺术流派。东路庐剧流行于芜湖、繁昌一带，唱腔柔和委婉，细腻平和，称之为"水腔"；中路庐剧流行于合肥、巢湖一带，唱腔明快朴实，流畅娇媚；西路庐剧，以六安、霍山为中心，流行于霍邱、金寨、淮南及湖北的英山、麻城，河南的商城、固始一带，唱腔高亢、奔放，称之为"山腔"。

庐剧的剧目不仅有《讨学钱》《卖线纱》《放鹦哥》等反映劳动人民生活情趣和爱情为主要内容的花腔小戏；也有来自徽戏、京剧或其他剧种，但通过庐剧艺人长期在农村演出，剧中人的性格、感情、语言等都从主要观众——农民的角度出发，加以重新塑造、丰富、深化，因而带有浓厚的生活气息和乡土特色的折子戏。庐剧的本戏多以家庭悲欢离合、爱情、公案为主要内容，《休丁香》《秦雪梅》《乌金记》《花绒记》等剧目，深受观众的喜爱。

庐剧《借罗衣》剧照

新中国成立以后，以"倒七戏"改革为标志的安徽地方戏曲改革拉开帷幕，1955 年 7 月 1 日，"倒七戏"改名为庐剧。随后在短短几年里庐剧实现了传统小戏的逆袭，登上了上海、北京的大舞台。这离不开"庐剧皇后"丁玉兰的贡献。

丁玉兰就像黄梅戏界的严凤英一样，是庐剧观众心中的艺术符号。她从地方味十足的《借罗衣》到词句高雅的《玉簪记》，从村姑到大家闺秀，从青衣到花旦，表演出神入化，活灵活现。1954 年，在华东地区第一届戏曲会演上，丁玉兰主演了庐剧传统戏《借罗衣》。因为她的表演卓越且极富独创性，一举荣获"演员一等奖"，与该剧作曲者合作创改的一些唱腔同时获得大会音乐一等奖。上海人民广播电台将此剧灌制成唱片发行。为了展示庐剧的优美唱腔，大会又让丁玉兰单独展演了《秦雪梅观画》，引起上海音乐界的极大关注。她那性格化的语言、优美的身段、富于感情的神态和圆润质朴、委婉动人的演唱征服了观众，使其获得了"庐剧玉兰花"的美誉。

庐剧对乡土乡情的关注，使它活跃于城乡，至今仍保持着顽强、旺盛的生命力。

## 风情万种泗州戏

泗州戏又名"拉魂腔"，是安徽的优秀戏曲剧种之一。"拉魂腔，拉魂腔，不怕你不来，就怕俺不唱。"流行于淮河两岸的这首民谣唱出了淮河两岸人民对拉魂腔的喜爱。"从东庄、到西庄，人人会唱拉魂腔"又描绘出了"拉魂腔"与人民群众息息相关的生活场景。

关于泗州戏的起源，众说纷纭。因其艺术形成与发展的主要时期在泗州，新中国成立后为体现剧种的地方特色，改名为泗州戏。

早期泗州戏的表演形式非常简单。最初是一个人的自打板自演唱，或自拉琴自演唱，有明显的说唱和沿门乞讨的痕迹。后来发展为有八九个人合作的小戏班,有所谓"七忙八不忙,九个人看戏房"的说法。20 世纪 20 年代后,老艺人徐步俊、魏月华等人把拉魂腔带到了皖北新交通枢纽蚌埠,泗州戏正式进入了城市。这是泗州戏发展史上的重要变革。

新中国成立后,泗州戏的发展又经历了两个重要节点。

其一,1954 年,在上海举行的华东地区首届戏曲观摩演出大会上,泗州戏以《拾棉花》《打干棒》《拦马》和《结婚之前》四个剧目到会参演。其中,生活小戏《拾棉花》演出后,广受好评,许多兄弟省市的剧团和歌剧院都移植了这个剧目,并先后派人到蚌埠市淮光泗州戏剧团进行学习。《拾棉花》还被选到朝鲜为中国人民志愿军演出,到福建前线为指战员演出。

泗州戏《拾棉花》剧照

其二,1957 年"五一"节前夕,泗州戏与庐剧组织代表团进京汇报演出。泗州戏演出了传统剧目《三蜷寒桥》《四告》《樊梨花》《拾棉花》《走娘家》《夜祭》等八出戏,反响热烈。5 月 6 日晚,泗州戏走进了怀仁堂,毛泽东、周恩来等党和国家领导人观看了演出。从蚌埠到上海再到北京,泗州戏从偏安一隅的民间小戏实现了华丽转身,一跃成为安徽省的重要剧种之一。

泗州戏的唱腔随意性很强,演员可以根据自身嗓音条件随意发挥,因此又名"怡心调"。总体而言,其男腔粗犷豪放,高亢嘹亮;女腔婉转悠扬,结尾处多翻高八度拉腔,明丽泼辣,动人魂魄。泗州戏的伴奏乐器以土琵琶为主，辅以三弦、笙、二胡、高胡、笛子等，另有板鼓、大锣、铙钹、小锣四大件打击乐器。其表演在说唱基础上吸收了民间的"压花场""小车舞""旱船舞""花灯舞""跑驴"等舞蹈表演形式，地域色彩鲜明。

泗州戏是重旦角的剧种，"吃包子吃馅，听拉魂腔听旦"。新中国成立后，泗州戏在舞台上大放异彩，与李宝琴等一批优秀艺人分不开。

李宝琴（1933—2015），泗县人，她戏路较宽，技艺全面，既能演花旦、青衣、老旦，还能反串小生、小丑，无一不精。1951年李宝琴参加了蚌埠市泗州戏淮光剧团，成为该团台柱花旦。她扮相俊俏，嗓音甜润，吐字清晰，韵味十足，表演自如，做工细腻传神，在淮河两岸、苏鲁皖豫四省边界享有"泗州戏皇后"的美誉。

## 山野之灵皖南花鼓戏

皖南花鼓戏和徽剧、黄梅戏、庐剧、泗州戏并列为安徽五大剧种，即所谓"徽黄庐泗花"，它流行于皖南与苏南、浙江相毗邻地区，而以宣州、郎溪、广德、宁国一带为最。

在文化生活相对匮乏的年代，看花鼓戏是当地老百姓一种最奢华的享受。每逢春节或农闲，几乎每个村都轮流唱戏。铿锵的锣鼓、悠扬的乐曲、热闹的场面，为寂寞的山村增添了节日喜庆的气氛。

皖南花鼓戏的兴起有一个契机。太平天国定都南京以后，皖南的宣城、郎溪、广德、宁国等地，皆成了太平军与清军反复拉锯争夺的战场，近十年的残酷战争，导致这一带人烟稀少，饿殍遍野。此后的数年间，在清政府减免租税休养生息的政策下，河南、湖北、江淮、苏南、浙西等周边，特别是灾区民众大量涌入这一地区，不同地区的文化习俗也随之带入，造成了不同地区文化习俗、娱乐形式交融汇聚的绝好契机。在此基础上，这一带农村出现了"打五件"（鼓、大锣、小锣、钹、竹板五件乐器）的说唱形式，由一人或两人合作，沿门自打自唱讨取报酬。职业性的"打五件"艺人们，大量吸收皖南民间曲调，丰富和发展了唱腔，逐渐成为分男女角、又唱又做又表演的"地摊子"表演形式，经过百余年的演化，完成了皖南花鼓戏从民间歌舞形式发展成戏剧艺术形式的飞跃。

由于演出的增多，特别是演出中注重了人物故事的描述，表现力较强、变化较多的"四平调""蛮蛮腔""北扭子"和"淘腔"等腔调被广泛采用，逐渐形成了花鼓戏唱腔中的"主腔"和"花腔"。皖南花鼓戏诞生了职业性的"四季班"。随着"四季班"影响的扩大，"花鼓淫戏，败坏风化"的罪名随之而来，为躲避追查，皖南花鼓戏只能在偏僻的地区，或与徽剧、京剧合班演出，农民称其为"草台班"，然而，祸兮福所倚，正是这段"草台班"的演出，造就了皖南花鼓戏有了与比自己成熟的徽剧、京剧近距离接触学习的机会。

皖南花鼓戏《春嫂》剧照

花鼓戏的表演、唱腔、服装、化妆都得到了改进和提高，同时丰富了剧目。

1952年郎溪县成立皖南花鼓戏专业剧团，稍后，宁国、广德、宣城也相继组建专业剧团。皖南花鼓戏开始进入城市进行演出活动。随着皖南花鼓戏影响的扩大，浙江、芜湖相继成立了皖南花鼓戏剧团。皖南花鼓戏由原来不足30名老艺人的剧种，一跃成为拥有300多人的专业戏曲队伍。

这一时期挖掘整理出了皖南花鼓戏传统大戏43本、小戏104个。

这些剧目，喜剧占多数，塑造了各种风趣、勤劳、善良的喜剧人物，带有浓厚的农村生活气息。如反映农民和农村手工业者生活面貌和道德观念的《假报喜》《一家勤》；不满封建婚姻、追求美好爱情生活的《打补丁》《扫花堂》；批评嫌贫爱富、忘恩负义的《荞麦记》《双插柳》；反对虐待父母与子女的《小姑贤》《打芦花》等。

皖南花鼓戏最辉煌的记忆属于两次进京汇演。1982年，皖南花鼓戏新编小戏《春嫂》到北京汇报演出；1990年，受国家民委邀请，反映少数民族风情的新编历史剧《羯鼓惊天》进京汇报演出。这一时期《姐妹皇后》《老板娘》《送瓜苗》等剧目也深受观众喜爱，名不见经传的地方小戏引起了业内的广泛关注，也正是这段时间突飞猛进的发展，使皖南花鼓戏迈进了安徽五大剧种的行列。

## 第二节　丹青书艺

### 白描大家李公麟

一千多年前的宋代，桐城龙眠山隐居一位自号龙眠居士的画人，他就是被后人尊为"宋画第一人"的李公麟。

李公麟是中国美术史上一位重要画家。他确立的"扫去粉黛，淡毫清墨"的白描手法，使白描成为可与设色工笔画和水墨写意相抗衡的传统绘画样式之一，为丰富中国画的表现技法和创作思想做出了重大贡献。

李公麟（1049—1106），字伯时，安徽舒城人（一说桐城人）。北宋神宗熙宁三年（1070）举进士，历任南康、长垣尉、泗州录事参军、御史检法、朝奉郎等职。元符三年（1100），辞官归隐故里龙眠山，自号"龙眠居士""龙眠山人"。李公麟好古博学，长于诗文，精鉴别古器物，尤以画著名，凡人物、释道、鞍马、山水、花鸟，无所不精。像大多数画家一样，他的绘画艺术也是从转益多师阶段学起。

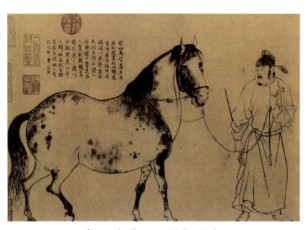

李公麟《五马图》局部

这个阶段他更多的是师法古人，学习传统，大量临摹顾恺之、阎立本、吴道子等名家画作。可贵的是作为一位艺术家，他没有止步于临摹，继而又进入师法自然造化的阶段，从而形成自己独特的艺术风格，其精湛的白描技法在当时就影响很大。李公麟不但工诗能文，画艺高超，而且还是一流的考古学家和文物鉴定家，这与他出身于文化底蕴丰厚的名门大族不无关系。他的父亲李虚喜爱收藏，家里收藏了很多古器、名画、法书，李公麟可谓自幼接受熏染，成年以后，好古善鉴，多识奇字，自夏商以来的钟鼎尊彝皆能考订世次，辨别款识，其喜爱程度甚至达到了"闻一妙品，虽捐千金不惜"的地步。他曾摹绘古代青铜器并加以考证，还参加过整理皇家文物珍藏工作，并成为当世鉴别真伪的权威。

李公麟还经常与当时社会名流王安石、苏轼、米芾、黄庭坚等相往还，他们之间互相砥砺，相互启发，点燃灵感。他为王安石绘有《定林萧散图》《王荆公骑驴图》，应苏轼之请作《三马图》《西园雅集图》。李公麟和苏轼、黄庭坚、米芾等人同是驸马王诜家的座上客，他们在王诜家里的聚会曾被记录在李公麟画的《西园雅集图》中，米芾也为此写了一篇文章，记述他们十几个人在王诜家的花园中饮酒、作诗、写字、画画、谈禅、论道等情景。他在官场生活整整三十年，坚守本性，"仕宦京师十年，不游权贵门"，"从仕三十年，未尝一日忘山林"。他一直以自己超脱的情怀勤奋作画，仅《宣和画谱》便收录了其作品107件，中兴馆录有22件，散见于其他画史著录的作品300余件，是一位多产的画家。李公麟的人物画注重人物内心刻画，强调审美对象的神气之美。他笔下的人物，不仅能从外貌上区别其社会阶层、地域和种族的具体特征，乃至动作表情都有各自情状。如他画笔下的汉代"飞将军"李广夺了胡人的马逃回，在马上引弓瞄准追骑，箭锋所指，人马应弦而倒，这些细致入微的情节都是从现实生活中来。李公麟尤善画马，《五马图》为其代表之作，画里他以白描的手法刻画五匹西域进贡给北宋朝廷的骏马：凤头骢、锦膊骢、好头赤、照夜白、满川花，各由一名奚官牵引，另外每匹马后有黄庭坚题字，谓马之年龄、进贡时间、马名、收于何厩等。

李公麟的"白描"手法继承了传统的绘画风格，接近顾恺之的紧细凝敛，承续吴道子的暗示物象立体结构的粗细变化，并用线条的变化暗示物体的质感，甚至用线条的强弱与所描绘的人的个性相呼应。他所画的人物，往往只凭几条起伏而有韵律感的墨线来完成。他的这种画法，对后世产生了极大的影响，在他身后，宋朝的贾师古，元代的赵子昂、张渥，明代的陈洪绶、丁云鹏，清代的萧云从等名家，皆师法李公麟，并取得相当高的成就。苏东坡更是称李公麟"其神与万物交，智与百工通"。

元代大书画家赵孟頫称李公麟为"白描之祖"。因为继唐代吴道子之后，李公麟充分发挥了白描的丰富表现力，使白描成为绘画艺术的一种重要表现手段。就此而言，李公麟无疑是中国画史上一个重要的里程碑式人物。

## 精丽工巧徽派版画

版画最初源自刻书，起于南宋，盛在明代。徽派版画是明清之际活跃在皖南的画家和木刻艺人通力合作的艺术结晶，由于文人画家参与版画制作，使版画富有文人的书卷气，给中国传统版画艺术带来新的艺术生命。郑振铎在《中国古代版画史略》中给予徽派版画以高度评价："中国木刻画发展到明的万历时代可以说是登峰造极，光芒万丈。其创作的成就，既甚高雅，又甚通俗。不仅是文士们案头之物，且也深入人民大众之中，为他们所喜爱。数量是多的，质量是高的。差不多无书不插图，无图不精工。精丽工巧是万历版画的特点，这在徽派版画中表现得尤为突出。"

徽派版画作为受徽州刻书直接影响而形成的艺术流派，文人意趣和民间装饰趣味相互辉映。明清两代是我国版画发展的高峰期，各个艺术流派林立，除了徽派版画外，还有福建的建安派、杭州的武林派、南京的金陵派等。徽州自古就是造纸业、制墨业的中心，墨模的雕刻由来已久。刻工们利用当地盛产的柘栎树，在大量刻制墨模的同时，精研镌刻技术，并于明万历开始，把这种技术逐步转移到版画上来，从而形成徽派版画。

　　徽派版画的形成还要从徽州两大制墨商程大约和方于鲁两家的恩怨说起。从唐朝末期开始，徽州制墨业就十分发达，被称为中国的"墨都"，徽墨大抵是从这个时候已经开始大名远扬了。到了明代，徽州当地读书风气非常浓厚，推动了纸、墨的生产，制墨技艺随之不断进步，徽州制墨者之间的竞争也逐渐激烈。据史料记载：明代徽州墨工竟达120多家，名气最大的当数程大约和方于鲁两家。最初，方于鲁投奔于程大约门下，学习制墨技艺，后来方氏为谋生另起炉灶，开设墨店，几年后，方于鲁的制墨业务迅速发展壮大，一跃成为程大约最大的竞争对手。方于鲁擅于经营，为了宣传自己的产品，请一批画家绘制了380多幅墨样图，请著名刻工刻印成《方氏墨谱》。程大约请当时徽州最大的画家丁云鹏和吴左千师徒二人专门为之绘图，又延请当时的徽州木刻名工黄鳞、黄应泰镌刻，最后刻印出了一套《程氏墨苑》十二卷。此书堪称画家与刻家的珠联璧合之作。程大约还请了当时的大画家董其昌、状元申时行等名流共17人为墨谱作序，此书的刻印不论在插图数量还是艺术水平上都远远超过《方氏墨谱》。程、方两家在制墨上的较劲却无形中给徽州的版画业带来了飞速发展，将中国的版画技术推向了高峰。

　　徽州画家介入版画创作的同时，也影响和带动了杭州、南京、扬州等地区的画家投入版画创作，最著名的有陈洪绶绘明崇祯十一年（1638）刻本《楚辞述注》和《九歌图》，梅清绘清康熙六年（1667）

刻本《黄山志》，王翚、禹之鼎等绘康熙三十二年（1693）《徽州府志》，等等。徽派版画的发展还推动了绘画领域印制画谱的风行。明天启七年，徽派版画家胡曰从与刻工、印工合作，采用饾版套色印刷了《十竹斋画谱》，把竹梅兰石等画印出了色彩和浓淡干湿的变化，几乎达到了可以乱真的程度。萧云从绘顺治五年（1648）刻本《太平山水图画》，甚至还流传到日本，成为日本人学习中国画历久不衰的范本。

徽派版画在中国文化史上具有举足轻重的地位，细密纤巧、典雅静穆，富有文人书卷气，是徽州画家和徽州刻工通力合作的结果，由于文人画家参与版画创作，绘画技法、表现形式被运用于版画创作，版画开始出现同国画合流的倾向。徽派版画中尤其是饾版与拱花印刷术，对国内外版画都产生了重大影响，特别是对东南亚、日本的版画及印刷术产生重大影响，成为中国版画艺术发展史上的里程碑。

## 文心雅韵徽派篆刻

明嘉靖以后，文人篆刻艺术体系逐步确立，徽州涌现出一大批篆刻家。据韩天衡《中国印学年表》统计：明隆庆六年（1572）至崇祯十六年（1643），共计有各种印谱93部，其中徽州人参与辑钤、摹刻、自刻印谱45部，当时印坛五大流派的代表人物文彭、何震、苏宣、朱简、汪关五家，其中四家是徽州人。到了明末清初，徽州人几乎一统印坛天下，形成了辉煌一时的徽派篆刻。

徽派篆刻艺术无论是技法还是创作理念在中国篆刻史上都占有举足轻重的地位，影响深远，不仅对当时的徽州与扬州地区印人影响深刻，而且对后世的"扬州八怪"诸家，皖派的邓石如和浙派的丁敬、赵之琛以及近代的吴昌硕、黄宾虹等都产生了一定的影响。

徽派篆刻发端于明代中后期，以徽州人何震、苏宣、朱简、汪关、李流芳等为先驱代表人物。何震（1535—1604），字主臣、长卿，号

徽派篆刻

雪渔，徽州婺源人。何震深知印外功夫对于篆刻的重要性，因此精研六书、文字学，曾就"六书"求教于文彭。他主张篆刻应以"六书"为准则，认为作篆治印的关键在于用笔运刀。其作品不拘一格，充分表现个性，给人以"猛利"之感。作为徽派篆刻的创始人，他由此开辟了明代印学乃至中国印学史上的一个新时代，一个庞大的印人群体逐渐聚集在他身边，他们互相切磋，勇于探索。除何震外，徽州人苏宣、朱简、汪关也是其中的优秀代表。

到了清初，程邃"力变文、何旧习"，参合青铜器铭文与大小篆入印，开风气之先，把徽派篆刻推向高峰，并引领当时的篆刻潮流风尚。程邃（1607—1692），字穆倩，歙县人。他精于金石考证之学，又长于铜玉器的鉴别。其诗画幽涩孤忿，但其印却开朗光华，浑穆而有意趣。他还以草篆入印，较朱简更为大胆，给当时的印学界带来了生机。参合钟鼎古文入印，在清初印坛可谓创举，这种创作理念和创新精神给后人在篆刻创作上带来了极大的启示。程邃的篆刻篆法线条斑驳，结体参差自然，章法疏密得宜，刀法朴厚苍浑，所刻边款喜用行草书，亦显厚重有力，别具一格。

当代著名篆刻家韩天衡认为："作为何震之后，徽派篆刻承前启后的重要人物程邃，不仅对后之邓石如、项怀述等徽籍印人产生重大影响，就连扬州、通州等地的印人高翔、童昌龄、黄学圮，甚至浙派的丁敬、赵之琛，近代的黄宾虹等都从他的作品中受益良多。"

中国古代印章一般由铜铸或凿制，也有金、玉等其他材质所制，主要功能为实用。宋、元以后，由于米芾、赵孟頫、吾立衍等文人的提倡，印章开始由实用向艺术过渡。他们自己篆字，请人雕刻。明代王冕和文彭发明用冻石刻印，融书法、绘画、雕刻于一体，使篆刻成为专门的造型欣赏艺术。但王冕和文彭一般也都是篆字，很少自己操刀。真正开文人刻印风气，自篆自刻，把篆刻推向艺术高峰的是徽派篆刻。徽派篆刻的崛起，开启了明代中后期一个由大量文人参与治印的新时代。

清代康乾时期，歙县程邃、巴慰祖、胡长庚、汪肇隆"歙中四子"出现，他们在篆刻艺术上变革创新，自成一体，被称为"歙派"，形成徽派篆刻的第二个高潮。

徽派篆刻的崛起，真正确立了篆刻造型艺术的地位，实现了由印章实用艺术向篆刻造型欣赏艺术的转变。

## 独树一帜"新安画派"

明末清初，"新安画派"的迅速崛起标志着中国绘画中心开始逐渐向安徽南部转移。以渐江为首的"新安画派"画家们高举"敢言天地是吾师"的艺术大旗，走出书斋，貌写家山，一扫明清之际画坛的柔靡之风，开创了明显带有清刚、冷逸、孤高等风格烙印的绘画流派，在中国美术史上熠熠生辉，独树一帜。

"新安画派"成员多是明清易祚时期的徽州士子、学人，他们怀着明王朝"遗民"的孤傲气节遁迹山林，绝意仕进，一边依托徽州望族既精且富的收藏"晨夕观摩，咸志法古"，对前贤名迹心追手摹；一边则放怀丘壑，在得天独厚的自然胜境中体悟山水精神，由此形成了一个具有相似创作理念与审美格调的艺术家群体。他们"师传统，更师造化"，常常登山临水，借景抒情，表达自己的遗民思想和政治抱负，绘画风格趋于枯淡、幽冷，体现出超尘拔俗孤傲之情和凛若冰霜的个性气质。早在清初大诗人王渔洋就有"新安派"之说，并认为"渐江开其先路"，把渐江列为"新安画派"之首。"新安画派"成员众多，力量雄厚，鼎盛时期画艺可观者近80人，其中卓然自成一家者约有20人，以"新安四家"弘仁、查士标、孙逸、汪之瑞为代表，

渐江《天都峰图》

从萌芽、产生、鼎盛到发展、派衍，绵延400余年不衰，堪称中国美术史上的奇迹。

　　"敢言天地是吾师，万壑千崖独杖藜。梦想富春居士好，并无一段入藩篱。"这是渐江表达自己艺术主张的一首诗，同时，也是"新安画派"画家们一直秉承的书画创作理念。渐江早年游武夷山，晚年游庐山，长期行走在黄山和白岳，黄宾虹曾撰文说渐江在黄山"居十余年，挂瓢曳杖、憩无恒榻。每寻胜幽，则挟汤口聋叟负砚以行。或长日静坐空潭，或月夜孤啸危岫，倦归则键关画衲、欹枕苦吟，或数

日不出"。渐江带着笔墨砚台，踏胜寻幽，所以他笔下的黄山与一味摹仿古人的作品大不相同。石涛在渐江《晓江风便图》跋中说到："公游黄山最久，故得黄山之真性情也。即一木一石，皆黄山本色，丰骨泠然生活。"这与清初画家大多躲在书斋里"垒山头"式的创作完全拉开了距离。渐江曾绘《黄山图》60 幅，今藏北京故宫博物院，每幅都是黄山一景，其构图皆按真景提炼而成，幅幅不同，画面鲜活的气息体现了他独具匠心的构思，反映了他在师法造化中的灵性和气质。"敢言天地是吾师"这铿然有力的呐喊是对当时笼罩画坛"仿古""复古"之风的有力抨击，更是"新安画派"以大自然为师的执着精神和富有创意的理念，后来石涛提出的"搜尽奇峰打草稿"也是渐江这一绘画理念的诠释和发展。时代的变迁、遗民的身份和山林的蒙养让"新安画派"画家的作品愈发与同时代的"正统派"拉开了距离，在明末清初的画坛上他们无疑是最富个性的画家群体。

除渐江外，"新安画派"的主要代表人物有程嘉燧、李永昌、李流芳、汪之瑞、孙逸、查士标、程邃、汪家珍、戴本孝、郑旼、江注、祝昌、姚宋等。他们无不以天地为师，在真山真水中体悟，突破书斋山水的摹古之囿，在 17 世纪的山水画坛独放异彩。后虽于清中期后渐趋式微，但其流风却绵延不绝，到了清末民初，黄宾虹、汪采白、张翰飞等画家的继起，在师承"新安画派"传统的基础上，又让"新安画派"有了新发展和派衍，并为近现代山水画艺术的传承与创新提供了丰厚的启示。黄宾虹之所以成为"新安画派"杰出的承前启后式的人物，与他长期实践着"新安画派""敢言天地是吾师"的创作理念是分不开的。他一生九上黄山，五上九华，四上泰山，对名山大川，晨雾暮霭，一木一石无不纵观细察，89 岁高龄还深入到名山大川去"搜妙刮真"，足见他尊敬传统、崇尚自然，以天地为师的创作理念和态度。

艺术源于生活，源于自然，"新安画派"历经 400 年不衰，也给我们今天的艺术创作带来了新的启示。

## 萧云从和"姑孰画派"

明末清初，皖南跃升为中国绘画的中心，徽州的"海阳四家"，宣城的梅清，加上芜湖的萧云从，一时风生水起，派别林立，并成鼎足之势。其时，萧云从居芜湖开"姑孰画派"，其影响播及日本。

萧云从（1596—1673），字尺木，号默思、无闷道人等，芜湖人。他自幼聪慧，据他在所著《易存》序中说"八九岁从师讲孟子六律五音"，"亦自解诂章句"，十五岁便开始临摹唐寅作品，明崇祯十一年（1638）与弟萧云倩加入复社，次年为副贡生。入清不仕，闭门读书赋诗作画。早期作《秋山行旅图卷》，绘《太平山水图》43幅，另有《闭门拒额图》《西门恸器图》《秋山访友图》《江山览胜图卷》《归寓一元图卷》《谷幽深卷》《崔萧诗意卷》等。清康熙元年（1662）重修太白楼，应太平知府胡季瀛的邀请，为采石矶太白楼绘制了《峨眉烟云》《华岳苍松》《匡庐瀑布》《泰岱旭日》四幅名山壁画，使"名山之胜""仙魄攸存"。当萧云从的壁画完成后，立即引起轰动，文人墨客纷至沓来，赞叹不绝。

萧云从《太平山水图》刻本不仅为中国版画事业做出了巨大贡献，而且还对日本画界

萧云从作品

产生了巨大影响。我国现代文学家郑振铎对《太平山水图》极为赞扬："图凡四十三，无一不具深远之趣。或浪卷云舒，烟笼渺渺；或田园历历如毯纹，山峰耸叠似岛屿；或作危崖惊险之势，或写乡野恬静之态，大抵诸家山水画作风，无不毕于斯，可谓集大成之作矣。"18世纪，《太平山水图》刻本流传到日本，日本画家称它为《萧尺木画谱》《太平山水画贴》，研习的人很多，促使日本的南画迅速发展。白井华阳的《祇园南海传》记载："日本南宗文人画派奠基人物祇园南海、柳里恭、池大雅都曾临摹过萧云从的《太平山水图》。"日本画家理论家秋山光夫在《萧尺木与秋山行旅图卷》中说："萧尺木艺术的影响，在我国绘画史上有很深的意义，这是谁都应该承认的。而南海以《萧尺木画谱》给池大雅这件事，在我国艺苑已成为脍炙人口的佳话了。"

"姑孰画派"一词，最早见于康熙时期徐沁《明画录》，到了乾隆时期，官至户部尚书的黄钺出于对萧云从的崇拜和桑梓之情，对"姑孰画派"又进一步推波助澜。由于萧云从的绘画成就突出，画名著于时，与孙逸齐名，师其法者甚众，二人被共推为南宗画派分支"姑孰画派"之祖。这样，以太平府署所在地姑孰（今当涂）为名的"姑孰画派"逐渐形成。其中萧云从的弟弟萧云倩，儿子萧一阳，侄子萧一荐、萧一箕、萧一芸，他们画山水谨依家法，是"姑孰画派"的中坚力量。姑孰画家长期生活在当涂、芜湖、繁昌一带，这里的青山秀水及释道精神激发着他们对大自然的热爱，他们以抒写家乡的真山真水为夙愿，所表现的文人、士大夫的高雅、清逸的画风，不自觉地为"姑孰画派"的形成打上了鲜明的烙印。他们师法自然，师古而不泥古，师法宋元绘画，宗法倪、黄，亦受民间版画的影响，父诏其子，师授其徒，收罗古今名画，互相鉴赏，共同研究，故而取境渐高，造诣益进。

## "黄山巨子"梅清

1667年，梅清第四次北上会试落榜，他愤而写下了"誓归南山南，吾自适吾适"的诗句，决心放弃仕途、归隐乡野，寄情诗画以自娱。

1678年，梅清首次登上了黄山，时年56岁。在盛夏溽暑之中攀山，同行者纷纷大呼，挥汗如雨，唯梅清觉得美景撩人，乃生平之快事并作长诗《黄山纪游诗一百韵》详细地记录这次壮游。他们首先由仙源宿松谷庵出发，当晚半夜即起，披星戴月往云门峰、石笋峰前进，自云门峰底一路攀爬上行，莽榛蔓草，杖短难拨，登至峰顶后下瞰左近的石笋峰群，梅清叹说："昨为仰面尊，今为培塿末。"石笋峰观之

梅清作品

已俨若小土丘，众人目瞪口呆，梅清乃大呼"从此识黄山"。梅清的这次黄山之游与黄山结下了不解之缘，从此以后，梅清的作品题材至少有一半是黄山。

梅清（1623—1697），字渊公，号瞿山、敬亭山农，安徽宣城人，善诗、工书，著有《天延阁集》《瞿山诗略》等。梅清出身宣城名门望族，自称"尚在孺子时，束发攻书史"。王士禛赞誉他"画样今无敌，诗名旧绝伦"，他是"宣城诗体"一派早期核心人物。梅清性豪

迈，喜交游，日日文人骚客盈席满座，一生广交四方名士，如渐江、查士标、程邃、戴本孝、王士禛、施闰章、石涛等，他们之间研习画艺，切磋画理，相互影响。梅清第四次落榜归来后，并没有像他说的那样"誓归南山南"，而是又六次北上京师，前后共10次参加会试。1688年，66岁的梅清第十次北上春试，仍失望而归。

近代山水画大家贺天健讲："石涛得黄山之灵，梅清得黄山之影，弘仁得黄山之质。"梅清擅画黄山，他在《黄山十六景》自题："余游黄山后，凡有笔墨，大半皆黄山矣。"该图册分别表现黄山的始信峰、西海门、光明顶、翠微寺等十六个景点。此外，梅清还有《黄山十景》《莲花峰》《天都峰》《炼丹台》等大量表现黄山的作品。有些作品虽不能指何处，但那山石、云海、松树以及颤动的线条、细密的皴法、轩朗的画面，一看便知是黄山。梅清是画黄山奇松的高手，"下笔磅礴多奇气"，人们把他画的黄山松列为神品，《宣城县志》称他"善画理，墨松尤离奇，苍雄秀拔，为近来未有，海内鉴赏家无不宝贵"；《蚕尾续集跋》说"宛陵梅渊公画松为天下第一"。梅清的画，以真山真水为创作源泉，以饱满的真情实感，宽博的诗、书、画修养和高超的艺术技巧，表现黄山的秀美、心灵的高洁。他笔下的黄山，以气势取胜，行笔流动豪放，运墨酣畅淋漓，取景奇险，用线盘曲，富有运动感，异于新安派比较生涩清峻的画风。他长期深入黄山，多写生黄山真景。虽经常自称学元代，却有自己独特的创造。他风格清俊高逸，表现山峦的云烟变幻，松多奇苍，善用卷云皴，给人苍茫之感。他的黄山传世画作有《黄山十九景图》册、《黄山图册》、《黄山炼丹台图》轴、《西海千峰图》等，分别收藏于故宫博物院、上海博物馆、辽宁博物馆、安徽省博物馆等处。故宫博物院收藏的梅清《黄山图册》中所画的始信峰与绕龙松、西海门、莲花峰相当精彩，给人灵秀、飘逸的视觉感受，尤其是图册中《汤池》《松谷》《文殊院》《翠微寺》属鸟瞰全景式构图，尤见气势。

梅清独具特色的松秀笔法和清俊高逸的风格在中国绘画史上留下了浓墨重彩的一笔，特别是他提出了"古人在我""不薄今人爱古人"和石涛"我自用我法"的绘画理论一并成为当时画坛的"革命宣言"，引领一代风气，至今不衰。梅清还以自己独特的画风确立了独领风骚的"宣城画派"，他和石涛是"宣城画派"的领军人物，"宣城画派"的重要画家，还有半山和尚、梅庚，梅清的儿子梅蔚、梅磊，侄孙梅庚、梅翀等。

## "布衣书圣" 邓石如

邓石如一生布衣，不入仕途，然而，他在艺术上却享有"书圣"的大名，他的书法在清代被推为 "国朝四体第一"。书论大家包世臣对邓石如的艺术成就给出了极佳肯定："怀宁布衣邓石如字顽伯，篆、隶、真、分、狂草、印刻，诸体兼工，一点一画，若奋若博，盖自武德以后，间气所钟，百年来，书学能自树立者，莫或与参，非一时一州之所得专美也。"

邓石如（1743—1805），原名琰，字石如，后更字顽伯，号完白山人等，怀宁县白麟畈邓家大屋（今安庆市宜秀区五横乡）人，杰出的书法家、篆刻家。邓石如出生于清寒的书香门第，仅9岁时读过一年书，后因家贫停学，以采樵、贩饼饵糊口。在其祖父和父亲的影响下，他对书法、金石、诗文有了浓厚的兴趣，并有长足进步。17岁时，作《雪浪斋铭并序》篆书，博得好评，从此踏上书刻的艺术之路。20岁左右，他开始了寻师访友的游历生涯，曾在江宁大收藏家梅镠处八年，纵观博览，悉心研习，苦下其功，收获颇丰。在游历天下名胜之际，他临摹了大量的古人碑碣，锤炼自己的书刻艺术。邓石如的一生不求闻达，不慕荣华，不为外物所动，始终保持布衣本色。他擅长四体书，其篆书以李斯、李阳冰为师，纵横捭阖，字体微方，接近秦汉瓦当和汉碑额，富有创造性地以隶法作篆，大胆地用长锋软毫，通过提按、起伏大大丰富了篆书的用笔。他的草书引碑入帖，在中国书法史上具有里程碑意义，代表作"海为龙世界、天是鹤家乡"五言联，造型奇险，取势夸张，如万岁枯藤，似崩浪雷奔，创造了一种新的审美境界。此联曾经是毛泽东的秘书田家英所藏，1961年，田家英受毛泽东委托到杭州做农村调查，他在杭州书画社的内柜意外发现了邓石如的这件草书对联，当即买下，后来捐献给了中国国家博物馆。邓石如的隶书、楷书、行书也都自成一体，影响甚广。近现代书法大家沙孟海说："清代书人，公推为卓然大家的不是东阁大学士刘墉，也不是内阁大学士翁方纲，偏是那藤杖芒鞋的邓石如。"

邓石如还是"皖派"篆刻的创始人，他在徽派篆刻基础上创立起来的"皖派"篆刻，呈现与"浙派""粤派"等其他流派篆刻截然不同的艺术审美特征，这些审美特征涵盖了篆刻的篆法、刀法、章法及其整体气质等方方面面，具有很高的辨识度。他将极富弹性与张力的碑额文字和小篆笔法融入印作之中，拓宽了篆刻的取资范围，形成了自己刚健婀娜的风格面貌；在刀法上冲披结合，酣畅洒脱，使刀如笔，婉转流畅，作品表现出浓郁且丰厚的笔墨情趣；在章法上计白当黑，开合险绝，产生了强烈的虚实对比感，为印坛开创出气局宏阔、刚柔相济的全新面目。邓石如崛起于当时的印坛，不仅成为"皖派"篆刻的开创者，更为后世印人表现个人书风、刀法情趣等个性发挥做出了积极的榜样，对我国近代篆

邓石如书法

刻艺术的发展产生了重要影响。

邓石如在书法理论上也颇多创见，他提出了"疏处可以走马，密处不使透风"的"计白当黑"论，至今对中国书画、篆刻、艺术设计等领域产生重大影响。

## 山水大师黄宾虹

黄宾虹是一生寂寞的艺术家。黄宾虹早年曾是南社社员，参加过一些民主活动甚至激进的革命活动，还曾被军阀缉捕，平生最崇拜的人之中就有革命党人谭嗣同。但是，黄宾虹在中年后就逐渐淡出了社会组织和活动，退守学术和艺术领域，以学术、艺术终其身。黄宾虹的绘画艺术在当时并未被大多数人看好，今天，他却是名至实归的大师。

黄宾虹

黄宾虹之所以如此寂寞归根结底还是艺术本身的原因。作画从来不求讨好谁、粗率、苦涩、苍凉，学问气息深奥，不是一眼就能看透的。他的画很少设色，即便设色也很浅淡，多以水墨，尤其是积墨、宿墨为主，粗服乱头，被人讥讽是"黑乎乎""瞎遏遏"，特别是他1952年患白内障几乎失明后，画面更黑、更粗、更凌乱，甚至连基本的形都没有了。黄宾虹说，画者是寂寞之道，他自己就走了一条寂寞之路，高处不胜寒。但他生前对自己艺术的未来是很自信的。他对学生说，我的画30年或50年后再拿出来裱裱挂挂，人们才能看懂我的画。

黄宾虹（1865—1955），徽州歙县人，生于浙江金华，成长于老家歙县潭渡村，初名懋质，后改名质，字朴存，号宾虹，别署予向。

黄宾虹出身书香门第，祖上出过不少文人、画家。在这种家庭熏陶下，黄宾虹自幼学艺，课余之暇，兼习篆刻。6岁时，临摹家藏的沈廷瑞山水册，曾师从陈崇光等学花鸟。后居上海30年，前20年，主要在报社、书局任职，从事新闻与美术编辑工作；后转做教育工作，先后任上海各艺术学校的教授。1937年应北平文物陈列所之聘鉴定书画，并担任北平艺术专科学校国画研究室教授、中国画学研究会评议等职。黄宾虹早年受"新安画派"影响，以干笔淡墨、疏淡清逸为特色，为"白宾虹"；80岁后以黑密厚重、黑里透亮为特色，为"黑宾虹"。其技法得力于李流芳、程邃，画作重视章法上的虚实、繁简、疏密的统一；用笔如作篆籀，洗练凝重，遒劲有力，在行笔谨严处，有纵横奇峭之趣。他认为，作画在意不在貌，不应重外观之美，而应力求内部充实，追求"内美"。黄宾虹系统梳理和总结了前人对于

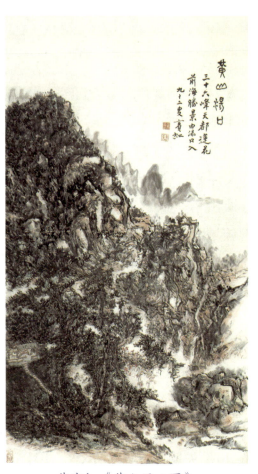

黄宾虹《黄山汤口图》

笔墨运用的经验，在晚年总结出"五笔七墨"之说。他是中国近现代山水画的引领者，开启了我国近现代山水画的新面貌，一改晚明以来我国山水画的"非入枯梗，即流柔靡"的衰败之风。他用道家的哲学来规范自己的绘画语言，将深厚的国学底蕴和传统的笔墨关系糅合起来，终于形成了全新的"浑厚华滋"的山水画面貌。

黄宾虹认为：山水的美在浑厚华滋。在作画中，他注重"内美"的呈现，强调"内美外美，美即不齐，丑中有美，尤当类别"。

　　黄宾虹不仅是一位杰出的山水画艺术大师，更是一位教育家、著作家。他深究画史、画理，做了大量整理国故的工作，他的画学理论对中国文化、中国绘画美学、中国绘画理法系统做了较为深刻的阐述和补充，其要者有《虹庐画谈》《古画微》《画法要旨》《黄山画家佚史》《宾虹话语录》《画学编》等。他屡经事变、阅历沧桑、阐幽发微，在书艺、印学、诗文、金石、教育等方面均有成就。

　　黄宾虹的画始终追求的是表达民族精神、民族性，他自己曾说"浑厚华滋我民族"。他在画论、题跋、诗句中不断提到，中华民族无山不美、无水不秀，中华民族具有浑厚华滋的民族精神。

## 传奇女画家潘玉良

　　1984年2月24日，旅法画家潘玉良的七箱遗作遗物被运回国内，并存放在安徽省博物馆。这位20世纪30年代中国女性绘画的领军人物重新进入人们的视野。

　　潘玉良（1895—1977），我国现代女性绘画事业的先行者之一，20世纪中国最有影响力、最有代表性也是成就最高的女画家。她一生勤奋创作，在绘画和现代美术教育中努力探索中西艺术结合的道路。

　　在没有遇见后来成为她丈夫的老同盟会会员潘赞化（安徽芜湖人）之前，潘玉良的经历曲折凄惨。然而，谁也不曾想到，中国现代画坛的诸多第一却是由这样一个

潘玉良《自画像》

出身卑微，有着坎坷经历而又自强不息的弱女子创造的：

1920 年 9 月，她考取上海美术学校西洋画正科班，成为上海地区高等院校招收的第一批男女同校生之一，也是中国高等美术教育史上的第一批男女同校生；

1921 年 7 月，她考取法国里昂中法大学，成为国内招收的第一届海外本部生之一；

1925 年，她考入意大利罗马皇家美术学院，油画作品入选意大利国家级展览会，成为获此荣誉的第一位中国人；

1928 年 9 月，她担任上海美术专科学校西画系主任，成为中国现代美术史上的第一位担任高等美术院校西画系领导者的女性；

1928 年 11 月 28 日开幕的"潘玉良女士留欧回国纪念绘画展览会"是中国第一次举办女性油画家的个人展览；

1929 年 3 月，她进入国立中央大学从事西画教学，成为该校第一位绘画女教师。

潘玉良创造的这些"第一"，开辟了一条中国女性绘画的崭新道路。她仅仅以 8 年的国内外求学经历，就跻身于中国美术的前沿地带，并成为当时中国现代美术开风气之先的几位先行者之一。她 1937 年再次赴法，直至 1977 年在法国病逝。在法国 40 年中，她的作品经常参加各类沙龙展览并远赴美、英等多国展出，先后获奖 20 多次，被授予比利时金质奖章、巴黎市长"多尔烈"奖、法国"文化教育"一级勋章等多项荣誉。

潘玉良"不仅是画家，还是雕塑家，是一个全面的艺术家"，她一生在油画、白描、彩墨画、雕塑、版画等诸多领域，都成就颇高。仅就这点而言，其他女性艺术家是无法望其项背的，就是同时代的男性画家徐悲鸿、刘海粟也没有做到的。

潘玉良的美术作品中，油画是其中的精华。她从西方古典主义入手，继承了"印象派"的艺术思想，又在吸收西方艺术精华的同时自觉地强调自身的民族文化身份，将中西文化合于一体。特别是她在1930 年以后的画作，运笔潇洒自如、刚健沉稳，赋色浓艳明快、雍容华丽，把本民族传统绘画中的意境、笔韵融入西方油画的表现之中，使作品有一种细腻、舒展、爽朗的东方格调。1935 年，徐悲鸿在文章中曾说道："真艺没落，吾道式微，乃欲求其人而振之，士大夫无德，而得巾帼英雄潘玉良夫人。"

潘玉良在 1942 年后尝试彩墨画的创作，她主张"由古人中求我，非一从古人而忘我"，用彩墨试写人体、静物、走兽飞禽，坚持"合中西于一冶"的艺术探索。她的彩墨画结合中国书法的线条，勾勒外部轮廓和整体画面的统一，将墨线准确把握对象形体和质感成功地引进画面之中。在背景的处理上，她突破了传统文人画的"布白"框子，用交织重叠的短线组成肌理，加上擦染做出油画般的层次的背景烘染和后期印象派的点彩以及其他流派技法的合理运用，使作品始终散发出神州的泥土芳香，表现出强烈的东方艺术特色。

此外，潘玉良的遗作中还保存了大量的白描和速写作品，其中的白描作品最为引人瞩目。陈独秀在 1937 年为潘玉良白描作品题词，称其"以欧洲油画雕塑之神味入中国之白描，余称之曰新白描"，并称赞"今见其新白描体，知其进犹未已也"。潘玉良用中国传统的线描，结合西画中对人体结构的理解，创造的白描女人体有很深的造诣。她以刚中见柔的精练线条、虚实相宜的准确造型和缓急得体的中国书法笔致，成功地表现了人体的柔美与坚实、力量与韵味，令人叹为观止。她把传统绘画中富有情感的线条造型和西画具有表现力的形体构造作了较好的结合，丰富了传统白描的表现力，创造了独具特性的美感情趣。

潘玉良一生热爱祖国，身处异国 40 年却没有加入外国国籍，坚持故后穿旗袍入殓，体现了一位伟大艺术家的爱国情怀。

## "当代草圣"林散之

林散之作品

　　林散之是中国传统书法美学的集大成者，堪称诗、书、画三绝，尤以草书成就蜚声海内外，有"当代草圣"的美誉。赵朴初先生作诗称"散翁当代称三绝"，并在南京专程拜访他时写道："林老书法，举世无双。"

　　林散之（1898—1989），名霖，又名以霖，字散之，号三痴、左耳、江上老人等。安徽和县乌江人。早年拜乡贤范培开学书，后从含山进士张栗庵学诗。此后为求艺道，只身负笈上海，拜黄宾虹先生为师习画。年轻时期就书、诗、画俱进。他牢记恩师黄宾虹"师古人，更要师造化"的教导，在 1934 年，37 岁时告别老母妻儿，开始行程 16000 余里的游历，历尽艰难险阻，得画稿 800 余幅，诗近 200 首，并观摩沿途历代刻石书法，胸襟与眼界大开。后又两游黄山，在名山大川中体验方法，寻觅新意，尤对山川景色、风云气象变化之灵韵深有体会。这对其后来诗、书、画高逸格调的形成，起到重要作用。1949 年后他曾一度出任江浦县副县长，负责农田水利。1963 年临近退休之际，被聘为江苏省国画院画师，踏上专业书画创作之路。厚积薄发的林散之于 1973 年在《人民中国》画报第一期中国书法专辑刊登草书条幅《东方欲晓》，在海内外引起强烈反响，此时他已 76 岁，真可谓大器晚成。日本书道界对其书更是推崇备至，书道团体来华访问，都以能拜会林散之为荣。1984 年 5 月 16 日，"日中书法友好访华团"在南京莫愁湖郁金堂与林散之晤面。青山杉雨这位直率而又狂傲的日本当代书坛泰斗本来对中国现代书法不以为然，当他见到林散之的作品以后，当场便行鞠躬之礼，并敬题"草圣遗法在此翁"为赠，一时传为佳话，林散之名声大震，"当代草圣"之美誉也由此传开。

林散之师从中国画大师黄宾虹，黄宾虹反对逼肖古人，敬古而不泥古并力求自新。黄宾虹对中国书画艺术传统的这种态度，对其书法风格的形成与发展具有重大的意义。林散之草书瘦劲飘逸，用笔特点是笔笔中锋，线条瘦劲，圆中有方，方中见圆，牵丝引带，字字相连。他尤其擅长用生宣纸和长锋羊毫笔，有时行笔缓慢，如作楷书，线条凝重、沉静、枯涩，似春蚕吐丝；有时行笔疾厉，有迅雷不及掩耳之势，急转直下，如藤蔓檐，一气呵成。正是这种生宣纸和长锋羊毫笔丰富而微妙的变化，造成雄伟飘逸的姿态、磅礴放旷的气势和划沙折股般的笔意，具有很强的艺术感染力。林散之曾说过："力量凝蓄于温润之中"，"看不出用力，力涵其中，方能回味"。

晚年，林散之谋求诸家草法的融合，尤其是将怀素与王铎两家草法加以变通。他对王铎草书有深刻的认识。王铎草书承继"二王"、怀素，并合以米芾笔法，精熟至极，奇巧至极，真可谓无以复加，走其老路，恐难以再创新境。于是，他反其道而行之，加以变长法。其以隶意入草，涵溶于笔墨之间，无一生硬之迹，非深识其书者，难以看破。他以深厚的汉隶功力来改造王铎草法，返熟为生，以拙破巧，从而造就了属于自己的草书——"林体"。

"大江绕绝壁，草圣伴诗仙。"在马鞍山美丽的采石矶，距离李白衣冠冢不远处，是林散之艺术馆，也是林散之的墓园。

## 雕塑大师刘开渠

刘开渠被称为"中国现代雕塑奠基人"，他不仅是伟大的雕塑家，还是知名的教育家。人民英雄纪念碑主体浮雕《胜利渡长江　解放全中国》就出自刘开渠之手。

中国的雕塑艺术由来已久，从大量动物、人物神话传说为内容的装饰雕刻开始，到龙凤图腾，神话雕刻、众多的庙宇、石窟等蔚为大观的世界宗教圣地，以至秦汉唐的陵墓雕塑和秦陵兵马陶俑，堪称人类智慧之结晶。古代雕塑广泛为宗教服务，人物雕像一般都被赋予神化，几乎难以见到采用写实的手法为真人塑像。这是中国雕塑史上一个富有特色的文化现象。

古代雕塑的发展至明清时期已呈衰退的趋势。然而，经过辛亥革命、五四运动以后，在"科学与民主"两面旗帜的感召下，新文化运动蓬勃开展，中国雕塑艺术开始运用西方科学的写实手法表现伟人和英烈，写实的人像代替了神化的像偶。现代雕塑观念的萌生，经过学院严格科学训练的新生代雕塑家的涌现，使中国现代雕塑进入了它的开创时期，刘开渠正是这一时期从法国留洋归来，成为开创写实主义雕塑创作的一员主将。

刘开渠（1904—1993），安徽萧县人，中国现代雕塑大师，杰出的教育家。他出生于普通农家，有幸在进入萧县高等小学以后遇到了良师王子云。王子云发现了他的绘画天赋，举荐他报考国立北京美术学校。1921年，他如愿进入该校的大学部，接受正规西画训练，刘开渠迈出了人生历程中关键的一步。1928年，24岁的刘开渠在蔡元培的资助下，赴法国巴黎国立美术学院留学，师从法国著名雕塑家朴舍，专攻雕塑，在这里他接受了各种不同思想的碰撞。1933年回国，担任杭州艺专雕塑系主任。抗日战争期间，曾在成都、重庆从事雕塑创作和美术教育。1934 年完成《"一·二八"淞沪杭抗日阵亡将士纪念碑》，这是中国第一座由国内雕塑家完成的纪念碑。此后相继完成了《王铭章骑马像》《李家钰骑马像》《川军抗日出征阵亡将士纪念碑》《农工之家》等多件力作。新中国成立以后，刘开渠任国立艺术专科学校校长，1953 年赴北京领导并参加人民英雄纪念碑的建造工作，创作主体浮雕《胜利渡长江　解放全中国》《支援前线》《欢迎解放军》。60 年代以后，刘开渠把主要精力放在了教学上。这一段时间虽然在创作上显得有些低落，但迎来了教育的丰收，他把自己近 30 年的创作与教学经验悉数传授给学生，这些学生现在几乎都成为我国雕塑事业的新一代中坚骨干和优秀组织者。另外，刘开渠对雕塑创作与教学也作过理论研究，先后编撰出版有《中国古代雕塑集》《刘开渠雕塑选集》《刘开渠美术论文集》《刘开渠雕塑集》等，其思想对中国雕塑的发展有着深远的影响。

刘开渠《胜利渡长江　解放全中国》雕塑

　　刘开渠始终把雕塑当作塑造时代精神的利器。他主张雕塑艺术在"创造一种新境界"的同时，应该起到"明劝诫，着升沉"的作用。中国博物馆协会名誉理事长吕章申对刘开渠做了更好的注解：刘开渠以毕生的精力将西方的雕塑观念和技巧与中国的民族精神和审美形式相融汇，创造了许多代表 20 世纪中国雕塑最高成就的作品。他以自己的实践颠覆了明清以来中国雕塑塑造泥菩萨的传统，将中国雕塑引入国家层面的公共空间，并成为 20 世纪公众喜爱的公共艺术形式。

他以富有独特气质的雕塑语言讴歌了中国人民的民族精神和英雄气概，创立了中国雕塑的现代风范，形成了朴素、洗练、沉稳和重于内在生命表现的艺术风格，为中国现代雕塑奠基人。

### "龙城画派"播江淮

在清代乾嘉时期皖北的萧县出现了一个盛极一时的画派——"龙城画派"。"龙城画派"因地而名，龙城是萧县的古称，皖北重镇，背齐鲁、扼吴越、接两楚，古称萧国，是中原文化和吴楚文化的交融之地。自古萧县人能书善画，蔚成风气。据《萧县志》记载："作者相望，大雅为群，下及妇孺，均持名教，金石成录，诗歌升堂。"描述了萧县自古以来画风昌盛的景象。在清代乾嘉年间，出现了一批画人，如刘本铭、袁汝霖、张太平、刘云巢、吴作樟、吴柳庵、路荫南等，他们效法当时的"扬州八怪"，在继承传统技法的同时又冲破传统的束缚，追逐时代新潮，以强烈的个性挥洒写意，以泼辣豪放的笔墨写实。他们艺术倾向一致，笔墨情趣相同，又带有强烈的乡土气息和文人气息。这个以龙城为中心，以大写意画风为主的画家群体一时多达百余人，形成了名动徐淮的"龙城画派"，直到清末，相继者还有善写意牡丹的宝池和尚，善墨竹的王为翰，善大写意花鸟的欧阳南荪，善画蝴蝶的袁塘，善山水画的侯子安，善画螃蟹的朱孝堂，善画牛的孙云江等，一时画手林立，蔚成风气。

到了清末，风气所至，又影响了萧龙士、刘开渠、朱德群、王肇民等画家，他们经历了民国时期，到了新中国成立以后，已经成为在不同美术领域非常具有影响力的艺术家。

其中，萧龙士是中国当代大写意花鸟画领域的代表人物之一。他一生致力于大写意花鸟画的追求与探索，先后求学于吴昌硕、齐白石，并有新的创造与发展。他把浓郁的乡土气息融入高度精粹的文人画之中，给中国当代大写意花鸟画注入了健康的生命力，使国画艺术更贴近生活，更具时代气息和人文精神。萧龙士以"诗书画三绝，德艺寿齐辉"享有当代花鸟画大家的盛誉，对于江淮大写意画派的形成和发展，影响深远。

萧龙士一生笔墨风格经过几个阶段的发展变化，而浓郁的乡土气息、朴实纯真的农民本色始终贯注笔端。他从生活中撷取灵感，除画兰荷、蔬果等常见题材外，还有菊、梅、枇杷、牡丹以及飞禽走兽、山水、人物，始终不离生活，不离自然，他将平凡的景物演绎出造化之妙。这种追真求朴的美学思想源于庄子的"素朴而天下莫能与之争美"。萧龙士受老庄文化影响至深，他以朴之心、朴之情、朴之笔、朴之墨，去描绘时代的至真、至善、至美；他不计名利，不计得失，常以兰荷自喻，被誉为"当代兰荷大师"。

二十世纪六七十年代以来，在安徽画坛出现一批受萧龙士影响、笔墨取向一致、个性气质接近、创作手法相同，以大写意为主的画家，江淮大地，一时莫不"家家荷花，户户幽兰"，学者景从，遂成派系，有学者遂把以萧龙上为代表的画家群体称为"江淮大写意画派"。

萧龙士《红荷鸳鸯》

# 第三节 匠心独运

## 宣纸：纸中之王千年寿

2008 年北京奥运会，张艺谋讲述的中国故事，是从一张纸开始的。这张纸，就是宣纸。

"宣纸"这个词最早出现于唐朝张彦远的《历代名画记》："好事者置宣纸百幅，用法蜡之，以备摹写。"五代时南唐后主李煜特别设立专门机构来督造宣纸，并把精品贮藏于"澄心堂"，这就是史上非常有名的"澄心堂纸"，当时人们就这样描述它："肤如卵膜，坚洁如玉，细薄光润。"而我们今天所说的宣纸则起源于元。

1278 年，陕西灵宝县的曹大三一族为逃避战乱，几经辗转迁徙到今安徽泾县小岭。他组织族人在小岭建立造纸生产基地，经过几代人的努力，终于在元末明初创造出稻草制浆与青檀、皮浆、草浆掺和，按一定量配比的制纸法。用此制纸法制成的纸就是我们现在所常见常用的宣纸。由此小岭曹氏被冠以"宣纸世家"，小岭被誉为"中国宣纸的发祥地"。700 余年间，制造宣纸的核心技艺一直在小岭曹氏一族世代传承。直到清代后期宣纸生产才向小岭以外扩展，并有外姓人介入，出现了如朱同太、汪六吉、汪惠通（同和）等外姓业主。

宣纸的发展经过几个重要的历史时期。其中元代以倪云林、王蒙、吴镇、黄子文等为代表的山水画派冲破传统宫廷画法的桎梏，提倡淡墨写意和泼墨挥洒等技法，对宣纸业的发展起到显著的推动作用。

到了明代，宣纸制造技术以及宣纸的加工工艺日趋精湛。明代江苏书画名家文震亨尤为推崇泾县宣纸，在其所著《长物志》中云："吴中洒金纸，松江谭笺，俱不耐久，泾县连四最佳。"

19 世纪后半叶，泾县宣纸棚遍布四乡，并于芜湖、苏州、杭州、上海等地设宣纸发行所。宣纸及其制品远销日本、东南亚以至欧洲各地。1915 年获巴拿马国际博览会"金奖"。泾县也因此被世人称为"宣纸之乡"。新中国成立后，政府积极扶持宣纸业的发展，在遍访宣纸世家之后，选定古纸棚泾县城东乌溪成立了第一家宣纸生产厂家，使宣纸业得到复苏乃至空前的发展。厂家 1966 年被命名为"安徽省泾县宣纸厂"，注册了"红星牌"和"★"图文商标，此后一直是全国最大的宣纸厂，一度垄断了宣纸的生产经营，1992 年 8 月改制后定名为"中国宣纸集团公司"（从属名称：安徽省泾县宣纸厂）。

宣纸用途是多方面的，但最主要的是用于中国书画创作。有人对宣纸与中国书画之间的关系作了这样的概括：它具有薄、密、光、细、绵、韧、轻、软、洁、白的特点，薄、密利于润墨，能呈现笔墨层次；光、细利于运笔，能挥洒自如；绵、韧利于笔墨皴擦和揭裱，能搓拖不破；轻、软利于加工卷折，能揉叠不损；洁、白利于呈现墨彩，能经久不变。宣纸是中国书画的绝配，中国书画的许多笔墨意趣正是由宣纸带来的，中国书画的许多特色正是由于宣纸才得到了充沛的显现，失去了宣纸，中国书画将会失去它的本质。同时宣纸由于其原料特性，不易蛀蚀，便于长期保存，又被誉为"纸中之王""千年寿纸"。正是依赖它的这一功能，明清以来的许多书画作品才得以流传下来。

宣纸为什么能纸寿千年？首先是得益于泾县独特的地理位置。泾县西南方的小岭一带，气候温和，雨量充沛，特殊的喀斯特山地适合青檀树的生长，冲积平原则适宜生产长秆水稻，青檀树和水稻秆均为宣纸制造提供了优质的原料。泾县境内有多条河流，非常神奇的是乌溪上游的两条支流，一条属淡碱性，适合原料加工；一条属淡酸性，适合成纸用水。可以说，大自然为宣纸提供了一个天造地设的生产场地。

其次是宣纸独特的制作工艺。宣纸的制作工序大致可分为十八道，如果细分，则可超过百道。其中有的保密工序，不为外人所知。宣纸制作的所有工序里，自然漂白这一道工序最具视觉震撼性：经过蒸煮的原料大面积地铺在喀斯特山地的石滩和朝阳的山坡上，经过一年的日晒雨淋和风刀霜剑的砺炼，完成其

宣纸制作工艺——捞纸

自然漂白的过程。远观如白雪覆山，成为泾县最具标识性的风景。自然漂白的原料在柔韧度上是化学漂白所无法比拟的。这其实也是宣纸能够纸寿千年的秘密之一。

2006年5月20日，宣纸制作技艺因其独特的文化内涵和工艺的代表性，经国务院批准被列入首批国家级非物质文化遗产代表性项目名录。2009年，宣纸制作技艺成功入选联合国人类口头和非物质文化遗产代表作，成为世界人民共同珍视的文化遗产。

## 歙砚：玉德金声寓于石

砚中极品属歙砚和端砚。关于两者之间的评价，从歙砚的起源就开始了。北宋唐积《歙州砚谱》载："唐开元中，猎人叶氏逐兽至长城里，见叠石如城垒状，莹洁可爱，因携之归，刊出成砚，温润大过端溪。"长城里即婺源龙尾山。歙砚砚石主产于古歙州（今安徽省歙

县、黟县、休宁，江西婺源龙尾山、仙霞岭一带），故称歙砚。其中以婺源的龙尾砚为优。

歙砚问世一千二百多年，不仅留下了太多文人的赞誉，也有不少趣事让人莞尔。写下"君看龙尾岂石材，玉德金声寓于石"的苏东坡，曾以一柄祖传铜剑与人交换一方龙尾砚，后来砚主反悔，将剑送回，又把砚取走。东坡作诗二首，聊以纪实，诗题分别为《张近几仲有龙尾子石砚，以铜剑易之》《张作诗送砚反剑，乃和其诗，卒以剑归之》。书法家米芾将一方歙砚砚山转让他人，换得宅地一方，失去砚山后又异常惋惜，朝夕怀想，画图并赋诗云："砚山不复见，哦诗徒叹息。惟有玉蟾蜍，向余频泪滴。"清人程锦庄又云："一生多被端溪误，老去方知歙砚佳。"

歙砚为何如此令文人墨客朝思暮想、念念不忘呢？

首先是石材。歙砚按石材纹理分为罗纹、眉纹、金星、金晕、鱼子五大类一百多个品种。砚材纹理细密，兼具坚、润之质，有涩不留笔、滑不拒墨的特点，因此被誉为"石冠群山"。

再者是雕刻。歙砚雕刻因材施艺，构思奇巧，山水、楼台、人物、诗文均可镂刻于上，刻工精细，令人观之忘俗。苏轼有诗云："罗细无纹角浪平，米丸犀璧浦云泓。午窗睡起人初静，时听西风拉瑟声。"描述的就是他把玩鉴赏歙砚的美好时光。

歙砚最早出现在汉、晋时期，至唐代，由于文人雅士的追捧名声大振。唐元和年间，书法家柳公权在《论砚》中把歙砚、端砚、洮砚、澄泥砚列为中国"四大名砚"。歙砚作为御赐品，始于唐末。南唐后主李煜视歙砚为"天下之冠"，第一次在歙州设置了"砚务"，擢砚工李少微为"砚务官"，派石工周全专门搜集佳石为宫中造砚。由帝王设置砚务官督采歙石，算得上是破天荒的盛举。李少微曾为后主李煜雕刻"砚山"歙砚一方，该砚奇峰耸立，山水相依，被李后主视为"至宝"。由于国主的重视，歙州一带的制砚业就更为兴旺了，歙砚的身价从此扶摇直上。可以说，这是歙砚最辉煌的时代，也是中国砚史上最辉煌的一页。

到了宋代，歙砚更是如日中天。歙砚精品不断涌现，石色众多，影响不断扩大，当时的著名文人、学士、书画家对歙砚无不赞美。南宋年间，歙州知府谢暨每年都向理宗进贡"新安四宝"，即"澄心堂纸、李廷珪墨、汪伯立笔、羊头岭古坑砚"。其中羊头岭，今称羊斗岭，与龙尾山相连，即龙尾古砚。

歙砚

元代至元十八年（1281），婺源县令汪月山曾"发数都夫力"，对名坑进行掠夺性开采，结果砚坑倒塌，后"紧足坑"又告塌陷。其后长期无人开采。元末，砚石只在废弃砚坑边的溪流里寻觅。从元末至清初，五百年内未见有官方开采歙石的记载，歙砚生产只是维持残局，显得一蹶不振。道光以后，龙尾石实际已经停产，砚坑荒芜，无人问津。

直到新中国成立后，歙砚生产才慢慢复苏并得到振兴。歙县先后成立了歙砚厂、工艺厂、文房四宝公司等。歙砚生产从砚石开采、产品制作到装潢出厂工种齐全，产品丰富，还挖掘了"豆斑""绿刷丝""歙红""紫云"等新品种。歙砚既畅销国内，又远销到达日本和东南亚各地，成为对外文化交流的珍品，许多国际鉴赏家争相购藏。2006年，歙砚制作技艺入选首批国家级非物质文化遗产代表性项目名录。

## 徽墨：落纸如漆 万载存真

"老松烧尽结轻化，妙法从来北李家。翠色冷光何所似，墙东鬓发堕寒鸦。"苏东坡用洗练的笔触写尽了徽墨的风华。

相传，墨是西周周宣王时（前 827—前 782）的邢夷首创，那时的墨是将松炭末以粥搅拌后搓制而成的。秦汉时期，墨的原料开始取自松烟。松烟墨地出现在中国制墨史上是一次大飞跃，为日后制墨业的发展奠定了基础。

徽墨制作技艺——描金

　　时光追溯到五代。南唐李煜，正是这个极具才情的皇帝，成就了徽墨甲天下的传奇。乱世中，后主无意江山，在金陵城里填词作画，砚中盛着的，正是安徽地方官送来的奚超、奚廷珪父子创制的奚墨。后主用后，连称"天下之冠"，当即把奚廷珪召为"墨务官"，赐姓为李，这对从河北易水避难徽州的布衣草民，一变而为李氏。其墨被誉为"天下第一品"，"黄金易得，李墨难求"，李廷珪成为古今墨家的宗师。

　　当然，徽墨能博得才子皇帝的赞誉绝非偶然。据说是奚氏父子由于战乱和社会动荡，南迁至歙州，见歙地多黄山松且质优，新安江流域的水质又好，故留此重操旧业。其子廷珪见当地穆姓墨工所制之墨颇具特色，便虚心求教、潜心揣摩。他们改进了捣烟、和胶的方法，选用松烟一斤，珍珠、玉屑、龙脑各一两，和以生漆，杵十万杵，才制成"丰肌腻理，光泽如漆"、"落纸如漆，万载存真"的好墨。"墨成不敢用，进入蓬莱宫"，从此，徽墨名满天下。

　　宋室南渡后，徽墨又迎来发展机遇。达官显贵、文人墨客聚集江南，推动当地文化教育的发展。每年临安的科举考试更直接拓展了徽墨的市场。此时徽州地区的制墨业已步入"家传户习"的繁荣普及阶段，仅官府每年就要向朝廷进贡"大龙凤墨千斤"。徽州的制墨业"流派纷呈，名工辈出"。黟县的张遇、歙州的潘谷、新安的吴滋，等等，都是10到11世纪徽州制墨业的著名人物。到了宣和三年（1121）改歙州为徽州时，"徽墨"之名正式诞生。"徽墨"遂成了墨的代名词，代代相传，延续至今。

徽墨发展到明代，其配方和制作工艺，大多已定制、公开。松烟、油烟并举；"桐油烟"、"漆烟"被广泛采用；徽墨普遍加入麝香、冰片、金箔等十几种贵重原料，使墨的质地达到一个新的水平。但制墨是个苦差事，不仅生产环境恶劣，而且生产工序极为繁杂，尤其是和胶工序，所谓"轻胶十万捶"，是要用6磅大锤将调好的墨泥翻打数百上千次，捶得越多，则墨越加细腻，墨品越高。翻打后，还有成型、晾墨、挫边、填金等诸多工序。无怪古人制墨，要发出"辛勤破子夜，收此一寸玉"的慨叹。徽墨堪比黄金，原来自有道理。

明代墨家的竞争点主要集中在精工制作和墨面的创意设计以及产品的包装创新上，许多名家参与了墨模的雕刻设计。徽墨从单纯的文房用品进入了"实用兼欣赏"的工艺美术品行列。正德、嘉靖年间，徽墨逐渐形成了歙、休、婺三大派。歙派的徽墨大家程大约（约博），世称"墨妖"。其弟程君房（原名士芳）也是制墨高手。程家制墨，既讲究墨的配方，又注重墨印的雕刻以及墨品的设计、装潢（匣子），《程氏墨苑》风行于世，成为墨业宝典。

清代，风靡一时的制墨高手，基本出自徽州。曹素功、汪近圣、汪节庵、胡开文四大徽墨名家相继崛起。其中，胡开文是清代四大家中的最后一家，也是徽墨业中集大成的一家，同时又是把徽墨推向世界的第一家。"胡开文"墨业经营范围覆盖大江南北，以"造型新颖，墨质精良"在徽州制墨业呈一枝独秀，其"仓佩室"墨成为皇室贡品。1915年，胡开文所制"地球墨"获巴拿马博览会金奖，影响波及海外。其实，"胡开文"并非人名，而只是绩溪人胡天注创办的徽墨墨庄的店号。然数百年后，"胡开文"三字熠熠生辉，创始人"胡天注"早已不被人所知。

新中国成立以后，徽墨在继承传统工艺的基础上创新、发展，恢复了茶墨、青墨、朱砂墨、五彩墨和古香古色的手卷墨的生产，并增添、开发了不少新的品种。徽墨制作越发精良，从业者也日益壮大。2006年，徽墨制作技艺入选首批国家级非物质文化遗产代表性项目名录。"天下墨业在徽州"，徽州的制墨者在日新月异的时代迎来了他们又一个黄金期。

## 宣笔：千万毛中拣一毫

"蒙恬造笔、蔡伦造纸"，是民间流传很久的老话了。

唐代韩愈《毛颖传》中记载：公元前 223 年，秦大将蒙恬奉命南下伐楚国，途经中山地区，见此地山兔较多，毛长可用，遂命工匠取山中兔毫，制造出第一批改良的毛笔。以竹为管，以兔毛为毫的毛笔制作技艺，其优点是将笔杆一端镂成腕状纳入兔毫，使笔头可以保持浑圆的状态，更利于吸墨和书写，这种传统制笔模式一直沿袭至今。

唐代是宣笔发展的鼎盛时期，宣州一举而成为全国制笔中心。宣笔于唐天宝二年（743）被作为"贡品"献奉朝廷。因唐时泾县属宣城郡管辖，所产毛笔主要在宣城集散，"宣笔"自此得名。

宣笔选料严格，技艺独特，传统手工制作，以精选皖南山区的兔毛、羊毛、黄狼尾毛、石獾毛等为毫。唐代诗人白居易曾作《紫毫笔》称赞："江南石上有老兔，吃竹饮泉生紫毫。宣州之人采为笔，千万毛中拣一毫。"白居易是想说明紫毫笔有多金贵，但一句"千万毛中拣一毫"，无意中也将宣州人制笔的甘苦和精细凸显出来。

《齐民要术》曾记载过宣笔制作工艺的精微，算下来一支笔的制作工序好像有几十道。唐宋以后，更发展成 100 多道操作过程。

但在当时，要成为制笔名家，光严格遵循这些工序还不够，还得有创新性的绝活儿。比如宣城诸葛高制作了一种"无心散卓笔"，在制笔时免去了"加桩"的工序，其做法是将笔毛理得长一些，把笔头的大半都插在笔管里，这样，笔头既扎得坚实牢固，又避免因"桩子"的影响而导致吸墨不足。这种笔改变了唐笔锋短、刚硬、墨易干的弊端，书写绘画，行如流水，很适合当时悬腕书写的时风。

　　我们知道，一般的技艺改良，常用加法，多一道工序，多一种效果。但诸葛高的制笔创新却破天荒用的是减法，所谓删繁就简，领异标新，他是由匠心直达艺境。因此，诸葛高很受文人墨客的推崇。《江表志》记载宣春王学书用十两金子才求得一枝诸葛笔。而大才子苏轼这样说："散卓笔，惟诸葛高能之，他人学者皆得形似而无其法，反不如常笔，如人学杜甫诗得其粗俗而已。"

　　当时，与诸葛氏齐名的还有吕大渊、汪伯立、张遇，等等，各有各的绝活儿。一时间，名匠林立，名笔更是不断推陈出新。

　　宋代是宣笔最辉煌的时候。

　　宋末元初，由于朝廷偏安，战乱频繁，迫使宣笔技工们为谋求生计而不得不四处逃难，四处流散，改谋他业。其中一部分宣笔技工逃难到徽州一带，依附于徽州制墨业而求生计；一部分奔走于江浙等地，加入刚刚兴起的湖笔制造，使传统以兔毫为主要原料的宣笔技艺与湖笔取山羊毫为主要原料的两种制作技艺有机结合，推动了湖笔的迅速崛起与发展，湖笔这个后起之秀一路飙升，最终顶了宣笔的头牌。于是，中国的文房四宝里，湖笔赫然在榜，而宣笔黯然退下。

　　但终究一脉余香尚存，从明清开始，宣笔就一直在做着重整河山的努力。皖南各地仍有部分制笔艺人留在家乡操持旧业。清嘉庆、道光年间有凤振堂笔庄、陈广良笔墨坊、吴志福笔店等制笔作坊8间。相传包世臣著《安吴四种》，就是使用了吴志福制作的紫毫小楷毛笔。明代创制的"青花缠枝龙纹瓷管羊毫斗笔"，清代创制的"金花黑管笔""象牙管笔"等更是独领风骚。不过，这风光终究是有限的。因为少数笔庄或笔匠的成就不足以让宣笔行业从颓势中奋起。

1949 年后，当地政府召集分散的老艺人，搜集整理传统宣笔生产技艺，先后组建了"泾县宣笔厂""泾县文华宣笔厂"等几十家宣笔生产企业，使传统宣笔生产技艺在宣笔的发祥地——安徽省泾县又重获新的生机和活力。这之后，宣笔制作涌现出一批又一批名匠，通过家族传承，师徒相授，以精湛的技艺和赤忱的守护之心，在纤毫与竹管的斑驳中研磨时光，将一支小小的毛笔做到极致：尖、圆、齐、健四德具备。2008 年，宣笔制作技艺入选第二批国家级非物质文化遗产代表性项目名录。如今，众多书画名家纷纷订制宣笔并赞誉有加。宣笔，正挥毫书写自己的新篇章。

宣笔制作技艺之齐毫

## 徽派民居：粉墙黛瓦雕镂精

青山绿水，粉墙黛瓦，雕梁画栋，四水归堂……徽州民居的美，自明清以来，一直为人津津乐道，成为江南士族向往的隐逸之居。

2009 年，中国传统木结构营造技艺入选联合国人类口头和非物质文化遗产代表作。关于中国传统木结构营造技艺，是这样被描述的：

中国传统木结构营造技艺是以木材为主要建筑材料，以榫卯为木构件的主要结合方法，以模数制为尺度设计和加工生产手段的建筑营造技术体系。营造技艺以师徒之间言传身教的方式世代相传。这种营造技艺体系延承了 7000 多年，遍及中国全境，并传播到日本、韩国等东亚各国，是东方古代建筑技术的代表。

中国传统木结构营造技艺的典型，申报小组选择了四类：徽州传统民居建筑营造技艺、北京四合院传统营造技艺、香山帮传统建筑营造技艺和闽南民居营造技艺。申报小组认为，这四类传统营造技艺，分别成就了一种涵盖当地历史、文化、科技和民俗的空间样式，并形成各自的流派，传承有序。

徽派传统民居属于皖南山区的天井式的住宅。皖南气候湿润，为了防止瘴疠之气，早期建筑都采用干栏式建筑，特点是下层用木柱架空，上层供居住。类似原始人的"巢居"。西晋末年、唐代末年和北宋初年（960），北方望族因避战乱纷纷迁徙徽州的深山老林。士族的南迁，将"故家遗俗"与北方官式建筑技艺带到徽州，南北建筑相互融合，干栏式建筑楼屋的梁架加上北方四合院的墙体和平面的布局，以及程朱理学所崇尚的空间秩序，渐渐形成了徽派传统民居的基本样式。

明中叶以后，随着徽商的崛起和社会经济的发展，徽派园林和宅居建筑亦同步发展起来并跨出徽州本土，在大江南北各大城镇扎根落户。徽式民居集中反映了徽州的山地特征、风水意向和地域美饰倾向，其结构多为进院落式，小型者多为三合院式，一般坐北朝南倚山面水。

徽派建筑

布局以中轴线对称分列，面阔三间，中为厅堂，两侧为室，厅堂前方称"天井"，采光通风，亦有"四水归堂"的吉祥寓意。民居外观整体性和美感很强，高墙封闭，马头翘角，墙线错落有致，黑瓦白墙色彩典雅大方。在装饰方面，大都采用砖、木、石雕工艺，如砖雕的门罩，石雕的漏窗，木雕的窗棂、楹柱等，使整个建筑精美如诗。徽州老房子，见证了徽州最为繁华的岁月，积淀着属于徽州人的光荣与梦想，也抒写着"徽州帮"的传奇。

所谓"徽州帮"，就是徽州古代工匠以砖、木、石、铁、窑五种匠人组成"徽州帮"。各工匠均有明确的分工，铁、窑两种工匠为建造房屋提供建筑材料，砖、木、石三种工匠相互配合，具体负责施工建造。

徽州匠师分布各县，以师带徒，代代相传，在徽派民居的营造细节上处处体现匠心：比如木作，传统民居的木构架做法，主要分穿斗式和抬梁式。穿斗式构架柱子密，用材细小，相比抬梁式建筑中的大型用材可减少房屋造价，徽州传统建筑中一般小型民居多采用穿斗式结构。但穿斗式是满堂柱，空间格局小，为了拓展空间，大型富丽的民居和祠堂就在门厅等处使用抬梁式，山墙则采用穿斗式。这种穿斗抬梁结合式木构架既能增加室内空间，又可节约木材，渐渐成为徽派民居中特有的木构架形式。

比如砖作，徽派建筑最典型的墙体是马头墙。马头墙又称"封火墙"，它的设计原理，是为了保护木构架的建筑不会连片遭受火灾。马头墙轮廓为阶梯状，脊檐长短随着房屋的进深而变化。多檐变化的马头墙在徽派民居中广泛地被采用，较大的民居，因有前后厅，马头墙的叠数可多至五叠，俗称"五岳朝天"。砖墙墙面以白灰粉刷，墙头覆以青瓦两坡墙檐，形成"粉墙黛瓦"的徽派建筑特色，既美观又有实用价值。

再说瓦作，"三件头"檐口瓦的组合方式是徽州民居瓦作的特色。三件头包括花边瓦、勾头瓦和滴水瓦，多用在屋檐与墙檐。每陇瓦的第一块盖瓦是勾头瓦，为了遮蔽瓦垅；花边瓦的作用是防止正身屋面的盖瓦滑落。而檐头的第一块板瓦前端另贴一块略呈三角形的瓦头，称"滴水瓦"，目的是将屋面的下水再向前托出，保护建筑的木构件与墙体。这样屋顶不仅漂亮有层次，而且设计得环环相扣。

中国传统建筑营造技艺是在特定自然环境、建筑材料、技术水平和社会观念等条件下的历史选择。由这种传统技艺所构建的建筑与空间体现了中国人对自然和宇宙的认识，并形象地诠释了中国人道器合一、工艺合一的理念。明清时期，"无徽不成镇"，徽州帮伴随着徽商的足迹遍及大江南北，他们的建筑理念和工艺特征也随之辐射，以至于江南一带的民居在基本样式、色彩格调和设计细节上都体现着徽派传统民居的元素。

## "徽州三雕"：雕梁画栋技传神

徽州砖雕

有人说，"徽州三雕"是徽州商人在封建等级的束缚下，暗暗铺排的一种奢华。而这种奢华，所依凭的，不仅仅是财富，更要有丰厚的文化滋养和匠心的成就。

明清之际，徽商崛起，徽州文化昌盛，人才辈出，在文化领域的各个方面都独树一帜，尤其是绘画、版画、篆刻、雕刻等繁荣，大大提升了建筑艺术水平。这些因素造就了徽州民居不但在功能结构上独具特色，而且雕梁画栋的工艺装饰也在明清时期达到了登峰造极的程度。

"徽州三雕"即砖雕、木雕、石雕，是徽州古代建筑长期使用的一种装饰手法，其分布范围之广，遍及徽州一府六县；其历时之久，由明入清直至民国，持续六七百年。

徽州砖雕发展较早，相传为明窑匠鲍四首创。砖雕作为一种独特的壁饰，被广泛装饰于徽州建筑的门楼和门罩，以及官邸或宗祠的八字门墙上。门楼是砖雕大显身手的地方，一般都雕刻有各式山水花卉、鸟兽人物、戏文传说等图案，总体上以民俗和戏文为主。门楼分"罩"和"楼"两部分，三层、五层不等，五层的俗称"五凤楼"，高大轩昂，是徽州砖雕大显身手的地方。徽州很多人家的门楼砖雕上，均雕刻着岳母刺字、十八罗汉巡视天下、三国故事等传统图案，一般都有七八个层次，最多达九层甚至十一层，异常华美与繁复。绩溪北村乡湖村的门楼巷砖雕，是目前徽州保存最为完好的砖雕艺术群，巷内连绵7户，门楼门罩造型各异，门楣上的镂空台阁，小巧玲珑，窗门可随风开启，人物形态逼真。歙县博物馆所藏一块灶神庙砖雕，仅见方尺余的砖面上，雕刻着头戴金盔、身披甲胄、手握钢锏的圆雕菩萨，须发如丝，精巧绝伦。据说这块砖雕花费了1200个工日，堪称徽州砖雕的经典之作。

徽州木雕起源虽不可考，但北宋《营造法式》一书中已专有"雕作"章节，从《营造法式》中兼记一些南方建筑术语和源于江南的建筑构件、工艺看，当时徽州等江南地方建筑技术水平较高，建筑风格亦较新颖。明代徽州，大家住宅以及祠庙中大量使用木雕，木雕被广泛地运用于建筑的额枋、梁柱、斗拱、华板、梁驼、雀替、花窗、隔扇、平盘斗以及家具之中。明代的徽州木雕古拙朴实，造型浑圆，刀法简练挺拔，其风格近似汉代画像砖。到了清代，雕刻风格趋于缜密、繁复和精巧，力度感明显削弱，渐失明代粗放刚劲的气势。

徽州木雕题材多为情节化的人物和故事，动物图案多为翻腾、舞跃的姿态，花鸟图案则多以独枝花卉、缠枝花叶的形式展开。徽州木雕风格雅健，繁简得宜，表现出高度的文化气息。

徽州石雕应用历史最久，遗存至今的尚有宋代石塔、元代石刻等。明清时期，徽州石雕应用于石坊、祠庙、民居等建筑，其装饰意味浓重，充满着淳朴的民间乡土气息。徽州石雕大多采用黟县青石、歙县凤凰石和婺源金星石等石质坚韧、纹理细腻、结构严密的石材为原料。走进徽州，到处可见年代久远、造型各异的大型石坊，以及抱鼓石、石漏窗、石兽等雕琢精密的石雕。科第坊、功德坊、忠烈坊、贞节坊、孝义坊、百岁坊等等，遍布徽州的乡野里巷，最有名的，是耸立在歙县十字路口的"许国牌坊"，俗称"八脚牌楼"。许国是歙县人，万历朝的礼部尚书，嘉靖朝的武英殿大学士。这是一座纯粹的石坊，梁枋、栏板、斗拱、雀替上都雕满了图案，内容各有寓意。受雕刻材料本身的限制，徽州石雕题材不及木雕与砖雕复杂，主要是动植物形象、博古纹样和书法，人物故事与山川风物则较为少见。雕刻刀法古朴大方，没有木雕与砖雕那样细腻繁复。

"徽州三雕"是民间情趣与文人情趣的完美结合。从思想内容上看，三雕受儒家文化的影响，强调了社会教化功能，重视审美中的情感体验与道德伦理教化自然融合。在艺术形式上，三雕作品充分体现了民间艺术语言的特点，是民间艺人主观意志的充分体现。"徽州三雕"中这种极富装饰味、稚拙天真的艺术造型，融汇了秦汉以来中原文化民间艺术的优秀传统，同时又吸收了徽州地域文化的丰富营养，因而呈现了既充满拙趣又清新雅致的独特面貌。

三雕艺术本是徽州建筑的附加艺术，类似家装。但由于徽州商人不肯锦衣夜行，让我们领略了这些由匠心成就的奢华、"徽州三雕"的精彩，也使徽州传统建筑走向了一个绚丽斑斓、华美多姿的时代。

## 万安罗盘：周易文化的天才演绎

万安，位于素有"中国第一状元县"美誉的休宁。这块灵地曾养育了史上 19 位状元。作为徽州当年繁华的水运码头，万安是很有些年代和味道的镇子。古老的徽商驿道，前店后坊的商铺格局，弥漫晨雾的横江边，依旧还有浣衣妇的捶打声……

徽州自古重风水，几乎无村不卜。在古人眼里，堪舆建宅对于子孙后代的旦夕祸福有着深远的影响。民谚云："生在扬州，玩在杭州，吃在苏州，死在徽州"，皆以落葬徽州为心愿，多少有着徽州人杰地灵的因素。风水先生因此成了古徽州一个热门的职业。那些熟读易经、深受理学熏陶的读书人，可以很自然地转变为一个风水师。而他们在徽州大地上察看山形水脉时，手中握着的最重要的工具，正是罗盘。

罗盘，又称"罗经"，有沿海型和内地型之分，主要利用指南针的原理辨别方向、判测风水。元末明初以来，万安一直是国内最为重要的罗盘产地之一。由于设计独特、选材考究、制作精良、品种齐全，万安罗盘更是有了"徽罗""徽盘"的独特称谓。在中国古代民间工艺史上，万安罗盘有着难以取代的地位。

而今的万安街头，依然有不少经营罗盘的店铺。"吴鲁衡""方秀水""胡茹易""万安古镇老罗盘店"等众多老字号，招徕着四面八方的游客。其中最著名的当属"吴鲁衡罗经店"。苍劲有力的匾额传达着悠长的历史。人因罗名，罗因人兴。一代罗盘宗师吴鲁衡在清雍正年间开设的这家罗盘店，早已成为知名的品牌。这家店生产的罗盘不仅早在 1915 年就夺得巴拿马万国博览会金奖，更被中国历史博物馆列入珍品展柜。

小小一只罗盘，那密密麻麻布满盘面的蝇头小楷、那密如蛛网的圆线和直线的分格刻线，无不蕴含着宇宙的秩序、生命的堂奥，令人叹为观止，击节称奇。万安罗盘制作工序是这样的：先精选好"虎骨木"，制成罗盘毛坯；然后将毛坯车圆磨光并挖好装磁针的圆孔；随后在上面画格和书写盘面，按太极阴阳、八卦二十四爻、天干地支、二十四节气、十二生肖、二十八宿分野和 365 周天依次排列，按秘藏图谱刻画书写；接着熬炼桐油并上油；最后最关键的工序，则为钢针磁化与磁针安装。若非徽州文化积淀深厚，加上雕刻、写、画、漆种种行业无不盛产能工巧匠，如此繁缛复杂之工艺，实非别处所能为之。

在万安，为保证万安罗盘的制作技艺不被外传，安装磁针必由店主亲自完成，旁人不得偷窥偷学，并且"传媳不传女"；其他五道工序，也是各守其位、不得旁骛。技工年少进店，老死出店。古时学徒，大抵是有这样的清规戒律。早期垄断万安罗盘生产的是"方秀水罗经店"，明清时期即闻名遐迩。吴鲁衡十二三岁进入该店当学徒后，却打破了这个规矩，不仅掌握了全套技艺，创造了传奇，还创办了"吴鲁衡罗经店"，真正让万安罗盘风靡全国，扬名天下。

万安罗盘的种类，按盘式分，主要有"三合盘"、"三元盘"和"综合盘"三种；按直径分，有 2.8~18.6 寸共 11 种。按指南针制作方法，则有水浮、旋定和缕悬三种。据宋沈括《梦溪笔谈》载：属缕悬法为最佳，可惜明嘉靖后逐渐失传。令人欣喜的是，吴氏罗经店第七代传

万安罗盘

人吴水森潜心钻研，近年将这一失传 500 余年的缕悬式罗盘再现于世人面前。他还继续推陈出新，研制出了莲花八卦罗盘、金龟系列罗盘等装饰工艺品。

万安罗盘是现存全国唯一的以传统技艺手工制作的罗盘，承载着中国古代天文学、地理学、环境学、哲学、易学、建筑学等方面的文化信息，传承着磁性指南技

术及相关技艺，为研究中国古代科技史、社会史、人居环境及古徽州的历史文化提供了宝贵资料。罗盘的今日价值已不仅仅在于判测风水的实用功能，作为承载传统文化的实体，它在工艺美学上的独特价值也备受关注。

2006 年，万安罗盘被列入首批国家级非物质文化遗产代表性项目名录。2008 年，"吴鲁衡百年老店"得以修复，作为"吴鲁衡非遗传习馆"。2012 年，"安徽万安罗经文化博物馆"开馆。如今，吴鲁衡罗经老店和安徽万安罗经文化博物馆已成为万安古镇的传统文化标识。

## 徽派盆景：雕刻草木的灵魂

上山，在崖缝、在溪边寻一棵老树根，地栽造型，成型后选盆配座，顺势而为，几经春秋，便疏影横斜……徽州人家的庭院，几乎都摆放着这样几架盆景。这些盆景被誉为"无声的诗，立体的画"，与徽州古民居的青瓦粉墙、高脊飞檐、曲径回廊、亭台楼榭和谐组合，构成了徽州特有的文化基调。

徽派盆景是以古徽州命名的盆景艺术流派，始于南宋，鼎盛于明、清，至今已有 800 多年的历史。和苏派、扬派、川派、海派盆景不同，徽派盆景的中心不是位于人口集中的繁华城镇，而是位于大山深处的一个小村庄——歙县卖花渔村。该村在新安江南岸沟谷腹地，海拔 200 多米，四周高，中间低，形成一个小盆地。村形如鱼，村头尖尖，状如鱼嘴；村腰渐宽，状如鱼肚；村脚房屋向两翼展开，如鱼的剪刀尾。村人姓洪，喻水汹涌，鱼得水则生机盎然，故在鱼字边加三点水，称渔村。又因村民以种花、培制花桩、制作盆景为业，卖花为生，遂称"卖花渔村"。

卖花渔村气候温暖湿润，雨量充沛，土壤肥沃，为制作栽培盆景提供了得天独厚的便利条件。村中百余户人家，老老少少都以培育各种树桩盆景为生。这里制作的盆景历史上曾多次作为贡品进贡皇宫。据《洪氏世谱》记载，早在唐乾符六年（879），村里有位叫洪必信的，号梅窗处士，善吟咏，曾于小楼前植梅数株，作梅花百韵以自悦。南宋时，村民已培育出一棵树上有数种颜色的花梅。明代，已户户栽花种竹、桂馥兰芳了。

徽派盆景就是指以歙县的卖花渔村为代表，包括绩溪、黟县、休宁等地民间制作的盆景。徽派盆景造型受新安画派的影响，构图师法自然，主次分明，巧拙并用，藏露得宜，以简胜繁。又多寓意于形，表达出徽州人特有的思想观念和情感取向，以苍古奇特见长。明清时期，徽商辗转各地，徽派盆景也随之逐渐传入江苏、浙江、上海、广州等地。清乾隆年间，由于徽派盆景盛行，在绩溪仁里等地还形成了每12年一举、规模宏大的徽派盆景展览。

徽派盆景以枝干虬曲的木本植物为培育对象，用于培育的主要树种有天目松、梅、松、榔榆、天竹、南天竺、紫薇、山茶等。造型花样繁多：游龙式、扭旋式、三台式、迎客式、圆台式、疙瘩式、劈干式、枯干式、悬崖式、提根式……徽派盆景造型手法十分独特，比如梅桩，幼小的梅条就用棕榈叶定胚，每两年调整一次，较大的枝干用棕绳蟠扎，主干定型后再加工侧枝，小枝则只作修剪，形成"粗扎粗剪，剪扎结合"的造型艺术手法。在繁殖上，采用压条和养桩并举的方法，在国内也颇为罕见。

"游龙式"梅桩是徽派盆景的代表式样，它的造型映射出古代徽州人"龙象自尊"的思想印记。花农依循古人"梅以曲为美，直则无姿"的审美原则，把梅桩自幼扭旋，左右弯曲，手法刚柔相济，造型势若蟠龙。在全国举办的历届"二梅"展览中，徽派的梅桩盆景几乎囊括了一半的金奖、银奖和铜奖，足见其实力。1972年2月，周恩来总理陪同美国总统尼克松夫妇观赏了陈列在上海人民公园内的盆景展，尼克松夫妇对"徽派游龙梅桩"赞不绝口。

"游龙式"梅桩属于规则类造型，透着强烈的人为加工痕迹；徽派盆景中还有一些造型则为自然类造型，师法造化，又不露匠心，更显得浑然天成。

走进卖花渔村，仿佛进入花与盆景的世界。花农们用"咫尺千里，缩龙成寸，小中见大，虽假犹真"的艺术手法，以黄山松、罗汉松、黄杨、碧桃、紫荆等为主培植的或大或小的盆景，形态各异，千姿百态，各具特色，让人叫绝。有的铁干虬枝，古朴苍劲；有的盘根错节，势若蟠龙；有的悬空倒挂，如龙探海；有的亭亭玉立，笔直挺拔。配上错落有致的小船、卧石、亭阁等玲珑小巧摆件，真是微景观里大乾坤，令人赏心悦目。

遗留在山野之中的古桩，埋没在群山杂树之间。一旦进入花农的视野，刀砍斧琢的伤痕变成了自然的空漏，化腐朽为神奇，让草木的灵魂在雕刻中凸显，这就是盆景艺术的魅力所在。寸土小盆见苍龙，徽派盆景作为大山深处孕育出的盆景流派，带着山里的灵气和野趣，也带着徽文化独特的印记，成为中国盆景艺术中最重要的一支。2008年，徽派盆景制作技艺被列入第二批国家级非物质文化遗产代表性项目名录。卖花渔村，这个深山里的小村庄，也以其特有的村落景观，令人心驰神往。

## 徽州漆器："宋嵌"的岁月流金

徽州漆器源于唐代，而名满天下成为国宝，是在宋代。

相传歙县郑村村口有一口水塘，所产蚌壳珠光闪闪，不同角度呈现不同颜色。岩寺漆器艺人赵千里尝试用这种蚌壳嵌入漆器，形成了独特的螺钿漆器。这种漆器后来被命名为"宋嵌"，标志着徽州漆器成为国家级别的代表作品，而赵千里也一跃成为当时业内标杆的顶级漆器大师。

徽州制漆，有天然的优势，因为徽州山区多漆树。《徽州府志》载："漆则诸邑皆有之，山民夜刺漆，插竹笕其中，凌晓涓滴取之，用匕刮筒中，磔磔有声。" 漆树的汁液叫大漆，采集后涂抹于器皿上，可以使器皿具有耐水、耐热及耐酸等功能，并能加强器皿本身的坚硬度，使得器皿能够长期使用和保存。中国人对这种植物漆的认识与使用，至少有七千多年的历史，漆器也由此发展而来。

"宋嵌"，让徽州漆器一举成名。南宋时期，徽州出产的另一个漆器品种——菠萝漆器也被作为贡品送到临安的皇宫。徽州漆器和皇家有了不解之缘。

红金斑犀皮漆大圆盒

明清时期，徽州制作的漆器更加精巧，镶嵌、刻漆、描金彩绘、磨漆、堆漆等各种形式争奇斗艳，蔚为大观。其中镶嵌以螺钿漆器著名，彩绘以脱胎彩绘漆器著称，磨漆则以菠萝漆和漆砂砚最为经典。明代方以智《物理小识》中说："近徽吴氏漆，绢胎鹿角灰磨者，螺钿用金银粒，杂蚌片成花者，皆绝，古未有之。"说的就是徽州螺钿漆器。这一时期，徽州螺钿漆器工艺随徽商传到扬州，在两地的艺人共同努力下，发展成为举世闻名的扬州螺钿漆器。

在材料的使用上，徽州漆器使用的主要原材料有生漆、生熟桐油、木材、麻布、贝壳、各种天然色彩的玉石、金粉、颜料、金箔、金丝以及象牙、牛骨、瓦灰、棉纸、猪血等。与中国传统工艺漆器相同，徽州漆器也多以黑地、朱地为主，一般黑地多于朱地。

一般漆器的内胎，以木胎为主，其他还有竹胎、皮胎、泥胎、瓷胎、石胎。而徽州的脱胎彩绘漆器，则是将漆器的内胎脱去，这就需要用生漆、布、棉纸一次又一次在内胎上进行裱糊髹涂，形成胎架，然后剖开取出内胎，再将胎架重新合上，随后一遍一遍地裱糊髹涂，层层髹饰、覆盖，其技艺水平要求比一般漆器要高得多。

明代隆庆时，漆器制作的繁荣催生出一部令人惊叹的工艺美术著作。这部著作是由徽州漆工黄成完成的。黄成的漆艺出类拔萃，据说当时他制作的一个剔红小盒即值三千文，足见其业内地位不可小觑。他根据自己的实践和当时徽州漆器制作的情况，编写了一部《髹饰录》，这是我国现存唯一一部漆器专著，被誉为漆工的经典之作。这是一部专业性很强的工具书，为古代漆器的定名和分类提供了可靠的依据。书中还提出"巧法造化，质则人事，文象阴阳"等美学法则，极为典型地反映了我国古代手工造物的独到思想、天人合一的哲学观、精致尚古的审美观以及敬业精研的工匠精神。这部书的问世，说明当时的徽州漆艺处于行业的领军地位。

徽州漆器走下坡路始于清末，由于各种原因，许多工艺失传。1949 年后，徽州漆器制作由传统家庭作坊式生产转向了集体化生产，形成了规模化、产业化的生产模式，徽州漆器工艺品的种类逐渐增多。但产业化模式在一定程度上也导致了漆器技艺的退步，并使一部分传统技艺失传。

徽州漆器由"宋嵌"的辉煌一路岁月流转，品种不断创新的同时，曾经的老工艺也在不断流失，这似乎是很多工艺流变的宿命。

但仍有一些艺人对于传统工艺情有独钟，念念不忘。老艺人俞金海在 20 世纪 70 年代经过反复的试验和尝试，先后恢复了已失传的漆沙砚、菠萝漆，赖少其称赞其"功同天造"。而新一代徽州漆器掌门人甘而可则恪守天然大漆制作的古法原则，将徽漆特色的菠萝漆、推光漆、漆砂砚及精细漆面纹饰推向新高度。2008 年，徽州漆器髹饰技艺被列入第二批国家级非物质文化遗产代表性项目名录。

如今，徽州漆器与扬州漆器、福州漆器、北京金漆器并列成为新中国漆器工艺的代表性品种。从清末至今，经历了一个多世纪，徽州漆器，终于接续了"宋嵌"的辉煌。

## 芜湖铁画：顽铁随心绕指柔

1959 年，2.5 米 ×4.5 米的巨幅铁画《迎客松》被安置在人民大会堂国家厅。作品中的迎客松呈现水墨浮雕的效果，将中国水墨韵味与中国铁艺完美结合。《迎客松》最初被摆放在人民大会堂的安徽厅，由于老一辈国家领导人周恩来、朱德对这幅画欣赏有加，最终决定把它搬到了人民大会堂的迎宾厅，《迎客松》因此频频亮相国际媒体，引起广泛关注。

这幅作品，是铁画老艺人储炎庆带领杨光辉等八大弟子，与画家王石岑精诚合作的。它是芜湖铁画在新中国的惊艳亮相，也由此享誉国际，被称为"中华一绝"。

芜湖铁画始于清代顺治年间的芜湖，迄今已有 300 余年历史。其

芜湖铁画《迎客松》

诞生与发达的冶铁业密切相关。我国为世界冶铁和使用铁器最早的国家之一，芜湖则是最早的冶铁业发达地区，古来就有"铁到芜湖自成钢"之说。芜湖不仅从业者甚多，铁工技术亦十分高超，其中锻制的菜刀、剪刀和剃刀，号称"芜湖三刀"，闻名遐迩。而铁画的创始人汤鹏即为芜湖铁工中的佼佼者。

汤鹏，字天池，祖籍江苏溧水。清顺治九年（1652），汤鹏逃荒至铁业发达的芜湖，在一家铁匠铺当学徒。这家铁匠铺坐落在芜湖西门萧家巷，正好与"姑孰画派"的代表人物萧云从为邻。"与画室为邻"，激起汤鹏学画的兴趣。他离开铁匠铺后，独自租屋，尝试打制铁画出售，并登门求师，向萧云从求画稿。萧云从被汤鹏打动，同意为铁画作稿。他所作山水画，减笔加皴，树木稀疏，寒山古寺、衰柳扁舟，均十分适于铁画表现。汤鹏的铁画由此别开生面，工艺水平也大大提高。"锻铁作山水、花卉、人物、虫鱼、鸟兽为屏对堂幅，均极其妙"。汤鹏还"善飞锤接书，尤以狂草书法著称"，其铁字与铁画齐名于世，安徽博物馆藏的一幅铁字联"晴窗流竹露，夜雨长兰芽"是汤鹏之作，这幅铁字龙蛇起伏，行云流水，达到"顽铁随心绕指柔"的境地。

芜湖铁画以铁为线，将安徽新安画派落笔瘦劲、风格冷峭的基本艺术特征发挥得淋漓尽致。作为纯手工锻技艺术，芜湖铁画是以铁为原料，经红炉冶炼后，再经锻、钻、抬压焊、锉、凿等技巧制成。国画技法上的"工""写""皴""描"等技巧，均通过"冶""锻""剪""钻""抬压""锉""凿"等锻作技巧来表现，并将木雕、砖雕、石雕、泥塑的立体效果和民间剪纸中的艺术夸张手法综合运用于整个制作过程中。其间，画面的粗重处"趁热打铁"、一气呵成；精细处则轻敲慢打、镂雕并用，还必须通过一次飞火就焊接到位的技巧和一锤定音的功力，才能形成一幅工写结合、虚实相间、黑白互衬、刚劲有力的铁画作品。

汤鹏生前的铁画"直值数十缗"。但因他不事权贵，终以"奇技坐天穷"，晚年潦倒。汤鹏谢世后，其铁画技艺一时失传。

梁在邦是继汤鹏之后的杰出铁画制作者，生活于康熙至乾隆年间，安徽建德（今东至）人。梁在邦幼习诗书，善丹青，因"难于进取"，"乃弃旧业，居于铁工邻，因寄技与铁以自娱"。汤鹏以铁入画，梁在邦以画入铁。较之汤鹏，梁在邦的优势在于他的艺术素养和文学趣味，在铁画创作方面，很自然地就营造出萧散简远、意境清新的文人画风味，但锻制技术略逊。

梁在邦之后，芜湖铁画业逐渐衰落。清光绪年间至民国时期，先后有谭司夫、汤了尘、沈德金、萧老四等惨淡经营，直到1955年，才由沈德金的弟子储炎庆重振铁画事业。

储炎庆，1902年生，祖籍安徽枞阳。12岁学铁画，16岁来到芜湖沈德金的"沈义兴铁匠铺"帮工，学得沈德金铁画锻造技艺。1955年，由于新中国重视民间工艺开发，在芜湖市委的组织下，以储炎庆为首成立了芜湖铁画小组，招收了一批学徒，其中包括后来成为铁画大师的杨光辉。

1983年，杨光辉成功地锻制了第一幅全立体铁画《墨竹图》，以后又创造了瓷板铁画和彩色铁画等，拓展了铁画艺术的表现形式。之后，储炎庆之女储金霞则创造了"储氏淬火法"，利用温差使铁画的色彩产生类似窑变的效果，使铁画不独能表现国画的线条之美，而且能体现国画墨分五色的特殊韵味。2006年，芜湖铁画锻制技艺被列入首批国家级非物质文化遗产代表性项目名录。

芜湖铁画是火文化的杰出代表，是徽派文化与芜湖民风民俗相结合的产物，是中华艺苑中的一朵奇葩。它穿越时空300余年，屡废屡兴，不断创新，充分展现出中华民族文化杰出的创造力，凸显中华民族文化传统独特的生命力。正如1964年文坛泰斗郭沫若专为芜湖铁画的题词："以铁的资料创造优美的图画，以铁的意志创造伟大的中华"。

## 界首彩陶：红地白花民间窑

界首彩陶工艺的起源，无确实的文字记载，但在 1999 年十大考古发现之一的淮北柳孜古运河考古发掘中，出土了大量界首彩釉陶片和部分剔画彩陶完整器，尤其在宋井中发现一片界首刻花三彩陶片，据此可以推断界首彩陶的制作工艺最晚出现在宋代。另外，查阅《中国历史地图集·隋唐部分》，在颍水的上游发源地嵩山以北不足百里便是唐代三彩陶三大产地之一的巩县（巩义市），而水路一直是古代运输的主要方式，因此可以推断，唐代的三彩陶工艺很有可能是通过颍水的流布，直接或间接影响了界首彩陶工艺的发展。

界首彩陶工艺，历史上主要分布在安徽省界首市颍河南岸，散布于约十三个村，因每个村子村民都以业陶为生，并且村名均以"陶窑"为名，因此，俗称"十三窑"，现属安徽省界首市田营镇。界首彩陶采用的陶土取自当地

界首彩陶

的黄胶泥，当地窑工又称其为"黄河淤"，即黄河泛滥沉积下的黄色黏土。据《元史·河渠志》记载，黄河泛滥影响颍水是在元仁宗延祐年间（1314—1321）。黄胶泥又有大、小胶泥之分。黄水泛滥之前被称为小胶泥，其性硬，只能做泥盆、盘、盏等简单造型的陶器；黄水泛滥以后波及的地方，沉积的黏土被称为大胶泥，其性软，可塑性较强，能制作较为复杂造型的陶器。界首彩陶所用胎土就属于大胶泥，用此土烧制出的陶器，胎质细腻，胎体厚重，质地细密。

界首彩陶工艺长期浸淫于淮北地区原汁原味的民风民俗之中，经过不断的发展演变，形成了"器型古朴厚重，刻画简洁生动，釉色流光溢彩，兼具艺术和实用功能"的基本特征。

在器型上，界首彩陶吸取了青铜器、瓷器的诸多造型，古朴厚重；在刻画工艺上，吸收了民间剪纸、木版年画的艺术风格，运用了模印、刻画、剔花和彩绘等工艺。在胎面的制作上，饰以两层化妆土（其中能产生赭色即绛红釉色的粉色化妆土为本地所独有），从而在刻画过程中表现出赭、黄或赭、白两种基本对比色。

在刻画创作的题材方面，清代以前多以花草鱼虫为主，而清晚期至民国时期，受到当时戏曲艺术发展的影响，大量采用了以传统剧目为题材的人物场景画。

在烧制技艺方面，界首彩陶制作先除潮，然后素烧，温度一般在700℃~800℃，素烧后可以釉烧，即涂以含铅、二氧化硅、粉土的釉料后放入陶制的匣钵内，逐渐加大温度，达到1000℃~1050℃，烧两天两夜。着釉时，借鉴唐三彩的工艺风格，在一层透明铅釉上稍稍淋上几滴，经烘烧后产生局部流淌交融，呈现有如浮云入梦般的艺术效果。界首彩陶的着色剂用料也比较独特，除了以铜和铁为着色剂主料外，还加入了石英粉。石英粉在烧制过程中与化妆粉土发生反应，形成了界首彩陶"红地白花"的独特风格。

在艺术功能方面，制作界首彩陶的老艺人受民间风俗、民间传说、民间戏剧的影响，将民俗风情融入自己的创作。"十三窑"比较流行一种三彩刻画鱼盆，注入水后，在水波的荡漾下，盆里刻画的鱼像活了一样在水草中游动。颍河两岸流传着"鱼盆圆又圆，出在沙河（颍河在界首的俗称）南，有人买了去，富贵万万年"的民谣，其中提到的"鱼盆"，就是界首三彩刻画鱼盆。可见，界首彩陶在艺术功能表现上有意迎合了老百姓追求富贵吉祥的心理；在实用功能方面，界首彩陶的器型多为圆腹外鼓，还采取了内外施釉，适合于老百姓作日常盛储器皿之用。

1950年，著名窑工卢山义、卢山志赴中央美院华东分院群众艺术研究班学习，使其绘画、制坯工艺得到很大提高。1954年，卢山义组建陶器生产合作社，1958年改名为"界首工艺陶瓷厂"。1954年原苏联东方艺术博物馆《造型艺术》刊登了卢山义制作的三彩"刀马人"酒坛巨幅照片，在国际上反响很大，特别是东欧地区的一些国家争相收藏。卢山义被中国民间艺术家协会评为全国优秀民间艺人，与紫砂艺人顾景舟等大师齐名。

20世纪80年代，界首工艺陶瓷厂在著名工艺美术家韩美林的指导下，研制出硅硼系列彩釉，如乌金釉、金砂釉、孔雀蓝釉、玫瑰红釉等，代替了原来的铅釉，同时把陶器低温型转为高温型，窑温达1000℃左右，胎釉结合较前紧密，陶胎颜色为淡黄，彩釉更加艳美。

界首彩陶体现了北方农民敦厚朴实的性格和大拙大巧的审美意趣，它从不同角度反映了中国民间艺术崇尚自然、追求和谐的审美趋向。2006年，界首彩陶烧制技艺被列入首批国家级非物质文化遗产代表性项目名录。

## 第四节　民间异彩

### 喧腾欢快花鼓灯

花鼓灯的起源说法不一，明代永乐年间已经非常流行了。到了清代光绪年间，花鼓灯在怀远、凤台等地最为盛行，农闲的人们聚在一起自娱自乐，往往彻夜不息。那时跳花鼓灯有个不成文的规矩，就是围观不散，表演不能收场，也就是根据围观的兴趣来决定表演时间的长短。围观的人高兴了也能下场表演，观看与表演之间没有严格的界线，体现了群众性舞蹈的特点。

花鼓灯的男角叫作"鼓架子"，女角叫作"兰花"（腊花）。一般演出为领舞者伞头带领"鼓架子"数人或"兰花"数人亦歌亦舞，有时还演出情节简单的歌舞戏。花鼓灯的演出程序大致为开场、花场和后场三部分。

开场部分是打场子吸引观众，包括上灯场和舞岔伞。上灯场通常由数对"鼓架子"顶着"兰花"绕场起舞，做出难度较高的动作，如

花鼓灯

喜鹊登枝、白雁亮翅、童子拜观音等。舞岔伞分文伞和武伞，执文伞者为领唱，歌唱内容多为向观众致意，文伞中点蜡烛，似荷花瓣；执武伞者为领舞，既能独舞，又能指挥。

花场部分是舞蹈主体，包括引场、大场、花场和盘鼓。比较简单的引场为伞头引"鼓架子"和"兰花"出场，向观众引荐表演者，邀请他们跳舞。比较复杂的引场为"鼓架子"先下场，唱请"兰花"出场的歌，"兰花"则坐在场地一边唱"坐楼歌"。对于"鼓架子"的邀请，"兰花"并非一请就到，而是说出各种借口和提出各种问题加以为难，等到"鼓架子"把所有难题都圆满解答了才出场。引场俗称"三引场"，就是说要引三次才能出场。引场的表演没有固定格式，不同的表演者会有不同的创造，总之要通过对唱确定两人的关系，通过唱的内容确定舞的形式。大场（大花场）为伞头引领多对"鼓架子"和"兰花"舞出各种队形，如串篱笆、满天星、蛇蜕壳等。花场为 2 人或 3 人表演的情节舞蹈，如抢手巾、抢板凳等。花场（小花场）后有时继续盘鼓表演。盘鼓的技艺性最强，近似杂技中的叠罗汉，"鼓架子"可以顶 6 人之多。

后场部分是歌舞小戏，曲调为山歌和地方小调形成的花鼓歌，节目有《卖货郎》《孟姜女》等。有些传统节目控诉封建剥削制度和歌颂劳动人民的反抗精神，如《四老爷独坐杆轿》描写两个机智勇敢的抬轿农民，把百般挑剔的四老爷从半空中摔下后扬长而去。

"鼓架子"的舞蹈动作轻快灵活、刚劲矫健，各种架子以及筋斗、翻滚、跌扑都有很高的技巧。"兰花"的舞蹈动作在手上讲究扇子功和手巾功，在脚下讲究所谓"溜得起、刹得住"的步法，要求干脆利落、简洁明快。花鼓灯中的歌唱与舞蹈虽然相对独立，往往是歌时不舞，舞时不歌，实际上却存在着有机联系，歌唱的过程中孕育了人物的心理动态，以舞蹈动作外化出来。花鼓灯的歌词可以即兴发挥，有一些歌词情真意切，表达了劳动人民的心声，引起观众的广泛共鸣，在长期流传中被相对固定下来。花鼓灯的音乐俗称"锣鼓点"，以花鼓、大锣、大钹等三大件为基础，另有小钹、镗锣、二胡、三弦、琵琶等乐器伴奏。花鼓是指挥，所有乐器随之煞音变点。锣鼓点的变化与舞蹈动作配合紧密，每个舞蹈动作细节的节奏变化都不相同。

经过长期的传承和发展，花鼓灯的"兰花"表演逐步形成了独具风采的众多艺术流派，怀远冯国佩（艺名"小金莲"）、凤台陈敬芝（艺名"一条线"）和颍上的王传先是三大地域流派的杰出代表。

新中国成立后，舞蹈工作者对传统的花鼓灯进行整理加工，并且搬上舞台。在整理加工的同时，编创了大量富有时代风貌的新节目，如《双回门》《欢腾的鼓乡》等。20 世纪 60 年代开始，一些勇于创新的舞蹈工作者编创大型花鼓灯歌舞剧，如《摸花轿》《玩灯人的婚礼》等，标志着花鼓灯艺术进入了新的发展阶段。

## 凤阳花鼓走四方

凤阳花鼓

从桐柏山发源的淮河，曲流宛转，哺育着两岸儿女，缔造了丰富多彩的淮河文化，造就了优美的民间艺术。在安徽境内渊源流长、丰富多彩的淮河文化催生了花鼓灯、凤阳花鼓和卫调花鼓戏为代表的"淮上三花"。

凤阳花鼓又称"花鼓""打花鼓""花鼓小锣""双条鼓"，是一种集曲艺和歌舞为一体的传统民间表演艺术。凤阳花鼓的起源与明初期朱元璋的移民政策有着密切的关系。

朱元璋建立明王朝以后，为了在凤阳筹建中都，从江南巨户中迁徙数十万人充实凤阳人口，江南的花鼓艺术和北方的锣鼓艺术跟随移民一起汇聚到凤阳，它们与当地民间艺术融汇，参与到当地的庙会祭祀、酬神及农事活动之中。由于凤阳府地区人口激增，伴随灾荒不断，苛捐杂税过重，发生了大量移民逃离事件。但朱元璋严令禁止他们离开凤阳府，他们便想出了假扮卖艺、以打花鼓唱曲为生的方式进行逃离。在流浪过程中，流民身背易于携带的鼓和锣作为演奏乐器，口唱民歌小调，以卖艺为生，凤阳花鼓在这样的流浪卖艺中产生，流传范围逐渐扩大，这种情况一直延续到清代。另外，在明清两代，凤阳一带一直是"三年恶水三年旱，三年蝗虫灾不断"的灾区，每年秋后都有成群结队的妇女外出卖唱求生，形成了身背花鼓流落各地卖唱的职业艺人。她们的活动范围逐渐扩大，至清末，凤阳花鼓艺人有的甚至漂洋过海活动至东南亚一带。清人赵翼《陔余丛考》中记载了凤阳花鼓当时的情况："江南诸郡，每岁冬必有凤阳人来，老幼男妇，成行逐队，散入村落间乞食，至明春二三月间始回。"凤阳花鼓一度成为贫穷讨饭的象征。

凤阳花鼓最初表现形式为姑嫂二人，一人击鼓一人击锣，口唱小调，鼓锣间敲。歌词多是"说凤阳，道凤阳，凤阳本是个好地方，自从出了朱皇帝，十年倒有九年荒。大户人家卖牛马，小户人家卖儿郎，奴家没有儿郎卖，身背花鼓走四方"等悲悲切切的内容。清末以后，凤阳花鼓中的舞蹈部分逐渐从民间的凤阳花鼓中分离出去，仅剩下歌唱部分，演唱者多为两名女子，一人击鼓，一人敲锣，齐唱或对唱，或由三人表演，另有年老乐器师伴奏。表演形式分为在街头、作坊、村头及私人客堂内坐在长凳上演唱的"坐唱"和沿门乞讨时即兴演唱的以吉祥如意之类的奉承话为主的"唱门头"两类。

凤阳花鼓的曲调源于凤阳当地的民间小调，又在流动演出中吸收了各地的俚语、民歌，经长期融合而具备了凤阳地方色彩，其代表曲目有《凤阳歌》《鲜花调》《王三姐赶集》《孟姜女》等。20世纪初，凤阳花鼓是当时录入唱片的民间艺术之一，其中"金嗓子"周璇演唱的《凤阳花鼓》唱响神州大地。另外，凤阳花鼓对琴书、戏曲等其他艺术种类也产生过积极的影响。

新中国成立以后，文艺工作者对凤阳花鼓的形式进行了改革，增加了一些新的表现手法，剔除了小锣，专用小鼓伴奏演唱。随着时代的变迁，凤阳花鼓的内容也随之起了很大变化。凤阳花鼓由讨饭的工具演变成了凤阳人自娱自乐的工具，或喜事，或迎宾，凤阳人总要热情表演一番，以表达欢乐的心情。现代花鼓的打法、舞步、花势、演唱等也揉进了现代歌舞的技巧，在保持浓郁地方特色的同时，形式更加活泼多样，气氛更加热烈欢快。

## 南腔北调唱民歌

安徽是蕴藏民歌艺术的宝库，民间流传的地方传统民歌难以数计，遍及南北。南腔与北调，交相辉映。

### 五河民歌

五河民歌在明代就已形成，经过明清、民国时期的发展，至上个世纪七八十年代，以五河、蚌埠为核心，播布皖苏两省十几个县市的广大地区。其民歌风格、旋律，既包含着淮北侉腔侉调、粗犷豪迈的元素，又有着节奏平稳、小波浪式的旋律线条，带有很强的抒情性，是淮河中下游地区优秀的民间音乐。

五河民歌种类繁多，分劳动号子、秧歌（田歌）、小调三大类，有70余首歌曲，其中以小调类的民歌较多，也最具五河特色。《摘石榴》《打菜薹》等曲目是其代表作品，传唱大江南北。

### 当涂民歌

当涂民歌是流行于皖东长江两岸各类民歌的统称，它曲调优美，节奏轻快，富有江南水乡民歌的独特风格。早在六朝时期就有当涂民歌的记载，刘宋皇帝刘裕主持的著名的"白歌舞"便是当涂民歌演唱之一脉。北宋词人李之仪的 20 多首《田夫踏歌》和"我住长江头，君住长江尾"的吟唱都属于民歌范畴。清代当涂人黄钺以当地风俗民情为主要内容的 50 多首《于湖竹枝词》代表了当时当涂民歌的最高艺术水平。新中国成立后，当涂人民创作民歌、传唱民歌形成了热潮，到 20 世纪 50 年代末期，发展至鼎盛阶段。

当涂民歌数量众多，题材广泛，内容几乎涉及社会生活的各个方面。其语言丰富，结构完整，曲调多样，唱法独特，显示出鲜明的地方性民间音乐和语言艺术的魅力。代表曲目有《打麦歌》《放牛歌》和《姐在田里薅豆稞》等。

### 大别山民歌

皖西大别山民歌以山而生，以水而传，山水相连，生生不息。山水相依的独特地域性，兼收通过水路流传来的其他不同形式民歌艺术特点，使得大别山民歌在坚守自己本土山歌特色的同时，兼具沉稳、豪迈、厚实的特点和流畅、悠扬、灵动的风格。

大别山民歌多以山歌、茶歌、秧歌、排歌、小调、劳动号子为主。在音乐上，传承了上古时期部落的民谣；在内容上，反映了古代社会演化过程，体现了近现代的革命、劳动、生活等发展面貌。如有反映皋陶治法、大禹治水、楚汉之争，以及辛亥革命、红军起义等的民谣民歌；有反映生活、生产的民歌；有反映各个历史时期社会风土、人情、民俗等方面的民谣民歌。其中《八月桂花遍地开》《送郎当红军》等革命民歌传唱全国。

### 巢湖民歌

巢湖是著名的歌乡之一，人民爱唱民歌、爱编民歌。"望风采柳"的创作形式，使聪慧的歌唱者可以见什么唱什么，走到哪唱到哪，干什么活唱什么歌，造就了巢湖民歌多样的形式、广泛的题材和丰富的内容。如巢湖境内槐林的灯歌、沿湖一带的渔歌、山区的山歌、银屏的秧歌等，各有风格，丰富多彩。

巢湖民歌在新中国成立后得到了长足发展。文艺工作者搜集整理了 1000 多首原始民歌，有 500 多首被编入各种歌曲集。其中有 30 多首被编入中学课本和上海音乐学院、中央音乐学院教材，20 多首被上海唱片社录制成唱片在国内外发行，并馈赠联合国教科文组织留存。代表曲目有《姑嫂对花》《喊秧歌》《刘姐姐》《吓老鹰》等。

### 徽州民歌

徽州不仅拥有美丽神奇的黄山，悠久深厚的徽州文化，更有着与之相辉映的徽州民歌。徽州民歌内容丰富，体裁多样，有号子、山歌、小调，还有一些佛教、道教歌曲。其中，号子粗犷有力，山歌节奏自由，小调曲式丰富，既有直爽畅快的《探妹》，也有哀怨凄楚的《寡妇娘》，更有嬉笑逗乐的《小石桥》《十二月花》等。

徽州民歌"滚声——哈哈腔"是其演唱特色之一。这种唱腔运用在有衬词的民歌里，要求演唱者嗓音高亢、明亮、甜美、纯净，气息流畅，热情奔放，到歌曲结尾处，"哈哈腔"翻倍延长，为歌曲锦上添花。"哈哈腔"作为徽州民歌演唱中最古老的徽韵特色声腔，追随徽商足迹遍及大江南北，渗透到多个戏曲剧种之中。

### 凤阳民歌

凤阳民歌与凤阳花鼓相伴相生。凤阳花鼓以流浪乞讨卖艺的形式流传到全国各地，凤阳花鼓的每一首传统曲目也随之风靡全国，影响较大的有《凤阳歌》《鲜花调》《孟姜女》等，在全国演变出各地不同的民间音乐。其中《鲜花调》传唱有百年历史，也是《茉莉花》的前身。

明初，在移民文化的影响下，凤阳民歌得以历史性更新，闻名中外。以文字形式记录凤阳民歌，最早见于明嘉靖、万历年间周朝俊的《红梅记》。

凤阳民歌具有广泛的平民性。它所表达的内容是社会下层民众生活中的喜怒哀乐，是中国不同历史时期社会生活的真实写照，对我国许多曲种的音乐唱腔有着重大的影响。

## 流光溢彩民俗舞

民俗舞和生产、生活密切相关，它依附于生产劳动、岁时节令、婚丧礼仪、信仰崇拜等民俗活动之中。

### 祁门傩舞

被誉为"中国古代舞蹈活化石"的傩舞能在祁门留存，与祁门的地理位置有着密切的关联。远古时期，祁门地区交通不便，生活水平极为低下，徽州原住土著山越人对各种自然现象和身边所发生的种

祁门傩舞

种事物缺少正确的认识，人们要战胜妖魔鬼怪，只好借助神的威力与妖魔疫鬼进行斗争，乞求神灵的庇护和保佑。基于人们对万物有灵的观念，从而产生了一种驱鬼逐疫、迎神纳吉为目的的原始祭祀活动——傩。

祁门傩活动历史上一直很普及，明清更为盛行。立春前一天，县令要率领下属到城东郊占卜水旱，老百姓把自己装扮成比臆想中的鬼疫更凶猛狰狞的傩神，跳着凶猛、狂热的舞蹈来驱邪。如果说春祀傩仪尚带有古傩驱鬼逐疫意义的话，在民间迎神赛会中出现的傩，则纯粹是一种娱乐了。祁门县社景六月十二至十四日举行游太阳神赛纪念"八灵王"的游行活动，人们在队伍中边歌边舞，即为傩舞。后来傩舞逐步向娱人悦众方面演变，加强了娱乐成分，内涵也大为丰富，其中包含了驱邪扶正、祭祀祖先、祈福求安、祝祷丰收等内容，出现了

表现劳动生活与民间传说故事方面的节目，发展成为傩戏。

### 凤台"火老虎"

"火老虎"是流传于凤台县境内独有的民间舞蹈形式，其形成来源于五代十国的一个传说。相传后周与南唐争夺淮南，激战于寿春（今寿县），致使"淮滨久无行人，葭苇如织"。这次战争在凤台、寿县人民群众中留下许多传说，其中就有后周将领赵匡胤率领数万精兵攻打寿春，使南唐将领余洪被迫逃到八公山箃笼冲，后周名将刘金定率领精兵追赶，并放火烧山，致使八公山树木及淮河岸边的芦苇燃起大火，山林中的老虎被火所趋，跑下山来。舞蹈《火老虎》就是根据这个历史事件和传说衍生而来。

历史上"火老虎"的演出主要以大家庭组织演出的形式，新中国成立后以农民自发活动为主。在道具制作上，当地人就地取材，采取夸张写意的手法扎制出充满民间想象力的老虎造型，工艺独特。

"火老虎"一般在春节期间晚上演出。表演者要穿厚的紧身衣服，然后再系上扎制的虎皮，结束时表演者要跳入水塘里，一是表示老虎被狮子打败，二是为了扑灭身上的火。表演者既要忍耐烟熏火烤，又要抵抗寒冬腊月冰水的寒冷。这种表演形式，只有受过专门训练的人才可以表演。

### 肥东"洋蛇灯"

"洋蛇灯"的出现，源于肥东县包公镇大邵村一个美丽的传说：元末明初，一对婆媳为躲避元兵迫害，在东山一个山洞里避难。而被明兵追赶的元兵也欲到山洞藏身，一见婆媳二人，欲图不轨。这时突然山风大作，雷电交加，一条数丈长的白蟒飞下山崖，扑向山洞，口吐蛇珠，直逼元兵，元兵惊逃，婆媳因此得救。三个月后，媳妇生下一子取名"思明"。到邵思明18岁时，母亲告知其事，邵家认定救命巨蟒是东海蛇神，于是便发动全村扎蛇灯以报恩，其灯名为"洋蛇灯"，取感激海洋蛇神之意。

"洋蛇灯"在邵姓代代相传，每18年玩一次，每玩一次增加一节（一节为1.60米），现在，"洋蛇灯"已达104米。"洋蛇灯"的扎制工艺比较复杂，全凭老艺人口传手教，师徒传承。

在出灯时，邵姓家族需先在本姓祠堂设坛祭祀，然后一步三叩首来到东山洞口，按照主玩、领玩、蛇头玩依次参拜蛇神后起灯，蛇头和蛇身相接，并用大红绸布包裹。这一习俗一直延续至今。蛇灯在舞动时，给人以金蛇狂舞之感。舞到高潮，蛇灯一层

肥东洋蛇灯摇大车

一层地盘起来，高达6米，蛇头或蛇尾处于最高点，蛇灯腹内烛光闪烁，顶部大灯放明。收灯时，在洋蛇灯回村大约离村一里处，邵姓人即用三眼铳鸣炮迎接。到村之后，家家张灯结彩，鸣炮接灯，给蛇神接风洗尘，并设坛膜拜。供着蛇头的香案三天后才撤坛。

## 皖北曲艺三枝花：渔鼓道情、淮北大鼓、淮河琴书

安徽人民在长期生产生活实践中创造出了丰富多彩的曲艺形式，皖北曲艺最有特色，影响较大的曲种当属渔鼓道情、淮北大鼓和淮河琴书。

### 渔鼓道情

渔鼓道情是皖北古老的曲种。传说明万历年间，就有道情艺人演唱。清道光年间，萧县艺人薛本信吸收当地民歌号子和其他曲种音乐，自创多种花腔，丰富了渔鼓曲调，创造了渔鼓新腔，被称作"薛派花腔渔鼓"，主要流行于徐州、阜阳、商丘三角地带。其曲调有花腔、尾音花腔、衬字花腔等，同时打破了简板平直击拍的手法，把连板、

捋板、花板交相运用，又在一板三眼中加进了多种装饰花板；击鼓时，融抹、挑、弹于一体，使鼓声清脆跳荡，余音袅袅，益发生色；发声时，气吞丹田，有时也有舌齿音，说唱时的方言又带有几分徐州梆子声韵，且吐字清晰，演唱俏丽多彩，变化多姿，或激情澎湃，一唱三叹，或低回婉转，幽咽流泉；表演时还擅于模拟各种人物的动作姿势与腔调，形象逼真，声情并茂。

20世纪40年代前后，薛本信流动演出期间，江苏的铜山，河南的夏邑、永城，安徽的界首、亳县等地的青年，纷纷学习他的自创新腔。薛本信演唱的花腔渔鼓道情主要有《翻车段》《黑驴段》和《王刚画庙》等。

### 淮北大鼓

淮北大鼓即安徽大鼓，又称"淮北战鼓"，流行于安徽江淮两岸和皖西北、皖东北地区，及山东、河南、江苏的相邻地区，是群众喜闻乐见的曲艺形式，明末清初已具雏形。传说一秀才虽然考场得中，但因官场腐败，于是此秀才弃官不做，步入江湖行艺。后来艺人们编写诗、词、赞、赋和历史书目，以沱河两岸、淮北地区的民间小调、戏曲演唱的曲调，形成唱腔。始以手鼓伴奏，以半说半唱的顺口溜形式演唱。清代中期艺人们改手鼓为简单支架固定鼓位固定场地演唱。

淮北大鼓以唱为主、说为辅，唱腔高亢婉转，语言诙谐幽默，地方特色浓郁，多采用地方小调或吸收其他地方戏曲剧种曲调，深受淮北地区广大群众的喜爱。淮北大鼓的器具主要有大鼓、鼓架和板。演员一手击鼓，一手打板，亦说亦唱。其书艺风格，起初分"南口""北口"，后又有了兼南北书艺之长的"花口"；在嗓音运用上，分"卧嗓""立嗓"两种，"卧嗓"出音沙哑、刚健，"立嗓"出音柔润，又谓之"本嗓"；其主要唱段，皆用板腔体，有时于开书前与结尾后，或偶尔在唱段中，插唱几支曲牌。

淮北大鼓书目丰富，书目中褒扬忠臣良将，歌颂英雄豪杰，鞭挞奸臣贼子，善恶分明，人们借助听书，在娱乐中自觉不自觉地接受教育与启迪。

**淮河琴书**

琴书传入安徽已有200多年历史，它因演唱形式活泼，语言纯朴生动，曲调婉转优美，有着浓郁的乡土气息，深为广大群众所喜爱。琴书的流入主要有三路：一路是由河南永城县老艺人邵元振传入，代表性传承人有孟兆兴、孟颖等；一路是由山东瞎子（真名不详）传入，代表性传承人有张法、苗明才、苑金榜等；一路是淮北琴书，代表性传承人有陈豁牙（真名不详）、梁麻子（真名不详）、傅学兰、王文艺等。这三路琴书在淮河两岸及皖北地区广为流传，三路老艺人为适应本地群众的需求，融合地方淮词、大鼓、坠子和民间小调，互相切磋技艺，逐步形成了独具特色的、代表淮河风情的淮河琴书。

淮河琴书代表性唱腔有"四句腔"，"四句腔"分"慢四句腔""快四句腔"，还有"凤阳歌""梅歌落"等曲牌。淮河琴书曲调婉转优美，唱腔舒缓浑厚，讲究字正腔圆，韵味优美悠长，在淮河流域众多的曲艺文化中可谓独树一帜。

# 三大民间画：钟馗画、凤画、天官画

中国画的艺术主体，除专业画家、文人画家以外，还有一群以表现民间习俗内容的画匠，他们的作品被称为民间画或匠人画，这类作品与当地人民群众的生产劳动、民俗习惯、乡土风情、宗教信仰有着直接的联系，一般来说，这类民间画的民俗功能大于装饰功能。但在长期的发展中，经过历代画匠的艺术实践，民间画也是中华民族艺术宝库中独具风味的品种。安徽境内的灵璧钟馗画、凤阳凤画、天长天官画由于地域特色和艺术特色鲜明，影响广泛，在众多民间画中脱颖而出，被称为"安徽三大民间画"。

### 钟馗画

灵璧县位于安徽省东北部，是垓下古战场，汴河流经地，钟馗画之乡。钟馗画与灵璧石、虞姬墓并称为灵璧"三绝"。钟馗画是民间用于驱邪祈福带有吉祥意味的民俗画，民间视之为降魔消灾的符图，被尊为"灵判"。它是中国民间美术殿堂里的艺术瑰宝。 钟馗画始于唐，发展于宋，鼎盛于明清。它缘于吴道子粉本，经过长时间民间艺人的传摹和创新，和杨斐、龚开、高其佩等文人画的熏染，形成了灵璧钟馗画特有的风格。清人齐周华在《名山藏画副本·钟馗像赞》里就写道："由吴道子画能通神也，无如天下传写，渐失其真，惟灵璧所画，往往不环脱道子原格，故世群推之。" 钟馗画扎

钟馗神威图

根于民间，寄情于民俗，蕴雅于拙，寓美于丑，"土而不陋，俗不伤雅"，凝聚了中国传统文化，具有较高的艺术价值、文化价值和历史价值。

### 凤画

凤画因产生在凤阳县而得名，距今已有 600 多年历史。据民间传说，凤画于元代末年已具雏形。朱元璋称帝后，凤阳成为"龙凤之乡"，象征吉祥如意的凤画应运而生，许多画师从全国聚集凤阳，创作凤画，为凤画奠定了基础。凤画造型独特，画工精细。画中凤凰形象可概括

为"蛇头、龟背、九尾十八翅、鹰嘴、鸡爪、如意冠"。构图有丹凤朝阳、带子上朝、百鸟朝凤、凤戏牡丹、五凤楼、旭日东升、五凤齐飞等数十种。其表现手法有两大类：一类是以单线勾勒、墨色晕染出的水墨凤画；另一类是以墨线勾勒，施以重彩的五彩凤画。颜色以朱砂、藤黄、石膏、石绿等色为主，并用色金装饰，画面五彩缤纷，富有装饰性和浓厚的民间色彩。

凤画

### 天官画

天长的天官画起源于 17 世纪 60 年代，距今已有300多年历史。经过历代艺人的不断传承，它相继经历了三个发展阶段，逐渐形成了独特的程式和风格。天官画，画材为白棉布和宣纸，人物造型有传承画谱，

天官画

形式上有大色画、小色画、墨色画之分。画法上，一是吸取工笔画技法（勾线）；二是兼蓄木版年画的通俗风格和技法（平涂法）；三是吸收佛、道两教绘画的色彩（单元色为主）；四是吸纳历代壁画的画风，极富装饰味。形式上，有天官像、堂神、五堂、三堂。另外还有赐福天官、招财天官、消灾天官、太平天官、送子天官、进宝天官、镇宅天官、水上天官等数十种，仅招财天官的题材又分出许多种类，如监察财神、镇宅财神、聚宝财神、金鞭财神、三路财神、九路财神、水路财神等。在内容上，天官画主要宣扬人间真、善、美，反映百姓祈盼平安、吉祥、富裕、幸福的心灵诉求。

天长"天官画"被广泛应用于居家悬挂、门市开张、新居落成、

车辆出行、渔船出航、生儿育女、堂会续家谱等，表达了一个共同的主题，即广大民众对现实生活的美好愿望。天长"天官画"对于我国民间绘画艺术研究具有重要的参考价值。

# 后 记

习近平总书记在党的十九大报告中指出，文化是一个国家、一个民族的灵魂。文化兴，国运兴；文化强，民族强。文化自信是一个国家、一个民族发展中更基本、更深沉、更持久的力量。没有高度的文化自信，没有文化的繁荣兴盛，就没有中华民族的伟大复兴。

中国特色社会主义文化，源自于中华民族五千多年文明历史所孕育的中华优秀传统文化，熔铸于党领导人民在革命、建设、改革中创造的革命文化和社会主义先进文化，植根于中国特色社会主义伟大实践。为帮助广大干部深入了解安徽优秀的历史文化，坚定文化自信，坚守中华文化立场，推动优秀传统文化进行创造性转化、创新性发展，全力打造创新型文化强省，全面建设现代化五大发展美好安徽，发挥文化"塑形铸魂"作用，贡献文化"润物无声"力量，安徽省委组织部组织编写了本书。

《美好安徽》干部培训省情系列教材，主要作为干部培训的辅助教材、干部自学的参考读本、干部院校学员的案头书籍和高校典藏图书、省外来宾赠阅书籍，共分《山水安徽》《人文安徽》《红色安徽》《创新安徽》四个篇章。

安徽省委有关领导对《美好安徽》干部培训省情系列教材编写工作给予重视支持、有力指导，并审定书稿。本书由安徽省委组织部牵头，省文化和旅游厅负责编写。参与本书调研、写作和修改工作的主要人员有：常河、张扬、胡迟、张莹、唐跃、陈明哲、董松、陈发祥、戴健、胡中文、宫礼、程堂义、刘睿、章玉政、于继勇、周怀宇、祁海群、书同、王玉佩、叶润青、李学军等。负责协调和组稿工作的人员有：海燕、李一兵、田冰凌、黄会。王士友、钱念孙负责统稿。参加本书审读的人员有：王士友、钱念孙、姜华有等。在编写出版过程中，省委组织部干部教育处负责组织协调工作，省辖市和省直有关部门提出了宝贵意见，安徽人民出版社等单位给予了大力支持。在此，谨对所有给予本书帮助支持的单位和同志表示衷心感谢！

由于水平有限，书中难免有疏漏和错误之处，敬请广大读者批评指正。

编　者

2019 年 7 月